房间里最有智慧的人

社会心理学带你洞悉人心，跳出思维的陷阱

[美] 托马斯·吉洛维奇 李·罗斯 著 张婷 译
（Thomas Gilovich）（Lee Ross）

The
Wisest One
in the Room

How You Can Benefit from
Social Psychology's
Most Powerful Insights

Thomas Gilovich and Lee Ross. The Wisest One in the Room: How You Can Benefit from Social Psychology's Most Powerful Insights.

Copyright © 2015 by Thomas Gilovich and Lee Ross.

Simplified Chinese Translation Copyright © 2023 by China Machine Press.

Simplified Chinese translation rights arranged with Free Press through Brockman Inc.

This edition is authorized for sale in the Chinese mainland (excluding Hong Kong SAR, Macao SAR and Taiwan).

No part of this book may be reproduced or transmitted in any form or by any means, electronic or mechanical, including photocopying, recording or any information storage and retrieval system, without permission, in writing, from the publisher.

All rights reserved.

本书中文简体字版由 Free Press 通过 Brockman Inc. 授权机械工业出版社在中国大陆地区（不包括香港、澳门特别行政区及台湾地区）独家出版发行。未经出版者书面许可，不得以任何方式抄袭、复制或节录本书中的任何部分。

北京市版权局著作权合同登记　图字：01-2023-2160 号。

图书在版编目（CIP）数据

房间里最有智慧的人：社会心理学带你洞悉人心，跳出思维的陷阱 /（美）托马斯·吉洛维奇（Thomas Gilovich），（美）李·罗斯（Lee Ross）著；张婷译. —北京：机械工业出版社，2023.8（2024.11 重印）

书名原文：The Wisest One in the Room: How You Can Benefit from Social Psychology's Most Powerful Insights

ISBN 978-7-111-73769-8

Ⅰ.①房… Ⅱ.①托… ②李… ③张… Ⅲ.①社会心理学—通俗读物 Ⅳ.① C912.6-0

中国国家版本馆 CIP 数据核字（2023）第 168427 号

机械工业出版社（北京市百万庄大街 22 号　邮政编码 100037）
策划编辑：向睿洋　　　　　　　责任编辑：向睿洋
责任校对：宋　安　彭　箫　　　责任印制：常天培
北京机工印刷厂有限公司印刷
2024 年 11 月第 1 版第 2 次印刷
170mm×230mm · 16.25 印张 · 1 插页 · 206 千字
标准书号：ISBN 978-7-111-73769-8
定价：79.00 元

电话服务　　　　　　　　　　　网络服务
客服电话：010-88361066　　　　机　工　官　网：www.cmpbook.com
　　　　　010-88379833　　　　机　工　官　博：weibo.com/cmp1952
　　　　　010-68326294　　　　金　书　网：www.golden-book.com
封底无防伪标均为盗版　　　　　机工教育服务网：www.cmpedu.com

前　言

1944年晚春，盟军正在为诺曼底登陆日当天的重大事件做最后的准备，盟军军队将在诺曼底的五大海滩登陆，它们的代号分别是犹他海滩、奥马哈海滩、黄金海滩、朱诺海滩和剑滩。登陆分为两个阶段：午夜后不久，24 000名来自英国、美国和加拿大的空军士兵发起进攻，早上6:30，盟军步兵和装甲师再进行大规模两栖登陆。英军指挥官伯纳德·蒙哥马利将军向率领进攻的军官做最后的任务简报，他的简报无懈可击，内容详尽，表述清晰。

盟军最高统帅德怀特·D.艾森豪威尔将军被大家称为"艾克"，他将这一任务指派给了"蒙蒂"（即蒙哥马利将军），在进攻前的最后几个小时内，他并没有多说什么。他没有重申与行动相关的细节，也没有对行动的深层意义或是未来的长期斗争（这场斗争终将导致纳粹德国的失败）发表自己的看法。他只是在房间里踱步，与每一位即将率领进攻的人握手，他们都明白,许多人将无法生还。

艾森豪威尔将军知道,他们的思绪要集中于接下来24小时内他们每个人将面临的挑战上,集中于他们的战友的命运及其家人们的幸福上。他没有流露出任何对于自己命运和未来声誉的考量。以无言的握手告诉每一位军官,他明白他们的想法和感受,并且因他们即将面临的危险和经历而向他们致敬。他是房间里最有智慧的人[1]。

智慧之言很容易找到。它们常见于书本里的引述、桌上的日历、每日计划,甚至保险杠的贴纸上。亲友同事们也常常自顾自地给我们一些建议。我们可以向圣贤们求教如何管理我们的个人财务(勿借,亦勿外借。——威廉·莎士比亚),或是如何经营我们的事业(顺时善待他人,逆时亦是友人。——沃尔特·温切尔)。渴望掌权的人可以向文艺复兴时期的意大利外交官求教(恭维重要之人乃智慧之举。——尼可罗·马基雅维利),有的人心怀更为朴实的目标,即"赢得朋友,影响他人",他们也可以从20世纪最畅销的作家身上得到类似的建议(勿吝赞美之词。——戴尔·卡耐基),还可以从美国国家自由勋章获得者身上获得启发(人们会忘记你的言语,也会忘记你的行为,但永远不会忘记你给他们带来的感受。——玛雅·安吉洛)。

我们学到了如何实现自己的目标(得到心爱之物的最佳办法便是使自己配得上它。——查理·芒格),也从苏菲派早期诗人身上学到了如何面对逆境(这也终将过去)。我们甚至可以从名字已被遗忘的圣人身上找到关于生命的意义和实现个人成功的万能秘诀(生命的意义在于发现自己的天赋,而生命的目的在于将它贡献出去)。

长期以来,解决人类冲突的见解和技巧都被视为智慧的重要组成部分。

《旧约》中所罗门王化解亲权争夺的故事,以及约 2500 年后,纳尔逊·曼德拉成功地以和平方式终结种族隔离的事例,都让我们看到了这一点。

正如这些引述所证,智慧的类型多种多样。有的人是佛陀式智慧,有的人是世俗式智慧,还有的人是巴菲特式智慧。韦氏词典将智慧分为了三类:①知识,即累积的哲学或科学知识;②洞察力,即觉察内在品质和关系的能力;③判断力,即正确的决策力。

如此强调洞察力和判断力凸显了一个事实,那就是智慧与聪明并不等同。"最有智慧的人"并不是指智商最高,或对事实和数字的掌握最精确之人。最聪明的人可能缺乏对人事的洞察力,在日常互动以及对有价值、有意义生活的更大追求中判断力都较差。实际上,"房间里最聪明的人"⊖ 是对一家失败的能源公司(安然公司)高层的描述。据说,这群人在财务管理上极其聪明、十分老练,但他们(以及公司的员工和股东)身上更多的特征是傲慢、贪婪甚至目光短浅。这一点清楚地表明,他们绝非智者。他们不仅缺乏道德上的指南针,而且缺乏判断什么是真正值得追求的目标,以及找到实现目标的最佳方式的智慧。

智慧与聪明之间的重要区别在于,智慧需要人们具备洞察力和影响力,而聪明则不需要。如果一个人不会洞察人事,也有可能成为一个"聪明"的人,但如果一个人对他人没有感知,或是不了解他人的希望、恐惧、激情和动力,那么这个人便不能被称为智者。即使你对人不是特别了解,你也可以成为精明的投资者或精准的天气预测员,但是如果你对别人缺乏智慧的洞察,那么你就不是一位智者。蒙哥马利在进攻前发表的任务简报可能

⊖ McLean, Bethany, and Elkind, Peter.(2003). *The Smartest Guys in the Room: The Amazing Rise and Scandalous Fall of Enron*. New York: Penguin.(国内已引进出版)。

比艾森豪威尔过去发表过的更聪明，表述也更巧妙。但正是艾森豪威尔在对军官们的需求以及如何才能满足这些需求的理解中所表现出的机敏证明了他的智慧。

生活中最重要的事物都涉及他人，对智慧的任何分析都必须反映出这一事实。对于试着经营一家《财富》500强公司的高管、寻求公职的候选人、想要创造出能与时代对话的作品的艺术家，或是想要助其孩子度过喧闹青春期的单身母亲来说，都是如此。即便是对那些一天中大部分时间都只想独自一人编写代码的软件工程师，或是对那些只想感受在线扑克所带来的激情，同时又自我感觉才华横溢的玩家，也都一样适用。我们探索着是什么让一个人成为有智慧的人，这种探索的重点在于人类心理学，尤其是社会心理学。智慧意味着了解那些能对人类行为产生影响的最普遍、最有力的因素。它还需要能够随时理解何时以及为何人们会偏离轨道以至于最后做出错误的判断、预测和决定。一个人要想具有智慧，就必须首先具备心理上的智慧。

智慧还需要眼界，这种见解贯穿于韦氏对"智慧"所定义的三个组成部分：知识、洞察力和判断力。一个有智慧的人能够透过单独的事件，以更开阔的视野分析眼前的问题。艾森豪威尔可以超越他对任务全局和获得成功的关切，是因为他能在安全、家人以及进攻的第一时刻会是何种情形等方面与其下属取得共鸣。

从以下方面看，智慧与聪明之间的区别也是值得注意的。聪明包括获取可用信息，并对其进行有效处理——严密思考，得出合理结论。这当然是智慧的重要组成部分。但是，一个有智慧的人还会做其他事情，他的视野超越了眼下即刻获取的信息。智慧还体现在知道可用信息不足以解决当前问题，甚至还会认识到眼下的情形将来可能大不相同。

我们深信，现在正是本书问世的恰当时机，因为智慧的两大至关重要的组成部分——社会心理学领域，以及辨别和决策领域——的研究已经取得了巨大进步。我们深感荣幸，因为我们在这两个领域共有八十年的工作经验，同样也很荣幸，一路以来为其做出了贡献。在所有的科学领域中，社会心理学最直接地专注于理解普通人的思想、感觉、选择和行为。过去四十年，社会心理学家的研究在实验室里获得了许多重大发现，这些发现涉及对人类行为的见解，任何想要更有智慧的人都应该有所了解。

同时，判断和决策领域解释了为何退一步，从更广阔的视角看待事物，就能更好地把握该事物，从而快速得出结论。过去四十年，此领域经历了一场革命，这场革命表明，判断和决策与感知有很多共同点。和感知一样，它们也容易产生错觉。任何渴望更有智慧的人都需要知道，何时应该警惕这些错觉，怎样才能避免它们。

本书的目的在于帮助你提升智慧，让你得以更高效地与员工和同事打交道，更轻松地让孩子们认识自己的潜能，以及抵制华丽广告和精明营销人员所创造的诱惑。

本书还有着更高的目标。亚里士多德坚信，智慧需要对物之起因和物之所以为物有所理解。在他看来，博学之人可能深谙事物是什么，以及如何发生，但有智慧之人懂得事物为何发生。尽管我们确信，你将会从本书中获得大量的实用智慧，但我们也希望你能更深入地理解那些更为广泛的原则，这些原则是构建此类实用建议的基础。这样一来，你能更好地理解人们为何以自己的方式行事，为何我们所有人都很难突破狭隘的视野。最后，你会更好地了解，哪些精练的语录才值得关注，而哪些最好忽略，此外，你会更深刻地理解我们最尊敬的圣贤和领导者们给出的忠告。

本书并不是一本教科书。如果你想去探究心理学的广度及深度，你能找到大量有关心理学的优秀教科书。如果你阅读过其中的一本，或是学过心理学课程，你就会知道我们在此省略了多少内容，或是叙述得多么简略。与教科书相反，我们选择讨论少数具体的要点，在我们看来，这些要点是构建智慧极其重要的组成部分，也能让你更加了解周围所发生之事为何以此方式发生。对于生活中你如何理解和影响别人，如何处理与他人生活和合作中不可避免的冲突，如何在时间、金钱、健康和人际关系方面做出更好的决策，它们也能提供最实用的洞察。

我们承诺将会在书中提供有关人们为何如此行事的重要洞察，这会引发一个明显的问题：难道人类不是经过数百万年的进化才实现有效共处吗？那么，难道人们不了解彼此的动机和倾向，不知道如何改变自己的行为以使生产效率最大化吗？难道充满智慧的人类现状观察者们还没有发表我们需要了解的有关人类弱点的见解吗？

可以肯定的是，和其他所有动物一样，人类已经对自身的行为有不少了解，包括自己的行为以及周围其他人的行为。我们都知道，行为具有目的性，并受目标驱动，通常情况下，人们都会努力将快乐最大化，让痛苦最小化。我们非常了解具体需求和情绪的影响，如饥饿、口渴、性和恐惧，此外还有更加微妙的需求和情绪，如对良好自我感知的需要和对被爱、被尊敬的渴望。

确实，我们对浅层的社会心理学非常了解。我们知道人们在其意见和品位脱离集体常态时会感到不适。我们知道良好的育儿方式以及良好的行为榜样的重要性，也知道良好教育的优势。我们知道（至少其他人的）判断和决策可以被自身利益、以往经验和预期所影响。没有这些知识，社会生活将会混乱不堪、难以管理。

多年以来，我们专注于理论心理学和应用心理学研究，对自己的错误判断和轻率决定不断反思，这使我们确信，关于人类行为最重要的一些洞察并非显而易见。这种信念源于一些颠覆性的研究发现，这些发现与我们的日常观念相矛盾——对于决定人类行为的因素，哪些更为重要，哪些无关紧要，以及在解决特定类型的问题时，哪些是有效因素，哪些是无效因素，这些发现迫使我们重新调整自己的看法。

我们将要讨论的其他洞察并不是全新的。它们包括在某些时候，我们在没有完全理解情境的适用广度时对事物产生的认识，也包括我们在和我们观点不一致的人身上所看到的行为模式。最终，你需要自行判断我们所述的洞察和研究的实用性。但是，为了让你大致了解下文的内容，我们先来概述几种现象和研究发现的例子，这些现象和研究发现可以使任何了解它们以及它们背后的心理学知识的人变得更有智慧。

你相信我们，即本书的作者，可以洞悉你的观点吗？

第一章的开头，我们便做了这样一个演示，我们认为，你会觉得这个演示能够让人信服。当你了解我们实现这一点背后的心理学时，你会更好地理解人际交往和群体相处间的冲突，在第七章我们会再次提及这个话题。

在丹麦（与美国一样），驾驶员可以在其驾驶证背面签字，这样一旦他们意外早逝，他们的器官便可用于移植。这么做的丹麦人大约只有4%。在瑞典，司机们都知道自己的器官可以用于捐赠，除非他们在驾驶证背面表明自己不想捐赠。你估计有多少瑞典人不会在驾驶证背面签名，从而使自己的器官可供医疗使用呢？

如果你的预估在4%，甚至在40%左右，那就跟实际情况相去甚远了。第二章将会告诉你答案，我们将在那章讨论默认选项的影响。接下来的第三章，你会更深入地了解，为何在选项上，这样以及其他看似细微的差异会有如此大的影响。

每个人都知道奖励和惩罚是"有效的"。但是大幅奖惩比轻微奖惩更有用吗？如果你的目标不仅仅是改变眼下表现出的行为，更是要改变持久的动力以及对尚有疑问事件的内在感觉，那么答案是否定的。通常情况下，就奖惩而言，少即是多。

在第四章，你将看到一些经典的研究，这些研究阐释了上面这一重要观点，并且更详细地涉及了行为的重要性，以及为何行为的改变通常会带来态度的改变，而不是态度的改变带来行为的改变。

研究参与者拿到了一些数据，包括以下情况出现的次数：网球运动员在比赛前一天进行了努力训练，最后才赢得比赛；他们进行了努力训练，最后却又输掉了比赛；他们并未努力训练，最后却赢得了比赛；以及他们没有努力训练，最后也没有赢得比赛。基于这些数据，有一组参与者被问到，努力训练是否会提高获胜的可能性，另一组参与者被问到，努力训练是否会增加失败的可能性。奇怪的是，两个小组都给出了肯定的回答。

想要弄清楚这一矛盾的结果,就要理解一位心理学家所说的"偏见之源"。第五章给出了一些解释,指出这种偏见和其他偏见限制了你分析信息的方式,扭曲了你的判断,影响了你的决定。

如果可以选择的话,你会将一段简短而有些不愉快的经历嫁接到一段极不愉快的经历上吗?如果将一段愉快的假期时光翻倍,你对这个假期的长期愉悦感会增加多少呢?

第六章对上述问题进行了回答(前者的答案是肯定的,后者的答案是几乎不会增加),这些答案会给你一些有用的提示,告诉你怎样将自己的快乐最大化。

以色列犹太学生参加了一次谈判演习,对方是以色列阿拉伯人,谈判内容是双方对一个项目的拨款,该项目对正处于巴以冲突的双方均有裨益。一段时间后,这些学生收到了对方的最终报价,他们并不知道对方是实验研究人员的同盟,而对方在每一次谈判中都给出了相同的报价。研究人员有时会在谈判伊始进行一项说明,而有时则会省略这一环节,这使最终报价被接受的可能性在35%到85%之间浮动,而该说明并未对拟议条款做任何更改,也没有提及未能达成协议的代价。到底是什么样的说明,能够有如此大的影响力呢?

第七章给出了上述问题的答案,我们将该章的重点放在了棘手的冲突上。什么样的心理过程会阻碍互利协议的达成?如何才能克服这些阻碍?

最近的几项研究表明，黑人学生和西班牙裔学生（以及理工科女学生）的学习成绩可以通过简单、成本低廉的心理干预法来提高。这种方法需要的仅仅是语言。这些干预措施是什么？它们移除了哪些障碍？又为何会有如此大的影响？

在第八章，你会找到这些问题的答案，而这些答案会让你十分惊讶。我们会在该章讨论如何改善学业表现不良这一棘手问题。然后，在第九章，我们会探讨更为严峻的全球性问题，即全球气候变化的应对问题。

本书分为两个部分。前五章每章都论述了一个人类行为的一般原理，这可以加深你对很多事情的理解，使你在应对常见和非常见挑战时更具心理智慧。紧随其后的四章利用这些原理阐明了我们个人和社会所面临的极其重要的问题：追求幸福，克服棘手冲突的障碍，教育弱势群体和学业欠佳学生面对的挑战，以及灾难性的气候变化所带来的更大挑战。我们坚信，阅读这九章所涵盖的研究及观点会提升你的智慧，让你更好地理解所遇之人和事，更好地应对人生旅途上的挑战，或许还能够让你成为有智慧的人。

托马斯·吉洛维奇

李·罗斯

目　录

前　言

第一部分　智慧的五个支柱

第一章　客观是你的幻觉　　　　　　　　2

第二章　情境的推力和拉力　　　　　　　28

第三章　游戏名称：意义的创造　　　　　54

第四章　行为至上：我做故我信　　　　　80

第五章　锁孔、镜头和滤镜：摆脱偏见　106

回顾和展望　　　　　　　　　　　　　　130

第二部分　智慧的应用

第六章	房间里最幸福的人	134
第七章	为什么我们就不能"好好相处"	161
第八章	美国的教育难题	184
第九章	更难解决的世界性问题	205
结　语		222
致　谢		227
注　释		229

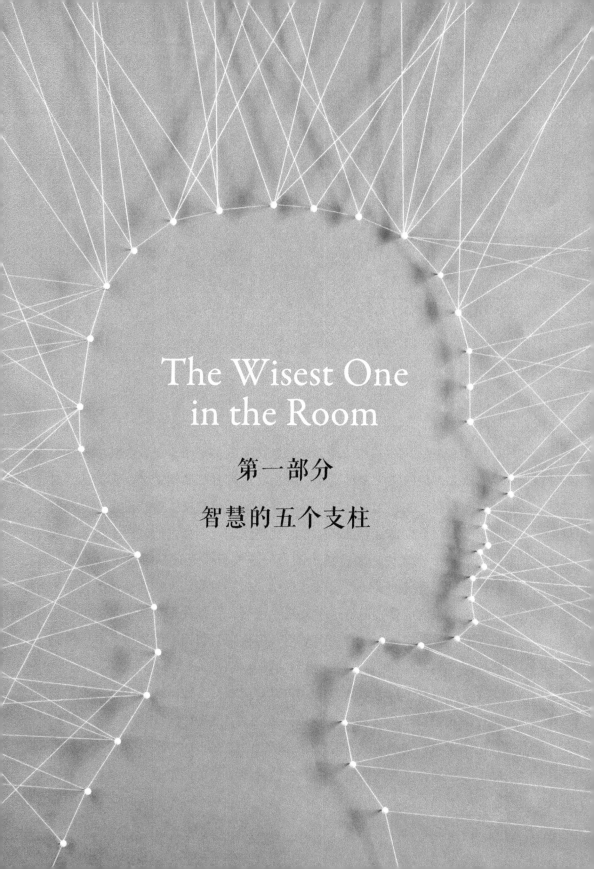

The Wisest One in the Room

第一部分

智慧的五个支柱

第 一 章

客观是你的幻觉

20世纪初，阿尔伯特·爱因斯坦颠覆了我们对于自己置身其中的这个世界的认知。他的狭义相对论和广义相对论具有革命性意义，它们认为时间与空间是联系在一起的，这种联系并不能通过主观体验获得，而只能通过数学公式以及创造性思维实验才能完美感知。例如，他试图去想象，如果我们坐在一辆车内，而这辆车的行驶速度近乎光速，会发生什么样的事。他提出了著名的 $E=mc^2$ 公式，这个公式警示我们，物质转换的过程中会产生多么大的能量；但将这个公式重组后，就会发现物质本身即可被视为凝聚的能量。实际上，在爱因斯坦众多被频繁引用的论述中，有一条是这样的，"现实即幻觉"。

此言论引发了学者们的争论，它究竟何意？多数学者认为，爱因斯坦是在提醒我们，个人体验受制于感知者的思想和境况。然而在我们看来，该言论提示我们：日常生活中的感知并不仅仅是对"客观存在"的记录。实际上，感知是"宇宙大爆炸"产生的奇怪而复杂的物质（一个最新的理论认为，我们所谈论的这些物质都是由很多不可思议的微小粒子的振动弦构成的，这些粒子与能量场相互作用时以某种方式获得质量）与构成我们自身物质相互作用的产物。正是这种相互作用促成了我们对世界的主观体验，这个世界包含了我们触摸得到的三维物体，听得到的各种声音，看得到的万千色彩，以及嗅得到的不同气味。

喜剧大师乔治·卡林（George Carlin）是20世纪的另一位天才，他曾问过自己的观众："你们有没有注意到，凡是开车比你们慢的人都是傻子，凡是开车比你们快的人都是疯子？"大约20年前，我们俩开始思考爱因斯坦的现实言论和卡林的揶揄提问之间的关联。我们相信，这种关联让我们得以透视人心以及人类大多数的愚蠢想法。我们人类不仅会想象自己的感知与事实一一对应，通常还会预设自己的个人感知不仅准确而且客观。

为了帮助你理解这种客观幻觉的本质，让我们来做一个"读心游戏"。

具体而言，让我们来演示，仅凭你阅读本书这一事实，我们就可以觉察出你的观念。我们可以自信地做出如下预测：

> 你认为自己在从自由到保守的观念谱系中处于合理的位置。在大多数问题上，你认为比你偏"左"的人都有一点幼稚，更偏向于理想主义，而且过于"政治正确"。同时，你认为比你偏"右"的人都无比自私、极度冷漠、心胸狭隘，与很多人的生活及其所面临的问题都有些脱节。

以上描述是否正中你所想？我们确信事实就是如此。个中玄机在于，我们勾勒的描述不仅适合你和本书的其他读者，还适合几乎每一个人。因为如果你认为比你偏"左"的人比你更趋近于现实，那么你已经跟他们处于同一边了。同样，比你偏"右"的人也是如此。

总之，你（以及其他任何人）认为自己的信念和倾向，就我们所处的这个时代以及我们所面临的具体问题而言，是最切实际的回应。你甚至认为自己的看法和立场符合人类的本质。此外，如果你认为自己的观念是最贴近实际的，那么你一定也认为，那些不同意你观点的人（尤其是那些处于观念谱系另一端的人）一定不如你实际。他们不及你客观，更倾向于用自己的意识形态、自身利益、个人教养或是其他扭曲的三棱镜来看待社会事件。

想想卡林关于你对自己的同行驾友的看法的观点。你的第一反应可能是，"事实上，对于其他驾驶员，我确实有这样的想法"。但是反思片刻之后，你就会理解卡林的意思：由于你会根据路况调整自己行车的速度到你认为适宜的速度，任何行车速度比你慢的人必定都太过缓慢，而任何行车速度比你快的人必定都太过疾驰。你认为自己客观地看待事物，而其他与你的意见相左的人都是错的，这一信念无可避免，至少最初的条件反射是这样。

日常经历中有很多例子，折射出相同的基本现象。当你的配偶说道"这儿太冷了"，然后打开了恒温器，而你却感到非常舒服时，你忍不住思索为何温度如此适宜，你的配偶却感到如此寒冷。相反，当你感觉很冷的时候，你的配偶或其他人却说温度正好，你不知道为什么他们完全感受不到实际的温度。你不会立即想到可能自己才是对"实际"室温过于敏感，或是过于迟钝的那一方，而你身旁的人才是做出正常反应的那一方。

同样，当你说音乐"太沉闷"或"太嘈杂"时，你认为你说的是音乐，无关你自身，也无关声音输出、听觉器官和任何造成你喜好和偏爱的体验之间复杂的相互作用。当你说食物"太辣"或者"太淡"时，你认为你说的是食物，无关自己的味蕾，也无关自己的童年和文化。当其他人不同意你的看法时——当他们表示你喜欢的音乐太嘈杂，没有他们小时候听的歌好听时，或是当他们发出质疑，为什么会有人喜欢那样的食物（或是那样的艺术，或是那样的穿衣风格）时，你不明白为什么他们的品味如此奇怪。

可以肯定的是，你可能会想到反例：当你知道自己就是反常的那个人的时候（通常都经过了一番反思）。你知道因为自己在哥斯达黎加长大，所以对寒冷特别敏感。或者你觉得自己对肉饼的厌恶源于它的配方干燥无味，但每次去看望奶奶的时候，又被迫吃下。很好。这些例外都是真实的，而且非常重要，但它们仅仅就是例外而已。这些例外源于当我们与同龄人（尤其是小时候）对艺术、音乐或特定的休闲活动等方面的品味有着不一样的感受或想法的时候，我们反思自己的倾向。青少年时期，我们甚至会问："为什么我不能像其他人一样？"但随着年龄的增长，这种反思往往会从"我有什么毛病"或是"我有什么不一样"，变成"他们有什么毛病"。

尽管可能会有反思，但我们的现象学经验告诉我们，我们依照事物本身来感知事物——房间里真的很冷，奶奶的手艺真的很糟糕。在本章接下来的部分，我们研究了人类行为的一些倾向性如何根植于他们的愚蠢行为之中，这些倾向性使人们将事物视为客观感知而非主观解读。

在李（本书作者之一李·罗斯）和他的同事的领导下，很多心理学家把"感知是对世界面貌的客观反映，而不是一种对世界的主观解读"这样诱人而难以抗拒的想法，称为"朴素实在论"。你和其他所有人一样，都是朴素实在论者，认识到这一点，对于成为一位更睿智的人而言非常重要。它将让你以更加睿智的观点，对待日常生活中的各种经历。它能助你更加有效地处理与朋友、家人和同事的分歧。它还会让你在我们这个纷乱的世界充满分歧与冲突的时候，更有智慧地看待重大社会事件。但是，对朴素实在论的理解如何能提升我们心中的智慧，要完全理解这一点，就必须回到一个更加基础的问题：人们为什么会坚信自己的感知与客观事实是一一对应的？

隐形工人

我们的头骨中有重约 1.5 千克的神经网络，它的主要工作之一就是理解我们周围的世界。那个网络毫不费力地迅速做出调度，确定路面可不可以行走，物体有没有危险，身体的运动有意还是无意，眼前的面孔陌生还是熟悉。大多数感知是通过没有意识参与的心理过程完成的，这让我们拥有感知，却没有做出感知的意识。在我们不知情且没有做出指引的情况下，有许多隐秘的心理过程在发生，使得冲突和各种混沌信息相继而来。这种缺乏意识参与的感知机制导致了康德所称的"物自身"（das Ding an sich）和"我们所感知的事物"（das Ding für uns）之间的混淆。

当我们看到一台烤箱，闻到甜美的香味，或是觉察到威胁性手势时，获得的感觉就像我们体验着事物本身，而不是我们建构的体验。我们在建构色觉的感官体验中扮演的角色或许是最容易理解的。在我们看来，所见到的苹果是红色的，海洋是蓝色的，麦当劳附近的高大拱门是黄色的。但是，我们所见到的颜色并不仅仅是我们所感知的物体"本身"，也是"物自身"和我们感官系统的功能相互作用的产物。我们对于颜色的体验源自特定感光器的激活，这些感光器对映射到视网膜上的不同波长的光有着不同的敏感度，以及对在大脑高级皮层回响的复杂神经激活模式的深入加工。

我们常说狗是色盲（事实上它们确实能够看到颜色，只是它们所见不及人类那么丰富和多样），却从不说自己是"气味盲"，这个有趣的事实突显了红色苹果、蓝色海洋和黄色拱门这些错觉完全是大脑创造出来的。我们不承认这个世界实际上有更多气味，而只是认为由于我们嗅觉器官和大脑的局限性，我们能察觉到的气味比狗（以及大多数哺乳动物）极易察觉到的气味少得多。

受过教育的成年人了解色觉的基本知识，但是这种了解无法改变他们"颜色存在于物体中"这一感觉，也没能阻止我们谈论橙色的日落、蓝色的眼睛和赤褐色的发辫。当涉及更复杂的认知性事件时，我们甚至没有意识到自己对感知经验所做的贡献。我们毫不费力地填补着自己可获得的感官信号中的空白，丝毫没有意识到有空白需要填补，或是我们已经做了填补。

值得注意的是，空白的填补不仅可能受先前的信息和期望驱动，也可能通过事后所接收到的信息来完成。在一项有力的研究中，研究参与者听到了一些句子，句子的关键词省略了辅音（我们用"*"做了标记），同时提供给他们的句子开头也各不相同。于是，有些参与者听到的是"The *eel was on the axle"，有些听到的是"The *eel was on the orange"。两个案例中，参与者均表示自己听到了一个连贯的句子，第一个案例是"The wheel was on the axle（车轴上有轮子）"，第二个案例是"The peel was on the orange（橘子上有皮）"——他们从未意识到自己增改了信息。[1]

当其他所有人有着与我们相同的认知模型（如对苹果、天空、麦当劳拱门的颜色）时，将事物本身与相对应的认知模型混淆不会造成太大的问题。当我们所有人都设法删除相同的交流卡点时，那就不会是什么大问题。但是在处理社会问题和政策问题的时候，这种混淆所带来的结果就不那么好了。当双方的感知体验、偏好和信念出现极大差异时，尤其如此。

在这种情况下，人们对于何为正义、何为神圣、谁该为世上的种种问题负责的看法，注定会不同。意见分歧可能导致双方指控对方心怀恶意和品格不端，从而使这些分歧更加难以解决。正是在这些情况下，有智慧的人就会意识到，他们对于"现实"的理解仅仅是一种理解，并非对"事实"的客观评价。

他们看到了一场抗议

你驾车在路上行驶，看到一群警察试图阻止一家生殖健康诊所前的抗议。警察们的行为看起来是否过激了呢？他们是否剥夺了抗议者的集会权利？或者这场抗议是否会因为失控，而需要警察们智慧地干预？耶鲁大学法学教授丹·卡汉（Dan Kahan）和他的同事们做了一项了不起的研究，结果表明：你对这些问题的回答多少都会受自己价值观的影响。提醒你一下，你的价值倾向并不仅仅影响着你对警察或抗议者行为的看法，还影响着在你眼中双方做了什么。

2009 年，马萨诸塞州坎布里奇市发生了一场抗议冲突，卡汉和同事们向实验参与者展示了当时一些抗议者和警察之间真实冲突的片段。[2]他们告诉其中一半参与者，当时的抗议者在生殖保健中心前抗议堕胎的权利，而告诉另一半参与者，抗议者在一所校园的军事招募中心抗议军方针对性少数军人的"不问不说"（don't ask，don't tell）政策。早些时候，实验参与者已经填写了有关自己态度和价值观的调查表，所以实验人员能够很好地了解他们是同情还是反对对堕胎权和"不问不说"政策的抗议。

观点不同的参与者"眼中所见"的抗议者和警察的行为大相径庭。支持女性生殖权的实验参与者中，有四分之三的参与者看到的是抗议者挡在保健中心的门口，持相反立场的保守参与者中只有四分之一看见这些。当实验人员告诉参与者这是一场发生在军事招募中心前的抗议时，这些判断就被推翻了：有四分之三的保守参与者看见抗议者挡在招募中心的门口，而持相反立场的人中，只有40%看见了这些。当实验参与者被问到，想要进入保健中心的抗议者和想要进入招募中心的抗议者，脸上是否有尖叫表情时，回答出现了相似的分歧。⊖

实验人员没有要求参与者讨论该事件。我们却希望他们讨论过。看看他们会对其他人对他们"所见"截然不同的评价做何反应，应该很有意思，同时也可以提供很多有价值的信息。我们都习惯与价值观和思想观念跟自己不同的人打交道，当然对这些不同观点的讨论也不会很愉快，尽管这些人都很文明并且试图努力理解彼此之间的差异。但是，当我们所认定的"事实"受到挑战时，双方的讨论就会白热化，而文明也随之被抛到了窗外。

共识的偏见

在《星际旅行Ⅲ：石破天惊》的结尾处，联邦星舰企业号上的英雄们花了90多分钟，试图找回瓦肯星朋友斯波克的遗体，并将其带回瓦肯星妥善安葬，复活的斯波克感激地说道："你们为了我回来了。"随即，企业号船长詹姆斯·柯克抛弃一切假想英雄主义，温和而坚定地说道："你也会为我这么做的。"

地球上，这种"你也会这么做"的信念十分普遍。每当在街上看见一

⊖ 卡汉和同事的论文，以及本章这一部分的标题，暗指了阿尔伯特·哈斯托夫和哈德利·坎特里尔早先的一项研究（"他们看到了一场比赛"），研究发现在普林斯顿与达特茅斯橄榄球赛中，那些支持普林斯顿或达特茅斯的人对场上的行为有着类似的不同看法。[3]

个为别人做心肺复苏术、救下了一名溺水的孩子，或是冲进烈火焚烧的建筑救下了一位老人的路人被采访时，我们就会见证这句话。他们通常都会答道，"任何人都会这么做的"。在道德的另一端，当那些有罪之人为自己的行为进行辩解时，我们也可以看见这种现象。例如，2005年，在国会对美国职业棒球大联盟的兴奋剂丑闻进行调查时，服用了类固醇的马克·麦吉尔说道："任何人站在我这个位置上，看着眼前的这些场景，都会做同样的事。"[4] 这种假设太平常了，甚至成为嘻哈三重奏组合"天生顽皮"的一首歌的名字——《你也会为我这么做》。

但是这个假设有效吗？还是朴素实在论让我们高估了我们与他人价值观和行为选择上的契合程度？它确实让我们高估了，因为人们坚信所见即事实——他们的信念、偏好和反应源自对物体、事件和问题本质上的无中介感知，也就认为如果已知的信息相同，其他理性而公正的人应该得出相同的结论。这看似合理的推论引起了一种现象，李和他的同事称之为错误共识效应：人们往往认为自己的信念、观点和行为比实际上更能引发共鸣。更准确地说，如果人们有了既定的观点和偏好，他们会认为这些观点和偏好比那些相反的更加普遍。[5]

相比于法国电影更偏爱意大利电影的人认为，他们的同类比法国电影发烧友更多。[6] 做出特定不法行为的人认为，这些行为比那些从没想过做出这些行为的人认为的更加普遍。[7] 自由派认为，他们的候选人以及他们关于社会争议性问题的看法，会比保守派赢得更多支持。反之，保守派也是这么想的。[8] 持不同立场的选民都认为，如果弃权者投出选票，那一定会投给自己支持的候选人。㊀[9]

㊀ 错误共识效应并不意味着人们总是相信自己占多数。蛇的主人和跳伞者不相信他们的喜好大多数人会喜欢。但他们确实倾向于相信与那些宁愿养狗或选择在闲暇时间打高尔夫球的人相比，更多的人喜欢蛇，或喜欢从飞行状态良好的飞机上跳下来。

第一章　客观是你的幻觉

李和他的同事对这种现象进行了生动阐释,他们让学生志愿者将一个大大的广告牌挂在身上,牌子上写着一句话(如"上乔家吃饭"),然后让他们在校园内四处游走,并且记下他们所遇之人的反应。但是,如果学生们不想现在参与研究(而是选择参与后续研究),也可以提出拒绝。在表示同意或拒绝参与之后,学生们立即被要求预估有多少人同意参与本研究,并且推测接受和拒绝实验人员邀请的人具有哪些个性特征。

正如预测的那样,两种参与者做出的数量估计和个性推测都非常不同。那些同意戴上广告牌的人认为同意者多于拒绝者,而且"选择同意"这一行为不太能透露这个人的性格。那些拒绝戴上广告牌的人认为拒绝者多于同意者,他们还认为,同意戴上广告牌这一行为能够更好地反映一个人的性格。

朴素实在论在这里所扮演的角色很容易理解。在那些认为戴上广告牌走路无伤大雅的人看来,戴牌子并不太引人注目,他们会向熟人解释他们正在参加心理学实验(并称这是"很好的运动"),他们倾向于同意实验人员的要求,并且认为其他大多数"正常"的学生也会同意。对于这样的人而言,拒绝执行此任务和有此经历似乎会反映出不愿意合作、紧张或是其他与正常情况相反的特质。

相比之下,那些将戴上广告牌的样子想象得不那么积极的人(例如,穿过咯咯发笑的人群和指指点点的学生;看到熟人对自己摇头,一言不发,自己在匆匆离去时避开他们的直视),可能会拒绝实验人员的要求,并且希望其他人也予以拒绝。对于他们来说,同意戴上广告牌似乎更能反映出一些非典型或负面性格特征(如顺从,或是喜欢炫耀、哗众取宠)。

具有开创性的社会心理学家所罗门·阿希(Solomon Asch)很早就意

识到了这一基本动力,他强调将"对对象的判断"(judgments of object)和"判断的对象"(objects of judgment)区分开来的重要性。[10] 人们考量同龄人的反应时,常常忽略了他们可能是在对一系列截然不同的"事实"和"情形"做出反应。

本书作者之一托马斯所进行的一系列研究为这种动力提供了证据。[11] 如果错误共识效应的出现,是因为未能认识到其他人的反应对象可能是截然不同的"判断的对象",那么当眼下的问题有最大的解释空间,细节有最多歧义时,这种效应应该就会达到其峰值。为了检验这一观点,研究人员请来评审小组,就模糊程度和解释空间,对李以往开展的错误共识效应研究中所涉及的项目进行评分。正如预期的一样,有最大解释空间的项目("你是否有竞争意识""你的同龄人中有多少人具有竞争意识")所导致的错误共识效应比几乎不能容纳不同解释的项目("你是长子还是次子""你的同龄人中有多少人是长子")更加强烈。

托马斯还做了一项研究,该研究的灵感来自音乐迷们的激烈争论,争论的焦点在于不同年代的流行音乐有何相对优点。研究参与者首先面对的问题是,他们更喜欢20世纪60年代的音乐还是80年代的音乐。随后,研究人员让他们估计自己的同龄人中偏爱以上两种音乐的人各占多少。不出所料,更喜欢60年代音乐的人认为,喜欢60年代音乐的人多于喜欢80年代音乐的人。相反,更喜欢80年代音乐的人认为,喜欢80年代音乐的人多于喜欢60年代音乐的人。

然后,研究人员询问了参与者,当他们做此估量时,脑海中想到了哪些具体的例子,以此将研究重点放在分析产生这些估量的背后原因上。倾向于60年代音乐且认为大多数同龄人也有此偏爱的人,提到了60年代的独立乐评人评价很高的音乐(甲壳虫乐队和滚石乐队),还有80年代的独立乐评人不太喜欢的音乐(犹大圣徒乐队,摇滚歌手约翰·麦伦坎普)。

倾向于 80 年代音乐的人列举了多个不同的例子（60 年代的如赫尔曼的隐士们乐队和投机者乐团，80 年代的如摇滚歌手布鲁斯·斯普林斯汀和迈克尔·杰克逊）。换句话说，研究参与者的喜好肯定是对不同音乐品味的反映。但是，这也反映了他们在回答问题时倾向于选择的特定例子，并且在估计同龄人可能的偏好时，他们未能认识到自己在将这两类音乐具体化过程中发挥的作用。

这种动力在公共话语领域也发挥着作用。不同个体必然会对引发社会争议、道德争议的问题和事件有不同的解释。在有关抗议者与警察的冲突研究中，不同立场的人看到的情况也说明了这一点。左派和右派对堕胎问题、警察使用致命武器问题，以及关塔那摩湾囚犯待遇的持续争论问题的反应也说明了这一点。

当福克斯新闻主持人宣称美国应该采用更高强度的讯问手段，而那些持相反意见的人正在使美国陷于危险时，他们认为应该对那些确实存心杀害诸多无辜百姓的人进行严厉体罚。但是，当微软全美广播公司的会谈负责人选择了截然不同的立场时，他们想到的是基地组织的小喽啰或无辜者遭受了酷刑，这些人被和他们有个人恩怨的人指控犯有不当行为。

可以肯定的是，即使可以确定一个人与恐怖分子团伙有着确切联系，那些左派和右派的人也可能无法就使用特定的讯问手段达成一致。例如，当迪克·切尼说道"我更担心那些重获自由和（从关塔那摩）释放出来的坏人，而不是那些可能无辜的少数人"[12]时，他表达了一系列的价值观，而这些价值观很少会有左派赞同。但是，用阿希那令人印象深刻的话来说，当参与争论的人是在对"不同的判断对象"做出反应时，他们在这个问题上的分歧便加剧了，一方对另一方的看法也会变得更加恶毒。

持不同观点的人可能对截然不同的判断对象做出反应，认识不到这一点就会加深误解，延长冲突周期。它会导致争议各方对彼此的价值观、信念、同情心或诚意做出无端而又极为恶意的揣测，这只会加剧眼前的冲突。人们通常会建议陷入冲突的个人和团体，站在对方的立场，从对方的角度看待事物。给出这种立场和角度的劝告很容易，但遵循很难。但是，有智慧的人至少可以试着将事实和解释间的分歧与价值观和偏好间的分歧予以区分。

对客观与偏见的知觉偏差

2000年11月7日，许多美国人在睡觉前，都认为艾伯特·戈尔已经当选总统。但第二天早上醒来时，他们得知乔治·W.布什拿下关键州佛罗里达州的25张选票从而领先于戈尔，这足以确保布什当选总统。由于布什在佛罗里达州险胜（得票率不到总票数的一半），因此竞选活动中出现了激烈的法律争辩，导致佛罗里达最高法院下令重新手动计算该州的所有选票。然而第二天，美国最高法院批准中止执行佛罗里达法院的决定。此后几天，美国最高法院彻底阻止了重新计票，因为大多数人认为，如果允许重新计票继续进行，这将违反《第十四修正案》的平等保护条款。

民主党人很快做出反应，批评了这一决定，并指出9位大法官中5位支持这一比例正好符合自由派与保守派的分野。正如一位法律学者所言："我所认识的人中，没有一个人相信，如果两党处境互换，如果是戈尔对共和党领导下的佛罗里达州最高法院的重新计票决定提出异议……（最高法院的多数派大法官）……会诉诸宪法中一条惊人的新原则，来确保戈尔取得胜利。"[13] 在许多人看来，这件事中尤其令人起疑的是，占多数的保守派法官经常会对司法激进主义持保留意见，他们倡导州权利，狭隘解释平等保护条款，却突然愿意在此案中主张联邦权力。

尽管大多数民主党人认为，大法官中的多数派的决定会受到意识形态偏差和动机偏差的影响，但当事的 5 位大法官却不这么认为。他们坚信自己在公正执法。例如，在做出决定后不久，克拉伦斯·托马斯大法官对华盛顿特区的一群学生说道，这一决定丝毫没有受到党派关系的影响。[14] 安东尼·斯卡利亚大法官对这种看法更加不屑一顾，他告诉卫斯理大学的一名观众"随它去吧"。[15]

研究表明，布什与戈尔案中，占多数的 5 位法官在这方面的做法并非例外。李和他以前的学生埃米莉·普罗宁曾向人们询问他们有多容易受到各种会扰乱人们判断的偏见的影响。例如，他们告诉受访者："人们在看待自己的学业或工作表现时会表现出一种'自利'倾向。也就是说，他们往往为成功骄傲，却否认应对失败负责任；他们认为成功源于其个人素质，如动力或能力，而失败却是由外界因素导致的，如不合理的工作要求或不够充分的指引。"然后，他们对自己及同辈有多容易出现这一判断偏差和其他 17 种常见判断偏差进行了分级评定。

你大概可以预测到他们的答案。正如普通人（尤其是自由党普通人）对佛罗里达州重新计票案中保守党多数派的客观性持怀疑态度一样，本研究的受访者认为，同龄人比他们自己更容易受到偏见的影响。[16] 简而言之，偏见更易见于他人，而不易见于自身。或者说，正如钦定版《圣经》之《马太福音》第七章第三节所述："为什么你只看得见兄弟眼中的尘土，却看不见自己眼中的错误？"

因此，获得智慧的第一步，也是重要的一步，就是要认识到偏见并不只蒙蔽别人的眼睛。它也会扭曲我们自己的看法。我们对自己的偏见视而不见,并不只是因为我们具有防御心理,或是想要得到自我认可。我们会在第三章进一步讨论这个问题,这些因素确实存在,但它们并不是全部。更严重的问题是,当我们自我反省时,我们找不到自己在考虑相关事实和争论过程中的自利痕迹。最终,我们确信,尽管我们的结论符合我们的个人利益,或是团体的最大利益,但这些考量因素在我们评估证据的过程中几乎没有任何作用。我们坚信,最客观的结论就是最符合我们(以及像我们这样的人)利益的结论。

当我们的观点与反方观点之间的差距最明显时,朴素实在论的影响则最大。我们俩与埃米莉·普罗宁所做的一项简单研究清楚地表明了这一点。我们邀请大量参与者进行调查,调查内容包括他们在各种问题上的立场,如平权法案、死刑、堕胎权,还有他们对多位名人和多家媒体的认可程度。

然后,我们收集了问卷填答,并将它们随机发给其他参与者。接下来,我们让参与者评估自己的观点与自己所拿到的问卷填答间的相似度。最后,我们让他们评估那个填答的人的观点和他们自己的观点在多大程度上反映了多种"考量因素"。列出的考量因素中有一些被普遍认为是合理而有效的,如"对事实的关注""对正义的关切",以及对"长期影响"的适当考量。其他因素则被认为是一些特殊的偏见,如"对同辈认可的渴望""一厢情愿"和"政治正确性"。

如图 1-1 所示,结果清晰而引人注目。这些结果也能为我们日常所见的自由派人士对福克斯新闻的观点发表怨言,或是保守派人士对其在自由派媒体上的所见所闻发表牢骚提供一些见解。对方的观点与受访者的差异越大,就越可能被归咎为偏见而非理性思考(如图中的黑条所示)。[17]

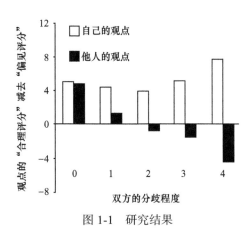

图 1-1　研究结果

注：黑条表示受访者评估的他人观点受到有效、合理考量因素影响的程度减去受到偏见影响的程度。白条表示受访者对自己观点受合理因素和偏见影响的评估。（数据源于普罗宁、吉洛维奇和罗斯，2004 年）

显而易见，观点分歧的程度并没有对参与者对自己的评估产生很大影响，他们认为自己的观点是出于有效考虑而非偏见（如图中的白条所示）。即便是有明显的分歧，他们也不会认为自己的看法不客观。相反，当分歧最大时，参与者不仅会在评估对方观点时特别苛刻，而且在评估自己观点的合理性时又会特别大方。总而言之，我们很难想象，本杰明·富兰克林的观点会得到比这个研究更为直接的支持："大多数人……认为所有真理都站在自己这边，无论其他人与他们有何不同，那都是错误的。"[18]

你可能会说这很合理，也很自利。是的，确实很合理，或许也很自利。但是人们的这种评估模式直接基于如下事实，即我们认识世界的大多数心理过程，都是在我们没有意识的情况下自动运行的。同样，因为朴素实在论，我们认为自己看到的是事物本身，而不是以我们的期望、偏好或总体意识形态过滤或建构后的事物。于是，我们很容易将不同观点视为有缺陷的心灵和思维的产物。

英国著名哲学家以赛亚·伯林在回顾 20 世纪的惨痛教训时写道："个

人或群体（或部落、州、国家、民族、教会）坚信掌握真理的只有他们自己，尤其是关于如何生存、我们要成为什么样的人，以及我们将要做什么事的真理。而持有不同观点的人不仅错误，而且邪恶或者疯狂，需要进行克制或压制。这一信念所带来的危害是最大的。坚信自己是唯一正确的人，有一双发现真理的魔力之眼，一旦他人与自己意见相左，那他们一定是错的，这是一种可怕而危险的傲慢。"[19]

正是因为发现别人判断中的偏见很容易，所以相信他们自己看不到这种偏见很难。这就是为什么那些与我们意见相左的人似乎"不仅错误，而且邪恶或者疯狂"。我们至少会认为，他们是误入歧途，缺乏客观性。称赞前副总统迪克·切尼对同性恋权利极度宽容的自由派人士，以及谴责这一现象的保守派人士，都可能认为，如果他的女儿不是女同性恋者，他对这个问题的看法就不会那么宽容。保守派倾向于认为，如果他的观点没有受到女儿性取向的影响，那么他就不会犯那么大的错误，他们想知道为什么他无法意识到这种"明显"的偏见。自由派想知道为什么他对这件事的宽容没有延伸到遭受歧视的其他人群。

同样，自由派也对南希·里根提出了质疑，认为如果她的丈夫没有罹患阿尔茨海默病的话，她也不会如此公开倡导政府支持干细胞研究。他们想知道为何她不明白自己的立场与丈夫对政府干预的反对格格不入。自由派对莎拉·佩林会在强调减少政府支出，同时增加残障儿童项目的联邦支出的纲领下参加竞选也感到奇怪，直到他们知道她自己也有一个残障的孩子。对于曾在监狱里过夜的保守派人士，或是曾遭遇过抢劫或想要开家餐馆却被卫生检查员骚扰的左派人士来说，情况也是一样——经历会影响他们的观念。

我们是不是在说，这些人没有意识到自己的个人经历会影响其判断——并不是这样,至少并不总是这样。朴素实在论的影响更加微妙。人们有时很愿意承认自己的经历影响了其判断。但他们坚信自己的特殊经历远非造成偏见的原因,而是启迪智慧的源泉。

因此,人们时常听到这样的话:"你无法真正明白干细胞研究的重要性,除非亲眼看见阿尔茨海默病对人的毁灭性影响""你无法明白战胜同性恋恐惧症的必要性,除非感知过它给同性恋朋友或其家庭成员所带来的负担""如果你经历过我在职业生涯中所遇到的不明显或不太明显的种族主义,你就会理解我们采用平权法案的原因",或者"如果你想经营一家小型企业,你就不会这么轻视保守派对政府商业管制的顾虑"。

为了探究这种想法,我们俩和我们之前的一名学生乔伊斯·埃林格合作,告诉一些康奈尔大学的学生,该大学正在审查学校涉及平权法案的政策,而作为审查的部分工作,学校组建了学生委员会,来为所有拟议变更事项提供意见。[20] 然后,我们让每位受访者评估委员会中白人或少数族裔学生提出的意见,有多大可能会因为其种族而更明智或有偏见,并在从"学生的种族可能会降低他清晰看待问题的能力"到"学生的种族可能会提高他清晰看待问题的能力"的连续量表上打分。

结果简单明了。受访者中的少数族裔和白人受访者都认为,另一组人的种族会影响他们清晰看待问题的能力。但是,两组人都不认为自己的种族会影响自己的判断,而少数族裔学生则认为他们的种族能让自己对眼前问题有更特别而重要的洞察。

当我们询问大学校队运动员和校内运动者不太情绪化的问题时,也发现了相同的反应模式:全新式运动设施是应该只对校队运动员开放,还是应该对整个校园开放。两组人都认为,另一组的观点比自己的观点更加自利,并且他们自己的身份(无论是不是校队运动员)都能让自己拥有更加开明、更加合理的观点。

因此，人们不仅更容易认为自己受偏见的影响比其他人（尤其是站在争议性问题另一端的人）小，一般还认为，影响他人判断力的事物对自己来说却是智慧的源泉。相比之下，智者会看到每件事都有两面：使某些事物显而易见的有利视角，可能会掩盖另一些从其他视角来看显而易见的考量因素。

公正与平衡有何变化

2012 年，在卫冕世界棒球联赛冠军的圣路易红雀队和即将成为世界冠军的旧金山巨人队之间的全美联赛冠军争夺战中，巨人队的球迷们大声指责一位名叫乔·巴克的福克斯体育解说员，认为该解说员对他们的球队有偏见。原因显而易见：巴克曾为红雀队做了 16 年的现场解说。而他的父亲是传奇人物杰克·巴克，播报了红雀队近半个世纪的赛事。面对派系关系的投诉，巴克辩护道："如果知道这件事能让人们好受一点的话，我可以告诉你我在圣路易也有此遭遇，人们说我反对红雀队。"[21] 他继续说道："无论是谁参加世界棒球大赛，人们都会控诉我心怀偏见。多年以来，人们一直指控我暗中支持阿纳海姆、费城、波士顿和纽约。现实就是这样。"[22]

当然，对派系偏见的指控不仅限于体育界。如果你一直关注时事，那么你可能有过以下经历：在一次总统辩论中，你看到自己支持的候选人频繁抛出亮点，而他的对手则严重失误，接连回避问题，对未回避的问题的回答总是模棱两可。你会预测随后的发言人将会认可你的候选人的表现。或者，也许你有着不同的不尽如人意的经历：你的候选人的表现没有达到你的期望。他没有对对手所提出的歪曲事实、花言巧语和直接谎言做出有力回应。你会希望辩论后的评论员,或者至少那些没有意识形态倾向的评论员能够让事情简单明了,并且提醒观众们注意辩论中的"真实"情况。

无论哪种情况,我们都认为你最终听到的声音会让你感到非常沮丧和失望。评论员似乎在竭尽全力保持某种表面上的平衡,他们并没有完全相信你的候选人有力的论点和反驳,而且忽略了对方在关键问题上的回避。确实,评论员们似乎将对手那令人高度质疑的观点与你的候选人更加合理的主张放在同等地位。简而言之,他们没有以事物本身的样子去看待它们。

这种经历不仅限于辩论。如果你同大多数人一样,你可能会认为,媒体一般都会过度批评你所支持的党派和候选人,而对你所反对的党派和候选人则轻言细语。你会觉得媒体对社会问题的报道令人沮丧,因为站在你这边的人似乎在"按照事物本身进行陈述",而另一边的人只不过编织了一系列的谎言、歪曲的事实和半真半假的陈述。

我们相信,现在你会意识到这种经历来自朴素实在论。如果我们相信感知机制能够清楚地勾勒出事物的本质,那么我们会认为其他人对事物的不同解释都是不靠谱的。如果事物的一面全是黑色,而另一面全是白色,那么如果第三方声称自己看到了大片灰色,黑白双方都会感到沮丧。

为了深入探究这一现象,李和他的同事罗伯特·瓦朗内以及马克·勒珀做了一项研究,研究开展于以色列和巴勒斯坦漫长而悲惨的冲突史上,一件极其恐怖的事件的余波中:1982年,基督教长枪党枪手对贝鲁特郊区营地的难民进行了大屠杀。[23] 研究的问题是,在不同的选民看来,媒体对大屠杀的报道在多大程度上是公正的,尤其是对可能参与大屠杀的以色列政府的讨论是否公正,该政府与长枪党有着某些联系

（长枪党正在和各个团体争夺权力）。研究参与者是斯坦福大学的学生，有些学生在情感上支持以色列，有些则支持巴勒斯坦。两组具有党派倾向的学生都观看了主要新闻网络的报道片段，然后他们都被问到自己看见了什么。

不出所料，两组学生都认为报道明显带有偏见，它倾向于另一方。实际上，他们的回答完全没有重叠！在"该报道对以色列多有利"这一问题上，68个支持以色列的参与者没有一个人评分高于27个支持巴勒斯坦的参与者。而且，两组学生都认为，看过这个报道的无党派观众会更加支持对方的观点。

因为人们往往不会将自己对事件的看法视为"看法"，而是看作对正在发生事件的真实评价，所以任何想要公正描述事件的人都将被视为持有偏见，从而与感知者的利益相敌对。这是公众如此轻视第四权力——新闻媒体的原因之一。美国的右翼分子咒骂"垃圾"媒体，而左翼分子则抱怨虽然主要新闻媒体采取了己方观点，却又将极右翼的观点视为中立观点，并对其进行了相同分量的报道，给予其同等对待，这是盲目的中立。两组学生都认为，媒体对对方的"迎合"是公然的不诚实，而与己方观点一致的媒体则头脑清晰。

这种对第三方的敌对态度还影响着争议方对冲突调解员的反应。这些冲突调解员可能是想要帮争议双方减少内部纠纷的善意朋友，可能是解决法律争端的专业调解员，也可能是想要避免或缓和国际冲突的高级外交官。尤其是当大家的情绪达到高潮之时，有智慧的人必定也会同样沮丧。但是，经过一番思考之后，他会意识到并指出：意见相左的双方可能具有类似的感受和信念，这并不是因为他们不诚实，而是因为他们也是朴素实在论者。

用黄金法则处理分歧和问题

通常,人们的脑海中会有一种记分卡,记录自己(至少是在自己的脑中)"赢得"或者"输掉"争论的频率。在那张计分卡上,第一个数字可能很大,而第二个数字可能很小。从朴素实在论的角度来看待一场争论,无论这场争论有关个人还是有关公共领域,结果都会与看见"我们的"候选人和"他们的"候选人之间的辩论类似。我们认为自己的观点有效,而对方的观点无效,或者我们满怀真诚,而对方则高筑防线或是想要占据上风,并没有进行坦诚的交流。

朴素实在论还鼓励人们相信,我们能够说服那些与我们意见相左却具理性的人,只要对方愿意坐下来谈谈(或者说,坐下来倾听)。人们很容易有这种想法,即一旦阐明了事实,只有不讲理的人才会无法理解。事实上那些真诚地希望与对方和解的善意者,也会带着这种乐观的假设,心怀这样的想法。他们没有认真考虑过这样的讨论也存在改变他们自己观点的可能性,可以说几乎没有意识到这一点。

对朴素实在论的理解还告诉我们,有些涉及宽容和善意的常识必须改变。例如,遵守"以己所好待人"的黄金法则可能并没有那么明智。正如头脑聪慧的伟大剧作家乔治·萧伯纳所言,盲目应用该法则会有风险,因为"众人的喜好可能并不相同"。[24]对朴素实在论的影响力和普遍性有所了解,会催生一种更加谦逊且相反的想法,即犹太圣贤希勒尔说的:"己之所憎,勿待之以邻——此即托拉犹太律法(Torah)之全义,余下皆为评述。"不以为奇的是,常被称作智慧化身的哲学家孔子也给出了同样的建议——"己所不欲,勿施于人"。

了解众人之力何时大于一己之力

在过去的几十年里，各种预测市场出现了，如经济时政博彩网站Intrade、艾奥瓦电子市场和好莱坞证券交易所，这证明了聚合意见的价值——可以预测股市动向、谁将获得奥斯卡金像奖以及谁将成为下一任总统。有研究表明，大众的预测几乎涉及一切不确定因素，如房间里的温度、罐子里的软心糖豆的数量或是诺贝尔和平奖的可能得主。综合这些预测，就会得到一个数值，这个数值往往比绝大多数个人的预测更加准确，而上面所提到的预测市场也因此得以开发。[25] 进行预测或估算，或是成本、风险和收益评估时，最好征求一下他人的意见。

很多人都没有意识到，即便只采纳一个旁人的意见，也足以使估算和预测的结果明显更好。但是人们会好好利用这种聚合意见的优势吗？在分享有关该主题的研究结果之前，请大家想想以下几个问题：假设有人要你和一位朋友预测金门大桥的长度、即将上市的房屋价格，或是在战役中牺牲的士兵人数，你会对朋友的预测给予多大的权重，尤其是当朋友的预测与你的有很大出入之时？你会直接求取两个预测结果的平均值，还是会考虑哪个结果正确的可能性更大（多半是你自己的结果），然后给予其更大的权重？

如果两个预测值比较接近，那么可能两者都高于或低于正确答案。这种情况下，如果对预测值求平均值，产生的误差就会与每个预测值的平均误差本质上完全相同。但是，如果两个预测值相距甚远，那它们很可能处于准确值的两端。这种情况下，取其平均值将会缩小单个预测值的平均误差。这是数学上的必然。如果你们两位偏离准确值的程度相同，方向相反，那么取平均后你俩都会得到准确值。即使最初你们其中一位距离准确值较近，而另一位较远，以致取平均后较近方的准确性有所降低，而较远方的准确性大幅提高，双方的误差平均值也会有所下降（当然，如果你赞同其中一方的数值更加准确，对其给予更多的权重，那么双方的准确度都会提升。但是由于朴素实在论的存在，这种认同很难达成）。

如果将人们进行配对，让他们来做这种预测，情况会怎样？我们相信，我们对于朴素实在论的讨论可以让你更好地预测答案。双方都倾向于认为自己的预测受到偏见的影响和误差都比对方小。这让他们不愿意给予对方的预测太大的权重，尤其是当对方的预测与自己的预测有很大出入时。但是，这又正是平均值最有可能提高准确性的时候！

为了检验这一预测，明确其结果，李和同事瓦尔达·利伯曼、茱莉亚·明森以及克里斯·布莱恩一起进行了一系列实验，他们将参与者进行了配对，让他们预测各种未知的事件。[26] 其中有些研究是在以色列进行的，预测对象包括观点（他们的同学中有多少人认为以色列应该在与叙利亚签订的和平条约中放弃戈兰高地），或人口统计情况（以色列德鲁兹人的人口）。其他的研究则是在美国进行的，参与者包括一些专业人士（交际舞者预测他们能从评委那里获得多少分，或是律师和法学学生预测侵权案中原告会获得多少赔偿）。

在每一项研究中，参与者首先要做出第一轮个人预测。然后，在了解彼此的预测之后，给出第二轮预测——按照自己的意愿对搭档的预测进行或多或少的采纳。最后，研究人员请两名搭档给出双方都认可的共同预测作为第三轮预测。研究人员为每轮预测的准确性提供了经济奖励。

当然，所有参与者都不知道正确答案。在某些情况下，参与者可能有充分的理由认为自己的预测更加准确，或是其搭档的预测更加准确。但是，大多数情况下，参与者都不可能有理由认为一个人的预测比另一个人更准确。然而，通常情况下，参与者给予自己初始预测的权重远远高于搭档的初始预测。实际上，他们毫不考虑搭档预测的次数占据了三分之一以上。为此，他们付出了沉重的代价，他们的表现始终比直接选取自己和搭档预测的平均值作为预测结果来得差（他们求取平均值的情况大约只占10%）。此外，当搭档双方被迫就同一预测达成一致时，预测结果就会越来越准确。

这个测试结果应该很明晰：当信息对等，专业知识一样时，我们总是认为自己的预测比别人更加准确，为此我们也付出了代价。而有智慧的人会进行合作推理，缩小分歧，当结果存疑时，他们会进行折中处理，以此来降低盲目自信的代价。

超越朴素实在论

如果避开朴素实在论的不利后果，情况会是什么样的？这不是要人们不再通过自己的期望、需求和经历三棱镜来观察事物，这是不可能实现的。但有可能做到的是，人们或许会认为自己的观点并不比别人的观点更有效。确实，它可能没那么有效。关于这一认识，历史上曾有一个典型案例，当时的美国正在经历其历史上最重大的事件之一。内战结束十年后，在纪念亚伯拉罕·林肯的自由纪念碑落成典礼上，废奴斗士弗雷德里克·道格拉斯（Frederick Douglass）对这位殉职的总统做出如下评价：

> 从真正废除奴隶制度的角度看，林肯先生似乎迟钝、无情、麻木、冷漠。

长期以来，道格拉斯对林肯总统在废除奴隶制时所采取的步调深感不耐烦，考虑到这一点，这番评价也就可以理解了。但随后他又表现出了可以抛开成见的非凡能力，补充道：

> 如果从国家层面看待他，或者把他作为一位可以咨询意见的政治家来看待，他显得头脑敏捷、心怀热情、力求变革、坚定不移……总的来说，想想眼前任务的艰巨程度，看看实现结果所需的必要手段，从头到尾审视一下整个过程，世界上唯有亚伯拉罕·林肯带着无限的智慧完成了这一使命。

如果我们要更清楚地了解周围的世界，那么道格拉斯在那个春日所做的事情就是我们所有人都必须努力做到的事情：我们必须明白，我们对世界的看法只不过是由自己的立场、以往经历和特殊知识所建构的。道格拉斯所悼念的人也有类似的胸襟。关于政治对手，林肯有句名言："我不喜欢这个人，所以我必须更好地了解他。"这种豁达的言行揭示了一个重要的真理：一般来说，当我们刚开始接触一个人时，常常与其言行不合，而一旦我们对其看待事物的方式更加了解，我们的厌恶往往就会烟消云散。

当然，要更好地了解另一个人，不仅要了解他如何看待这个世界，还要了解他所面临的实际环境因素和受到的制约，这一点很重要。当这个人的举动看起来出乎意料、不合常理时尤其如此。下一章我们会接着讨论这个问题。

第 二 章

情境的推力和拉力

想象一下，一位友好的年轻人敲开了你的门，问你是否愿意在门前的草坪上立一块牌子，牌子上写着"安全驾驶"。从他的描述来看，牌子会完全挡住大门，占据房前的大部分空间，牌子上的字很不美观。他告诉你，牌子会在那里立上一周。你会做何回应？

在1966年的一项实验的一种条件下，加州北部一块中产阶级社区的家庭主妇参与了实验，令人惊讶的是，有76%的人竟然同意了这一要求。[1] 研究者如何实现了如此高的协议达成率呢？他们支付了巨额报酬吗？做了慷慨激昂的辩论吗？做出了恶意的威胁吗？都不是。实际上，他们采用了一种技巧，该技巧由"登门槛"技巧㊀演化而来。

㊀ 术语"登门槛"指的是过去上门销售人员所采用的策略。要进入别人家里或是寻找买家，他们会提出一个小小的请求（如向对方讨杯水喝，或者对对方说"我有点头晕"，然后讨把椅子坐坐），他们相信，主动对住户或接待员进行礼貌出击能够与他们建立个人联系，从而更好地谈生意，完成销售。研究中所描述的技巧与这一经典技巧的不同之处在于，提出最初的小请求以及后来的大请求的人不一样。

第二章 情境的推力和拉力

大约一周前，研究小组的另一位成员简单地问过这些房主，他们是否愿意在自己房子或车窗上贴上 10 厘米 × 10 厘米的标语，上面写着"做一名安全驾驶员"。几乎每个人都同意了这个微不足道的请求，这么做的同时，他们也会更加难以拒绝接下来更大的请求。⊖

社会心理学家一直认为，人们在没有接收到太多刺激、威胁或逼迫性言论的情况下，也可以被诱导着做出意料之外的事——似乎眼前情境的细微变化就能够对人的行为造成巨大影响。数千项研究都表明，人们比大多数人所认为的更易受到情境微妙变化的影响。实验室和对现实事件的观察都传达出一条必然的信息：善良的人，或者即使是在很多情况下都表现得体的普通人，在身处某种情境时也会由情境诱导做出不恰当的行为。

例如，想想普林斯顿神学院学生遇到一名衣衫褴褛的男子跌倒在一栋楼的门口，在他们从一栋楼走向另一栋的时候向他们求助，而这些学生正要去布道圣经中那则"乐善好施者"的寓言故事。在这些未来的神职人员和宗教研究的教授中，会伸出援助之手的人占多少百分比呢？是什么决定他们会像寓言中的"乐善好施者"一样给予帮助，还是像寓言中的牧师和利未人一样急忙走开？这一点在很大程度上取决于让他们进行布道的人，这个人会告诉他们是有充足的时间到达会场，还是已经快要迟到，必须得加紧步伐。时间充足的人中，将近 67% 的人愿意停下来给予帮助，而匆忙赶路的人中，只有 10% 的人会这样做。[2]

两项研究都强调了一个事实，即人比我们想象之中更易受到影响。但

⊖ 在这项研究的控制条件下，在没有事先提出小要求的情况下，只有 17% 的人同意立起又大又丑的牌子——实际上这一比例相当高，但相比"登门槛"策略的成功率，只能算很低。即使在这里，高同意率也可能反映了这样一个事实，即人们很难拒绝一个奇怪的请求——也就是说，一个不是为了获取金钱、时间或一些有价值的财产的请求。大多数人都习惯于拒绝那类请求，但文化中没有现成的脚本来拒绝不寻常的请求，特别是在请求的理由（安全驾驶）每个人都会赞同时。

是，人到底有多容易受到影响？在匆忙对此下定论之前，请注意这一点：即便你大致了解研究揭示的心理学原理，你也应该知道，要得出如此清晰明显的结果，设计实验时需要大量的技巧以及对细节的考量。

这些出乎意料的研究结果，以及得出这些结果所需的技巧和细节的考量，都说明了一个普遍原则——人们对眼前情境的某些方面高度敏感。所以，他们常常在看起来极其相似的情况下做出截然不同的行为。普通的男男女女都可能被周围情境中看似微不足道的因素引导着去做某些事，这些事有好有坏，它们不仅会让你感到惊讶，也会让你的朋友、家人、邻居感到惊讶。发生凶杀案、恐怖袭击或金融丑闻之后，你曾听那些与肇事者最亲近的人表达过多少次对他（肇事者大多是男性）竟能做出这种事的惊讶？

因为忽略掉情境因素的微妙影响十分容易，所以当我们知道上述两项研究的结果时，我们会自然地认为涉事人员在某种程度上不太正常。五十年前的房主肯定比现在的更唯唯诺诺。学生们，甚至是神学院的学生们，都太过专注于在自己狭隘、学院气息弥漫的世界中取得佳绩，无暇顾及周围的人；此外，其中有许多人是伪君子，对困境中的人并没有真正的兴趣。如果了解了情境因素的影响，应该会让我们在对某人出人意料的行为匆忙下定论之前有所犹豫。有智慧的人会保留意见，直到充分考虑过那个人所面对的所有情境压力（有智慧的人甚至还会稍加观察，找到更多的情境细节）之后，才会做出结论。

情境因素会产生巨大影响，这种经验不仅来自精心设计的社会心理学实验，也来自许多自然实验，这些自然实验是因为政策或环境的变化，或是不同地区政策实施之间的差异而出现的。凡是想在看待人以及人的决策方式上变得更加明智的人，都可以从这些自然实验的结果中得到借鉴。

第二章　情境的推力和拉力

借钱给山姆大叔

随着第二次世界大战的推进，美国政府向那些尽力支持战争，并且希望自己的投入能够在此过程中获得少量回报的美国人发售了国防公债（一张普通的债券需要 75 美元，十年后债券到期之日可以兑换 100 美元）。1943 年 4 月至 1944 年 6 月，该债券连续发行了四次，购买国防公债的美国工人人数逐次急剧增长。一千多人接受了访谈，基于访谈结果，我们估计购买该债券的人数从初次发行时的 20% 增长到了最后发行时的 47%。这种急剧增长背后的原因是什么？是随着越来越多的年轻美国人入伍，战事好转，爱国主义情绪高涨，还是为了应对战事需求，工人们不得不加班加点地工作，赚到了更多的钱？

这些因素当中，每一个都可能有影响。但事实证明，还有另一个特别重要的因素存在：市场营销策略的简单改变。最初的营销主要是广告牌、报纸、广播和电影院里对爱国主义的呼吁。相比之下，随后的债券营销越来越多地使用工作场合中面对面的诱导，这种情况下，营销人员常常当面就会得到购买债券的承诺。在最初的营销中，只有 25% 的受访者受到了这种面对面的诱导，而在第四次营销中，有 58% 的受访者受到了这种诱导。

这种策略上的改变立刻就带来了好处，在四次营销过程中，面对面的"即刻签约"式呼吁效果显而易见。1943 年 4 月的营销中，受到直接诱导的人中有 47% 购买了一张或多张债券，而没有受到直接诱导的人中只有 12% 购买了债券。这些数字逐渐增加：1943 年 9 月的 59% 比 18%；1944 年 1 月的 63% 比 25%；1944 年 6 月的 66% 比 22%。[3]

值得注意的是，即使在没有受到面对面请求的人中，购买债券的工人比例也在连续上升。似乎随着面对面诱导越来越多，购买交易也越来越多，有关常规和期望的规范也相应地发生了变化。当人们听说有更多的朋友、邻居和同事购买了债券时，他们也更倾向于这么做。

选择加入还是退出：为什么瑞典人同意而丹麦人拒绝器官捐赠

另一个自然实验更加清晰地表明，人们做出令人赞许行为的意愿可能完全取决于机会如何呈现给他们。这项研究调查了不同"默认"捐赠政策下的欧洲国家的器官捐赠率。[4]与美国一样，许多欧洲国家也有"选择加入"捐赠的政策：一个人要成为潜在的捐赠者，必须采取某种行动——一般来说就是在他的驾驶证后面签名。没有该签名，这个人的器官就无法移植给有需要的人。在其他的欧洲国家中，默认方式就反过来了：每个人都被视为自愿捐赠者，但他们可以表明自己不愿意捐赠，一般来说只要在自己的驾驶证上签上名字就可以了。换句话说，他们必须"选择退出"捐赠程序。

如图2-1所示，选择加入和退出的国家和地区参与率之间的差异远超你的想象。尽管民意调查显示，这些国家对器官捐赠的热情相当，但几乎所有"选择退出"国家的参与率都接近100%，但"选择加入"国家的平均参与率仅为15%。"选择退出"国家中的最低参与率超过了85%（瑞典），而"选择加入"国家中的最高参与率不足30%（荷兰）。

这些巨大的差异只是因为人们倾向于做轻而易举的事吗？当然，使期望行为变得更加容易很重要，而有智慧的人会从这里开始。如果人们已经想做某事（如捐献器官），那么花费大量的时间、精力或金钱来试图增加其动力就不明智了。只要让行为更容易实施就好了。让善意落实为行动的路径更加清晰。同样，让你想要阻止的行为更加难以实施。但事情不止于此。当看似很小的差异产生如此大的影响时，通常是因为那些看似很小的差异涉及了一件从人类心理学视角来看的大事。正如我们将在第三章所见，默认选项所改变的一件大事就是人们赋予自己所面临选择的意义。

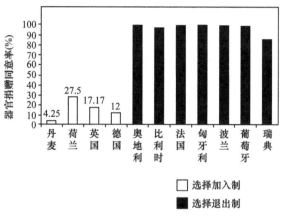

图 2-1　各国器官捐赠同意率

获得更好退休生活的捷径

我们都希望在退休后生活得很好——看看孙辈、环游世界，或者就在家里颐养天年，无须担心今后的开支。但是，要存钱去实现这一目标是很难的。眼下有很多事情需要我们用钱解决，所以我们也很容易忽略退休需求。如果你得采取主动措施才能把钱存起来的话，存钱是非常困难的。但如果一个人的默认选项是省钱，必须采取积极措施才能避免存钱，那么要储存一个小金库应该没有那么困难。事实上也确实没那么难。

如你所知，许多员工都可以选择在发放薪资时，让老板从自己的薪水里扣除一定比例，将其投资于延迟纳税储蓄计划。一般来说，这是一个 401（k）计划，该计划以分管此类投资的美国税法章节命名，老板通常会将一定比例的员工薪水放入其中（如 6% 的员工薪水）。从历史上看，要参与这些计划，员工需要采取积极的措施。如果他没有积极注册，则默认其不参与。其中的隐含推定是，大多数人都想存钱，当然也就会加入该计划。但事实证明，这个"当然"是错误的，因为前前后后无数资料证明了美国糟糕的储蓄率。

人们的目光是否太短浅了，看不到参加该计划的好处？他们只是懒得去注册吗？并非如此。或许点击网页上的"注册"按钮来完成这个过程很容易，但要对眼前所有的投资选项进行筛选并非易事。一个人应该将多少积蓄投入美国的股市？在外资公司的股票上又该投入多少？在房地产方面呢？在货币市场基金方面呢？做这些决定很难，许多员工对自己说"我现在做不了决定，以后再说吧"，可问题是他们心中的"以后"永远没有到来。

在一项研究中，有这种选择加入的参与计划的公司中，只有50%多一点的员工选择在其聘期的前六个月内加入该计划。员工在公司任职的时间越长，参与该计划的可能性就越大，但即使工作了两年后，仍有五分之一以上的员工没有参与（也没有获得老板给的"免费资金"）。为了提升参与率，公司转而采用了选择退出的参与计划㊀。这样，新员工就会自动加入一项简单的储蓄计划，如果要让部分或全部用于储蓄的资金都转变成薪资，他们就必须主动采取措施。有些员工会以3%的薪水自动参与401（k）计划，还有些员工则以6%的薪水自动参与了该计划。

影响员工参与的因素中，储蓄的百分比并不重要，但默认选项很重要。两种选择退出计划的参与率都大大高于早期的选择加入计划：工作三个月后，参与率提高了35%，两年后，参与率提高了25%。[5] 由此得出的经验很明显：如果你在寻找增加积蓄的方法，那就让它更简单易行吧。诺

㊀ 在该公司中，默认选项是货币市场基金，但员工有7种投资选择。不同的公司有不同的默认选项，许多公司选择了50%的货币市场基金投入和50%的股票基金投入。

贝尔奖获得者丹尼尔·卡尼曼（Daniel Kahneman）将这种认识及其所引发的选择退出储蓄计划称为行为经济学的标志性胜利。

障碍与渠道

许多人将库尔特·勒温（Kurt Lewin）视为美国社会心理学之父。他无疑是我们在本书中分享的很多重要思想与见解的直接来源。1890年，勒温出生在普鲁士，他年少时的生活与那个时代许多其他德国犹太科学家的生活相似。勒温参加过第一次世界大战，在战争中受伤后，他回到柏林获得了博士学位。1933年，希特勒上台，勒温对像他一样的人有何未来心知肚明，于是便离开了德国。

1935年夏天，他在斯坦福大学担任客座教授，也考虑过到其他国家发展自己的事业，其中包括日本和苏联。最后，他做出了另外一个选择，那就是永久移居美国。他先后在康奈尔大学、艾奥瓦大学和麻省理工学院任教，并在麻省理工组建了团体动力学研究中心。1947年，他本打算去密歇根大学新成立的社会科学研究所担任领导职务，可是却在这时候与世长辞。㊀ 勒温的著名格言是"没有什么能比一个好的理论更加实用"，在定居美国的相对较短的时间里，他不断揭示着社会心理学原理在解决当今的紧迫问题方面的作用。他的努力促成了重塑这一学科的理论和研究方法的诞生，这些理论和方法在今天仍然有用。[6]

在勒温对心理学的诸多贡献中，最值一提的就是研究焦点的简单转变。他指出，当人们想要改变某人的行为时，他们通常会试着引导这个人走向预期的方向：承诺给予其奖励或者对其做出威胁。他们会请鼓舞人心

㊀ 如今的密歇根大学社会科学研究所延续了勒温将发展理论与解决重要的社会问题及紧迫的时代问题相结合的传统。

的发言人提高员工的积极性；为员工的子女提供资助，让其取得更好的成绩；慷慨激昂地讲述正确饮食、节省开支或提高性行为安全的重要性。当他们想要改变自己的行为时，他们会承诺自己取得成功后给予自己奖励，或者时刻警醒自己失败后将要付出的巨大代价，以此来振作精神。他们会寻找励志的榜样，或者发誓更加努力，多多进行历练，多打销售电话，减少信用卡欠款，或者放下神秘的长篇小说，将阅读的时间用来改善自己的思维。

这种做法有时行之有效。当缺乏动力时，寻找增加动力的方法可能就是通往成功的门票。但动力往往不是问题的真正所在。大多数人对于增进健康、积累财富以及提高工作效率都有着极强的动力。年轻妇女们积极预防不必要的怀孕，那些期待退休的工人们则努力存钱以便退休以后没有经济烦恼。这些情况下，增强动力似乎并没有多大作用。勒温指出，我们需要采用更有效的策略来识别和消除达到预期目的的障碍。

勒温的观点适用范围很广。要想带来改变，就要清除障碍，开辟一条畅通的渠道，将良好的意愿与有效的行动联系起来。存钱很难吗？制作一份自动扣除计划就好。减肥很难吗？清空橱柜上的诱人食物就好。希望自己的儿子少玩电脑游戏，多看看书吗？让他从连环画小说和漫画开始，而不是一开始就让他读贝娄、鲍德温或巴思。

同样的原理也适用于改变特定群体或整个社会的做法。为了提高处境不利学生的学业成绩、解决潜在的灾难性气候变化问题，或促进协议的达成以结束冲突，我们必须采取劝诫、威胁或奖励以外的措施。正如我们在本书的最后三章所讨论的那样，找出阻碍预期改变的障碍，然后采取措施消除相关障碍才是更为明智之举。

想想最近人们是如何在美国大部分地区大幅增加回收的垃圾量的。如今，在大多数社区中，人们都尽职尽责地回收罐子、瓶子和纸张。这项成功的秘诀不是引入了任何奖惩，也不是因为媒体大力报道垃圾堆的图片或是对环境有益的有力消息。秘诀在于引入了一种特殊颜色的容器，该容器与个人垃圾桶一起放在路边，用于放可回收垃圾。

当一个人不得不存储可回收材料并将其分类，然后将它们运到最近的回收中心时，许多人都将回收的做法视为嬉皮士、环保人士和自由主义者的行为。不需要再这样做，也就消除了一大障碍，回收也就更容易。更重要的是，或许将可回收材料放在适当的容器中已被视为普通好公民所为，每逢垃圾收集日，只要人们走到街上，或者开车经过附近地区，这种信息就会得到加强。细微的调整就可以改变行为规范，并且在此过程中改变有关行为的含义。

圣人、傻瓜还是好公民

在我们即将完成这本书的时候，欧洲正经历着一段漫长的经济低迷期，这种低迷始于人们发现希腊的债务比自己所认为的更严重，而且它可能会拖欠对债权人的债务。这一发现迅速引来了对爱尔兰、意大利、葡萄牙和西班牙偿付能力的质疑，进而引发了一种怀疑的氛围，影响了世界各地的金融市场，几乎减缓了各地的经济增长。

当得知希腊预算问题的很大一部分来自希腊的避税传统时，人们对希腊的同情并没有增加。经济分析表明，只要希腊公民缴纳他们所欠的税款，希腊三分之一的预算问题便可以立即得到解决。[7] 然而，在希腊，避税被视为一种正常的甚至是规范性的做法。这是每个人都相信其他人会做的事情，因此，不隐瞒收入或夸大支出是只有"傻瓜"才会做的事情。

碰巧的是，不愿纳税绝不是希腊所独有的，也不只存在于那些税率很高、执法松懈、政府长期腐败和效率低下的国家。根据推算，由于个人少报收入或虚报支出，美国财政部每年的损失会达到 2000 亿美元。[8] 许多纳税人忍不住少报收入或多报支出，然后为自己的不当行为找借口（"每个人都这么做""拥有瑞士银行账户和高薪税务顾问的千万富翁们，所缴纳的税款占收入的比例比像我这样的中产阶级还要低"）。该怎么办呢？有没有一种方法既能鼓励更诚实的报税，而又不用威胁加重刑罚或雇用大量会计师增加审计报告的数量？

最近的一项研究提出了一种可能性。学生们被要求做一系列数学题，并报告他们的正确率，以及他们由此应该得到多少钱。学生们以为实验人员不会知道他们的做题情况，但实际上，他们的表现受到了秘密监视。实验操纵非常简单。一半的参与者被要求在表现报告的表格末尾签署一份"诚实声明"，就像美国人被要求在所得税表格的最后一页上做的一样。其他参与者被要求在表格开头的诚实声明上签字，然后再说明他们所完成的数学题的正确率。结果是，诚实声明在开头签署时，报告虚报的比例从 79% 急剧下降到 37%。[9]

当谈到道德时，时机可能不是全部，但它显然很重要。有智慧的人类弱点观察者得到这样一个更广泛的启示，即诚实或不诚实可能不仅取决于一个人的性格，还取决于影响不诚实具有多少吸引力、诚实规范显得多突出的具体情况。

并不是说我们是被动的人偶，只要拉对了线就能被操纵。我们更像是一家小公司的 CEO，试图同时管理多个目标：让客户、员工和股东满意；密切关注竞争对手、市场变化和法规的变化；并重视公司在社会上的良好声誉。在错综复杂的影响网络中改变一个因素，就会产生广泛的反响。在面对如此复杂的情况时，有智慧的人要记住的是"勒温秘诀"：让你想要鼓励的行为变得更容易，就像走下坡一样容易；让你想要阻止的行动变得更加困难，就像走上坡一样困难。

抵制糖、盐和脂肪的诱惑：不用强大的意志力

在日常生活中，什么地方可以最好地使用"通道和障碍"方法？一个目标就是暴饮暴食。我们都读过或听过这样的统计数据，即超过三分之一的美国人患有肥胖症，其中包括近五分之一的儿童。另外三分之一的人口超重。体重超重是潜在入伍人员被拒绝的主要医学原因。[10] 问题不在于缺乏减肥的动力，五分之二的美国人无时无刻不在节食，这催生了一个价值 700 亿美元的减肥产业。但可悲的是，绝大多数节食者都没能实现他们的目标。[11]

从情境主义者的角度看，这些都不足为奇。食用富含脂肪、盐和糖的食物（我们都喜欢的食物）的诱惑，无处不在。聪明的营销人员设计了畅通的渠道，从被引诱到拿起再到消费，这一切都太容易了。我们被诱人的零食和快餐的广告狂轰滥炸，杂货店里堆满了食品科学家炮制的食物，以满足我们生物学上最底层的欲望。对我们最不利的食物（但对卖家最有利）往往是那些最醒目、最方便拿到的食物。

我们在给车加汽油的时候不得不抵抗橱窗中的诱惑：它促使我们吃下一块巨大的糖果、吃一个美味的冰激凌或者喝一杯超大的苏打水。如今，大学图书馆设有比购物中心更多的咖啡吧，这些咖啡吧提供的美味混合咖啡饮料的热量几乎与奶昔相同。适度的饮食需要一种近乎持续的意志力锻炼——或者我们应该说"抵抗的力量"。

幸运的是，研究人员已经取得了进展，不再只是规劝我们抵制诱惑。他们给了我们一些帮助我们正确饮食的方法。心理学家布莱恩·万辛克在过去的二十年里一直在做实验，研究如何改变饮食环境，使节食者有成功的机会。[12] 他警告说，"谨慎"的节食很难维持。为达到明显效果所必需的热量减少会造成饥饿感，这种饥饿感会压倒我们的决心，尤其是当体

重减轻的速度放慢时（这是不可避免的）。节食会让身体陷入类似饥饿的状态（身体会更高效经济地利用能量），这增加了减肥的难度。万辛克并没有试图通过锻炼意志，或运用任何最新的节食时尚，来抵抗这些生物性的力量，而是提供了一些具体的情境主义策略来帮助你"无意识地"减少食量。

在一项著名的研究中，万辛克和同事们在观众去电影院的路上随机派发超大盒爆米花或中等大小盒装的爆米花。尽管超大盒要比中等大小的盒子大得多，但两种盒子里面的爆米花，都超出了一个人正常情况下吃得完的量。实验结果提示，值得注意的是，那些得到超大盒爆米花的人多吃了50%的爆米花，而更值得注意的是，那些爆米花已经放了好几天了，质地和泡沫花生差不多。

这一发现引起了媒体的关注，当万辛克的一部分研究结果要在电视上播出时，他邀请康奈尔大学营养系的同事们前来观看节目。为了创设更为欢乐的气氛，他为每个人准备了冰激凌。他的同事们不知道的是，一半的同事拿到的是想挖多少就挖多少的大碗和大勺子，而另一半则拿到的是小碗和小勺子。请记住，这些人都是营养学家，他们可能和地球上的任何人一样清楚自己吃的是什么，也一样清楚自己应该吃什么。然而，那些使用大碗的人的进食量比使用小碗的人多一半。

这些研究传递出的信息很明确：我们的很多饮食都是无意识的。因此，促进健康饮食需要对"通道和障碍"进行分析，让选择健康食品和减少消费更加容易，而选择不健康食品和盲目消费的道路更困难，如此这般，我们便都可以从中受益。这正是前纽约市长迈克尔·布隆伯格试图做的，他提出了一项颇具争议的提议，取缔了餐馆提供超大杯碳酸饮料的做法。不可避免的结果是，一方面有人愤怒地指责"保姆国家"管得太宽，另一方面则有人指责牟取暴利者为了追求利益不惜将孩童置于危险境地。但不管你对政府在人们生活中扮演的角色有什么看法,毫无疑问,即便仍然能够"有意"选择续杯,在碳酸饮料机前放置小一点的杯子还是可以减少含糖饮料的摄入量。

通过改变饮食环境,让饮食变得更健康的方法有很多。人们倾向于吃掉盘子里的所有东西,因此,如果你想少吃点,或者让桌子上的人少吃点,就用小一点的盘子并减少分量(过去50年里,盘子的平均尺寸大幅增长,毫无疑问,这一时期人们的平均腰围尺寸也随之增加)。[13]说到糖果,不要把它放在透明的容器里,要把它遮盖起来。把诱人的食物放在冰箱或橱柜的后面,或者根本就不要把它们放在家里。如果你一定要在周围放糖果或饼干,不要买各种各样的。只购买一种,因为当我们身边有各种各样的好东西时,就会忍不住什么都想要尝一尝,也就会吃得更多。简而言之,当你的意志力和决心与挑战不成正比时,与其下定决心和惩罚自己,不如从心理上采取明智的方法:控制那些导致你或多或少忍不住吃的通道,这样你就会走上一条更健康的饮食之路。

小心滑坡,除非你想让球滚起来

斯坦利·米尔格拉姆(Stanley Milgram)有关服从权威的研究是心理学史上最著名(有些人可能会说臭名昭著)的实验之一。[14]米尔格拉姆发现,他在康涅狄格州纽黑文市招募的研究对象中,有三分之二的人遵循了一名实验人员的指示,对他们认为是这个"学习研究"共同参与者的人实施危险程度的电击。在实验者的要求下,即使在"学生"(实际上是米尔格拉姆的同伙,他们不在研究参与对象的视线范围内,但可以听到他们在隔壁房间的声音)痛苦地喊叫,并表现出极大痛苦之后,他们仍继续施加电击——事实上,即使在"学生"说拒绝继续,不再在假定的学习任务中给出答案,并且陷入死寂之后,他们仍然继续施加电击⊖(见图2-2和图2-3)。

图 2-2　实验设备

注:斯坦利·米尔格拉姆指挥参与者使用电击机,(宣称)是为了在"学生"未能做出正确反应时对他们施加电击。

半个多世纪后,米尔格拉姆的研究仍在引发争议。虽然研究中的"学生"实际上并没有受到任何电击,但参与者认为他受到了电击,并且不得不在知道他们做了些什么的情况下继续。我们要考虑的问题是,这些参与者的表现说明了什么样的人类行为。他们的行为是否反映了盲目服从权威,对他人的痛苦漠不关心,以及在看似正常的人身上隐藏着的虐待狂倾向?不然的话,为什么还有这么多人愿意服从他们从未见过、对其几乎一无所知的实验者的指示,甚至对另一个人施加他们以为已超过 400 伏的电击呢?

⊖ 一开始米尔格拉姆实验的参与者被要求对"学生"施加 15 伏的电击,几乎每个人都同意这样做。然后,在"学生"每次出现错误后,他们被要求再增加 15 伏的电压。很快,电击的电压变得相当高,"学生"的反应也变得很不祥。

第二章　情境的推力和拉力

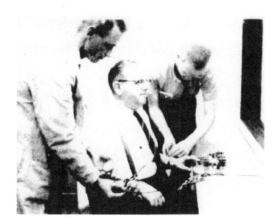

图 2-3　"学生"被绑在电击设备上

为了回答这些问题，有必要做一些许多写过这些研究的介绍的人没做过的事情：更仔细地检查米尔格拉姆实验程序的细节。他并没有简单地要求实验参与者们对"学生"施加 450 伏的电击。没有一开始就这样。取而代之的是，参与者先是被要求施加 15 伏的电击，然后施加 30 伏的电击，然后施加 45 伏的电击（在实验的"学习"阶段之前，米尔格拉姆巧妙地给每个实验参与者施加了 45 伏的电击，以便让他们知道"学生"正在经历的事情，相信电击是真实的）。谁不愿意提供这样的"反馈"呢？"学生"同意参与研究，并且角色由（操纵的）抛硬币决定，似乎也可以很容易互换角色。米尔格拉姆的实验参与者不知道，至少一开始不知道，他们正被一步步引向更加恶劣的行为。他们也无法预料，要走出这条道路会有多么困难。

米尔格拉姆的实验实际上证明了一种特殊类型的行为通道（即滑坡）的效力，这种行为通道使他们一步步地从正常行为走向异常行为。很少有人愿意无缘无故对一个研究参与者施加 450 伏的电击。但是，在之前以 15 伏的增量施加一系列的电击之后，这样做要容易得多——每次只

43

需再前进一步。无论是什么理由（或者更确切地说，无论是什么样的合理化）为参与者前面的步骤做了辩解，实际上都会迫使他们去合理化下一步。

参与者不可能预料到，要让自己对实验者的服从脱离从"普通"滑向"有害"的道路会有多困难。即使参与者决定要离开他们正在走的路，他们也完全不清楚该怎么做。他们发现自己所处的（痛苦的）处境并没有明确的出路。他们可能会表达保留意见，礼貌地建议实验者检查"学生"的状况，并提出放弃参与费以换取停止研究的建议，而实验者仍然冷静地坚持，要求参与者继续进行，并且表示"我会承担责任"。

即使参与者从椅子上站起来（很多人都这样做了），并宣布他们不会再继续实验，实验者仍然坚持说"实验要求你继续"。除非参与者采取了非同寻常的举措，直接对实验者提出挑战说"我不在乎你说什么、你是谁或你怎么想我，我不干了，你也不能强迫我继续"，他们唯一的选择是继续，并且一次次地希望折磨即刻结束。

实验者们无情的坚持，对大多数参与者想要采取的行动（即结束会让"学生"感到痛苦的实验），起到了强大的阻碍作用。此外，这个障碍周围没有清晰的通道通向人们想要的行动。试想一下，如果参与者所面对的情况稍有变化，结果将会有多么不同。试想一下，如果电击机旁边有一个按钮，上面写着"大学研究伦理委员会：如果你想停止实验并与大学管理人员讨论研究，请按下按钮"。当提供了这种简单的通道后，还有多少参与者会继续施行一次比一次更严重的电击？

对此，我们无法确定，但处于社会心理学核心地位的情境主义思想，让我们有充分理由相信，继续施行电击的参与者会少得多。如果有这样的通道，米尔格拉姆的研究结果，对于那些在心理学入门课程中学习他的研究的学生来说，将不至于那么令人震惊，这些结果所揭示的关于（精心设计的）社会情境力量的信息也会有所不同。

我们如此详细地描述了米尔格拉姆的实验过程，是因为我们想让你认识到滑坡效应和不容易退出的情况是如何导致极端行为的。有时，结局就是一个令人沮丧的没人性、贪婪或愚蠢的故事，但有些时候又是鼓舞人心的。英勇的行为和终生献身崇高事业，往往始于个人碰巧遇到的特殊情况下的小行动。一个孩子自愿去当地的动物保护协会遛狗，因为她喜欢宠物。然后，她积极地回应了动物保护协会捐款的请求。很快，她就开始征集签名，请求保护当地猫头鹰物种的栖息地，然后加入绿色和平活动者的行列。

在美国许多州，同性婚姻合法化和军队中对同性恋接受的漫长过程都是从小步骤开始的。在军队的案例中，一开始是几个男兵和女兵"站了出来"，为自己赢得了身边士兵的默许，这些士兵了解这些打破藩篱的人，重视他们的职业贡献。这使得"不问不说"这一妥协政策成为可能，并最终使我们今天看到的更普遍的接受成为可能。

有效的行动通常是利用行为动力和逐步推进的力量来实现的。写一篇长篇论文（或一本书）可能很难，但是一旦你开始去写作，事情就会变得容易多了。与其等待灵感或动力的迸发，不如直接写几句或几段话（大致）说出你想说的，就像给朋友写封信一样。

抑郁的人会认为日常生活中的挑战和琐事让人喘不过气来，但如果从椅子上站起来，做一些远离抑郁源头的事情，即使只是散散步或洗个澡，这些困难似乎就没那么沉重了。一个邋遢的青少年可能会觉得打扫房间的要求太令人生畏了，但他可能会认为从地板上捡东西要容易些，从而为更彻底的努力制造动力。

人一旦开始朝着理想的方向前进，坚持下去就会变得更加容易。"千里之行，始于足下"，这一观点得到了"通道和障碍"理论和实证研究的充分支持。对于有智慧的人来说,完成大事的秘诀是让球滚动起来,一次前进一小步,阻挡住所有容易分心的通道,然后一步步依靠胜利就在前方的激励继续走下去。

基本归因错误

想象一下,当你和十几岁的孩子一起参观大学校园时,你有机会旁听一场心理学实验。你可以看到实验者向两名参与者解释说,这项研究将涉及一项常识测试。通过抛硬币的方式选出的一名参与者,将设计一些具有挑战性的小问题,让另一名参与者回答,但条件是他自己必须知道答案。几分钟的准备之后,测试开始了,第一名参与者提出了以下问题:"谁在电影版《风的传人》中扮演了门肯的电影版角色霍恩·贝克?""晶体管的三位共同发明人是谁?""'如果音乐是爱情的粮食,那就继续演奏吧'这句独白出自莎士比亚的哪部戏剧?"㊀

第二名参与者,即本测验中作答的选手,通常会被难住,十个问题他只能回答正确两到三个。当你默默地试着要自己想出正确答案时,也不会有更好的成绩。然后,实验者问两名研究参与者,并且也意外地问你,估计一下每名参与者大概掌握多少常识。

你会得出什么结论?如果你也像这项研究的参与者一样(这项研究是在三十多年前由李和他的两个学生进行的),那么你和被难住的选手可能会得出同样的结论:第一名参与者对琐事有着不同寻常的天赋,并且拥有广泛的经验知识。15 你也可能会对自己的常识水平没有把握。鉴于提问者展示的深奥知识似乎比你或者作答选手拥有的更多,你(或作答选手)还

㊀ 答案是①吉恩·凯利;②巴丁、布拉顿和肖克利;③《第十二夜》。

能得出什么结论呢？

要得出不同的结论，你和作答选手必须少去关注知识的展示，而更多地关注提问者享有的明显的（想一想你就会发现的）情境优势。提问者仅仅提出了他所熟知的琐碎问题。他并没有表现出在无数别的主题上的知识匮乏。而即使他碰巧知道某个特定主题的特定知识，也并不一定意味着他还了解更多有关该主题的其他知识。事实上，提问者可能只是依靠前一天晚上他在电视上看过的一部老电影的记忆，他在一则当地公司创始人的讣告中读到的东西，或者是他少年时期父母拖着他看的戏剧（他甚至可能错误引述了戏剧中的话）。

但在这项研究中，很少有参与者能足够理智地认识到，是提问者的角色所赋予的优势，造就了他看似令人印象深刻的知识展示。相反，他们屈从于社会心理学家所说的基本归因错误（FAE，李首次创造了这个术语）。每当我们高估人们的行为（特别是他们的成功和失败，以及他们明显的美德或邪恶的表现）在多大程度上反映了他们是什么样的人，而低估了它们在多大程度上是情境影响的产物时，我们就在犯这种错误。

社会心理学研究的整个历史表明，我们都很容易犯这种错误。当我们听到一个研究参与者愿意对另一个人施加 450 伏的电击时，我们会认为他冷漠无情，或者也许有点嗜虐成性。看到某人展示出一点深奥的知识，我们就会认为他对所讨论的主题了解甚多，并且也许对其他领域也有深入的了解。看到邻居屋顶上的太阳能电池板，我们会觉得这个邻居是一个环保主义者，并且可能在各种社会问题上也是自由主义者。当得知邻居同意在他的房前草坪上竖立一个丑陋的标志来提高行车安全时，我们认为他对这个问题特别关心，也许认为不安全的司机导致他失去了挚爱（从来没有想到他是屈从于一位聪明的社会心理学家进行的登门槛研究）。

基本归因错误是难以克服的，其应用超出了我们对他人行为的理解。亚里士多德及其近两千年间的追随者声称，物体的运动是它们的本质特征——岩石掉落、木头漂浮、月亮升起。最终在哥白尼、伽利略，尤其是牛顿，以及后来的法拉第、麦克斯韦，还有许多20世纪的物理学家的努力下，科学家（以及哲学家）终于完全意识到要理解某种物体的运动，必须研究其周围的力场。对物理世界的认知从本质论到"场"视角的这种缓慢进步与人们如何解释人类行为是类似的。[16] 从行为者的性格和气质中寻找行为的原因是很自然的——甚至是本能的。[17] 但是，正如乔治·艾略特在《米德尔马契》的结尾所指出的那样，"任何一种生物的内在强大，在很大程度上都是由其外在的事物所决定的"。因此，一个真正有智慧的人是一个场论者，在知道周围情境的本质并经过仔细考虑之前，不会轻易做出判断。

我不是斯波克

当人们承担的角色引发了某种行为，然后这种行为又被视为他们个性的映射时，基本归因错误就显而易见。因此，人们觉得文字编辑吹毛求疵，护士对人关怀备至，警察对人苛刻严厉，消防员和士兵牺牲自我。当然，其中一些人是这样，这也是他们选择这些职业的原因。但是，并非所有的文字编辑在生活中的其他地方都很挑剔，也不是所有的护士对他们的配偶和孩子都很热情，还有一些士兵入伍只是为了逃离家门。人们很容易将真人与角色混淆，甚至专业演员也是如此。这就是为什么电视剧中马库斯·韦尔比的扮演者罗伯特·扬会在一个有名的广告活动中说"我不是医生，但我在电视上饰演医生"的原因。这也是在备受欢迎的《星际旅行》电视剧中扮演外星人斯波克的伦纳德·尼莫伊被迫将自己的传记命名为

第二章　情境的推力和拉力

《我不是斯波克》(*I Am Not Spock*)的原因。㊀

　　有时，基本归因错误的结果远没有那么美好。当2005年的卡特里娜飓风摧毁新奥尔良市时，数千名居民选择留在该市而不是撤离，这使美国乃至世界各地的人们感到困惑，导致近一千五百人丧生，并使更多人在之后几天处于水深火热之中。旁观者感到困惑，因为他们认为留守是一种主动选择。正如当时的国土安全部部长迈克尔·切尔托夫所说："官员呼吁强制撤离。有些人拒绝服从该命令，这对他们来说是个错误。"时任联邦紧急事务管理局局长的迈克尔·布朗说"很多人……选择不离开"时，他也表达了同样的观点，而他最终因为联邦政府对飓风的应对不力，失去了那个职位。

　　但又有多少人真正"选择"留下来呢？与撤离的人相比，选择留下来的人更穷，拥有汽车的可能性更低，接触新闻的机会更少，社交网络也更小。如果你没有开车出城的机会，没有钱去逃亡的地方住宿，也不太可能从朋友、家人或媒体那里得到有关威胁的严重程度的消息，你很可能最终也像他们一样，留在原地，应对飓风。然而，当来自全美各地的救援人员（医生、顾问、消防员、警察）被要求用三个词来描述那些在飓风来临前撤离的人和留下来的人时，他们的回答很有说服力。那些逃离者通常被描述为"聪明""负责任"和"自力更生"，而那些留守者则被描述为"愚蠢""固执"和"懒惰"。之所以这里很容易陷入基本归因错误，是因为我们可以看到有些人逃离了，有些人留下了，而那些逃离的人最终比留下的人结局更好。然而，这些行为的背景因素是更难看到的，正是这些因素导致了有的人比其他人更容易选择撤离。[18]

　　塞德希尔·穆来纳森和埃尔德·沙菲尔在他们的重要著作《稀缺》

㊀　事实上，基本归因错误是如此的强大和普遍，以至于尼莫伊最终放弃了，把他的第二部自传命名为《我是斯波克》。

（*Scarcity*）中指出，穷人面临的很多问题具有相似之处，包括大多数的普通民众如何看待他们。[19] 他们的基本论点是生活资源的稀缺会减少注意力的"带宽"和其他认知资源。这些稀缺效应中有一些是对环境的有效适应，它们可以帮助人们应对眼前的危机和挑战，但也有许多是无效的适应，包括增强冲动性（做出自己无法承受的不明智的购买行为），忽视长远性后果（以高利率取得工资日贷款），以及在各种判断和决策任务上表现较差。

这些想法并不是全新的。早期的研究人员已记录了长期高压力的类似影响，并提供了证据表明意志力是一种会枯竭的资源，当负担的时间过长或负担过重时，同样会导致冲动、适应不良和不明智的行为。但是，在考虑穆来纳森和沙菲尔对我们社会中经济弱势群体的日常生活所描绘的人道主义画像时，值得注意的是，这些人是如何进一步成为基本归因错误的受害者的。他们贫穷的后果——不佳的判断和决策——被视为未能摆脱贫穷状况的原因，并被用于解释为什么他们不采取任何行动来缓解他们的困境。

历史上最有害的基本归因错误例证之一就是，奴隶主通常认为他们的奴隶无法自力更生。他们没有看到的是，奴隶制度剥夺了奴隶充分展示自己能力的机会。即使像托马斯·杰斐逊这样令人敬畏的智者也无法防范这种错误。

在杰斐逊的《弗吉尼亚笔记》中，你可以感觉到他在与基本归因错误的斗争中表现出极大的挣扎，他在对白人和黑人进行比较时警告称："他们的条件、教育、谈吐以及活动范围有所不同，我们应当多多体谅。"然而，他又得出结论称："论记忆力，他们和白人是一样的；但论理性，我认为很少有人（黑人）能够追寻和理解欧几里得的研究；论想象力，他们又是呆板的、没品位的、反常的。"另一次，当试图说服他的朋友爱德华·科尔斯不要释放他的奴隶时,杰斐逊辩称黑人"像孩子一样没有能力照顾自己"。[20] 如果杰斐逊能够抵制这种倾向性推论,在这里能抵制种族主义推论,并且充分认识并承认奴隶制的影响,我们肯定会认为杰斐逊更有智慧,并认为他在美国历史上的地位甚至更值得称赞。

更广泛的信息

当然,个性、能力和性格上的差异是存在的。你相信有些人比其他人更有可能把他们的时间或金钱献给慈善事业,面对失败更加坚持不懈,能更加可靠地执行他们所承担的任务,做出更为明智的财务选择,或在背包旅行中更能证明他是个好伴侣,也是没错的。

但是,这种预测其实并不单纯是在评估个性、性格或能力上的个体差异。在日常环境中,行动者和情境是一个整体,心理学家会说它们是混杂的。我们观察到人们扮演着特定的角色或做出了特定的承诺(如果他们不兑现承诺,将会遇上麻烦)。另外,这些人中有很多人告诉过我们他们的关注事项、偏好、价值观和意图,并且我们对他们目前的生活环境以及他们行为背后的奖惩机制也有一定了解。

我们可以确信,美国有线电视新闻网的新闻主播会比福克斯的广播员提供更自由主义的观点,而又不如微软全国广播公司节目的新闻主播。我们可以放心地假设,当我们周末休假时,邻居会遵守承诺帮我们拿早报,我们最喜欢的小酒馆的吉他手会弹奏悲伤的情歌,而南方电视台的传教士将讲述婚前性行为以及说唱音乐的弊端。但是,如果我们碰巧在不同的情况下遇到这些同样的人,他们的行为与我们习惯看到的不同时,我们很可能会大吃一惊。

本章中回顾的研究可以让你更明智地对待特定的情境因素,几代社会心理学家已经证明，情境因素在引导人们的行为方面发挥了非常重要的作用。而且，对情境的影响力和基本归因错误更加全面的了解，可以让你避免做出无根据或过早的判断。这种认识将避免你得出这样的结论：在学校表现不好的孩子智力有问题，表现欠佳的汽车装配厂的员工性格懒惰、不会合作，或者你所在城市未在选举日投票的选民对政治无动于衷。

无论在哪种情况下，本章所提到的研究都应促使你更深入地研究可能存在的情境的微妙影响——哪些因素对表现不佳的学生造成负担，哪些工作环境特征可能阻碍了员工做好工作，或者哪些直接的障碍和信念使很多选民不愿投票。当你收看夜间新闻并听到在群体间冲突中发生的可怕行为时，或者当你读到曾经被称赞的新任首席执行官未能使摇摇欲坠的公司重新振作起来时，你可能会有更加深思熟虑的反应。⊖ 房间中最有智慧的人会仔细研究改变这些状况需要消除哪些障碍和抑制因素，以及如何使理想的和建设性的行动变得更容易，而使不良的和具破坏性的行动变得更加困难。

基本归因错误导致对不同情况下行为一致性的错误预期，以及对个人缺陷的无根据推断（以及对那些在生活中享有很大优势的人的美德做出的无根据推断）⊖。它还导致人们对旨在成功扫除障碍的社会项目的价值产生不必要的悲观情绪。我们在第八章再次回顾这个问题，在那里我们将讲述相对简单、廉价的干预措施如何提高弱势和受歧视学生的学

⊖ 沃伦·巴菲特也许是美国最聪明的投资者，他可能（在一定程度上）不那么容易陷入基本归因错误。这位"奥马哈先知"明智地指出，"当一个声誉卓著的经理人处理一家基础经济状况糟糕的企业时，不变的是企业的声誉"。

⊖ 沃尔特·米歇尔突破性的著作《人格与评估》引发了情境与人格因素对不同情境下行为的影响的探索。米歇尔和他的同事们用了将近半个世纪的时间，来完善我们对这些问题的理解。21

业成绩。然而，在本书的剩余部分，当我们讨论特定的实验操作或提问方式会产生怎样出人意料的强大影响时，请你始终牢记基本归因错误。

如果你想成为有智慧的人，请约束自己，不要急于对他人做出判断，直到你了解并真正领会到情境力量的影响和限制。正如我们在下一章中讨论的那样，我们还需要吸取更多的教训：不仅要关注情境的客观特征，还要注意面对这些情境的个体如何解读它们。

第 三 章

游戏名称：意义的创造

今天，人类一个延绵多年的希望在很大程度上已经得以实现。人类文明在过去一百年间经历了惊人的工业变革，让人们的生活变得越来越不安全了。年轻人开始思考，等到他们年老时，他们会有怎样的命运。有工作的人已经在考虑这份工作能维持多久。

这项社会保障措施至少为美国三千万公民提供了某种保护，他们将通过失业补偿、养老金以及增加的儿童保护和疾病预防服务获得直接利益。[1]

富兰克林·德拉诺·罗斯福将这段话纳入了1935年《社会保障法》。其实他并不想签署这项法令。尽管一直以来，罗斯福都认为，美国公民应该享有从出生到死亡的终身社会福利保障，以此应对生活中的不幸，但《社会保障法》远远没有达到这一理想。㊀ 因此，当罗斯福得知英国经济学家威廉·贝弗里奇爵士因为在英国建立了这样一个从出生到死亡的保险计划而备受赞誉时，他极度兴奋。罗斯福抱怨道："为何贝弗里奇会因此而出名？这是我的想法，而不是贝弗里奇计划，这是罗斯福计划。"2

但是罗斯福知道，英国这样的计划在美国是行不通的。尽管遭到大萧条的破坏，美国国内生产总值减少了一半，失业率超过了25%，一半的老年人无法自给自足，一万家银行倒闭了，但任何终身计划都必须向某些人征税，以此来帮助其他人，而美国人害怕这种强征。

罗斯福和他的智囊团知道，为了通过社会保障立法，他的计划必须形成一个体系，并且对这种收入上的转移进行模糊化表述。于是便出现了储蓄账户以及相伴而生的保险政策：每个收入周期，工人收入的一部分将被存储起来，若干年后，如果他们退休或者遭遇不幸，便可得到一笔合理的养老金。但到目前为止，还没有出现真正的个人储蓄"账户"。工人们也不是通过攒一个集体资金池来确保自己和家人未来衣食无忧。社会保障过去是，现在也一直是现收现付的体系。现有工人的钱被用于履行对当今退休人员应尽的义务，也就是说，当前这一代工人需要纳税，从而为早前的工人提供收入。

如果说罗斯福不是最聪明的人，他必定是最有智慧的那个人。他知道把新体系表述为"工人谨慎地存储自己薪水的一部分"，而不是强调"收入在代际间转移"的重要性。这种表述不仅使通过国会实现立法更加容易，还使退休人员感觉到自己正在获取曾经劳动所得，而不是依靠年轻的工人来养活自己。这种表述策略在公共政策以及很多我们不得不拿个主意

㊀ 在最初的《社会保障法》中，只有重要员工能够享受福利待遇，里面绝大多数是男性。

55

的日常决策中都很重要。

但是，在这里，我们要提出一个更重要的观点，也是对第二章主要信息的补充。尽管人们在很大程度上受到自身所面临的具体情况的影响，但有智慧的人明白，当前情境的客观情况并不是最重要的。同样重要，甚至通常更为重要的是，人们如何根据自己的经历、价值观和目标来诠释当前情境的意义。

政治语言与语言政治

美国内战用枪打仗，但是交战双方打的旗号却大相径庭，南方提出的"各州权利"和"独立权利"，与北方的说法"南方叛乱"和"维护统一"（以及后来的"解放"）相对而立。

自1973年罗伊诉韦德案判决妇女拥有堕胎权以来，"反对堕胎"和"支持自由选择"的倡导者便陷入了激烈的斗争，一方含蓄地将对方贴上"反生命"和支持"谋杀胎儿"的标签，另一方则隐喻对方"反对自由选择"以及剥夺妇女行使"掌控自己身体"的权利。双方都很清楚，人们对这一热点问题的反应可能取决于他们如何看待其背后的核心议题。

同样，在我们考虑进行移民改革时，将未获本国法律认可而寻求工作的个人称为"非法外国人"还是"无证工人"也很重要。第二次世界大战后不久，美国便有了"国防"部长而非"战争"部长，这并非偶然。今天，领导者们使用"加强审讯"而非"酷刑"，以及"附带损伤"而非"平民伤亡"这样的用语也并非偶然。我们对计划、政策和提案的命名反映了我们在思考它们时，心里的联想和意象。反过来，它们也会影响我们面对有关事务时，心里有多乐观或是悲观，我们支持哪些行动，以及我们如何判定不同行动的轻重缓急。

处于意识形态光谱不同位置的政治家激烈角逐，试图控制我们对特定威胁的想象和联想。在议题上附加意义这一方法得到了极大的成功。公共卫生部提议解决肥胖问题，但被商业利益受益者贴上建设保姆型国家的标签，暗指此类措施是阴谋的第一步，它剥夺了美国人成年后所拥有的诸多自由（以及内疚型快乐）。富人遗产税被贴上"死亡税"的标签，就是为了构建出受害者在悲痛时刻雪上加霜的形象。

激进主义者同样会构建出符合自己目的的想象和联想。他们指责保守派在华盛顿制造僵局，不仅暗示通过立法有多么艰难，而且还试图激发我们在交通拥堵时都会感到的那种愤怒。在发出气候变化警报时，他们告诉我们，如果当前的趋势继续下去，"在未来几十年内，西雅图的气候将会变得像蒂华纳那样"。这是一个聪明的比较。至少对于大多数目标受众来说，"蒂华纳"有着太多的负面意味（危险品、毒品和普遍的法律无效），这样使警报听起来很可怕。但请注意，蒂华纳的气候实际上与位于美国与墨西哥边界的加利福尼亚州拉霍亚的气候相同。如果上述威胁改成"人们不得不忍受拉霍亚的天气"，那么气候变化的前景会如此可怕吗（尤其是对西雅图居民而言）？

游戏名称及其重要的原因

由于人们并不是基于周围环境本身，而是基于自己对环境的解读来对其做出反应，因此聪明地使用术语和标签，可以决定人们如何看待自己正在反应的环境。所以语言本身就可能成为强大的情境影响因素。李和他的同事所进行的一项研究证明了这一点，该研究采用了行为科学的老方法，即"囚徒困境游戏"。顾名思义，在游戏中，两名嫌疑人因涉嫌犯罪（如入室盗窃）而被拘留，事实上他们也确实犯下了罪行。但是，警察只有足够的证据来判定他们犯有较轻的罪行（如持有赃物），因此需要让其中一人指证另一人，才能获得足够的证据将罪状抛给其中一人。

犯罪嫌疑人将分别接受讯问，并有供出另一人即可获得宽大处理的机会。每个人都被告知，如果他们都保持沉默，那么他们将被判轻罪，入狱两年。如果一个嫌疑人认罪（相当于同时告发另一人）而另一人没有认罪，那么认罪者将被释放，而其犯罪同伙入室盗窃罪成立，将被顶格判处十年刑期。如果双方同时认罪，双方都无法获得任何特殊待遇，都将被判处五年徒刑。

这种两难困境的特点在于，不管另一方嫌疑人做什么，对每个人来说，与保持沉默相比，认罪对自己都更加有利（如果同伙保持沉默，他就能获得自由；同伙认罪，他则会被判处五年而不是十年）。看起来检举同伙对双方来说都更有利，但是，如果双方互相揭发，会陷入比都沉默更糟糕的境遇（即都被判入狱五年，而不是两年）。

该游戏的实验室版本通常都是为了钱，两位参与者分别做出"合作"或"背叛"的决定，但他们所面临的困境是相同的。不管另一位参与者做什么，与合作相比，每位参与者都可以从背叛的选择中获得更高的回报。在表3-1所示的示例中，如果对方合作，对自己来说背叛可获得 $8，合作可获得 $5；如果对方背叛，选择合作会让自己亏损 $2，选择背叛则没有损失。但同样，如果双方都选择背叛（两人都会一无所获），那么他们所得到的比双方都选择合作（两人都得到 $5）更少。

表 3-1　修改版的囚徒困境游戏

		参与者 A	
		合作	背叛
参与者 B	合作	A 得 $5 B 得 $5	A 得 $8 B 输 $2
	背叛	A 输 $2 B 得 $8	A 得 $0 B 得 $0

在李的研究中，赌注稍小一些，游戏进行了五轮，每轮都有相同的选择和潜在的收益。但是这项研究有两个特点。第一个特点是，一半的参与者是由所在宿舍中宿管专门选择的学生，他们是宿管推荐的玩游戏时最有可能合作的学生（宿管估计的合作可能性大约为 90%），而另一半参与者，是由宿管推荐的合作可能性最小的学生（通常估计值为 20%）。这些人并没有意识到，基于自己善于合作或为人自私的声誉，他们已经经过了筛选，然后被招募参加了实验。研究的第二个特点是向学生展示的游戏名称：一半的学生参与者被告知，他们正在玩社区型游戏（合作型游戏），而另一半则被告知自己正在玩华尔街游戏（竞争型游戏）。

值得注意的第一个发现是，宿管的推荐并没有预测力。第二个发现是，游戏的名称对参与者做出合作或背叛的决定产生了很大影响，"社区型"游戏这一命名使那些在宿管眼中可能合作的人和不可能合作的人的合作概率都比在"华尔街"游戏中提高了一倍。他们在第一轮游戏中做出的选择以及在全局五轮游戏中做出的选择都是如此（见图 3-1）。[3]

为什么游戏的名称标签在预测玩家是否选择合作方面，会比玩家本身的声誉更可靠？正如我们在第二章所强调的，这种情况有一部分是因为人们在不同情境下的行为比通常以为的更不一致。当我们试图从一个人在各种熟悉的情境中的表现推论其在新情境（如囚徒困境）中的表现时，情况尤其如此。但是，参与者的声誉无法预测他们的行为方式，这也是外在标签影响了参与者对游戏是"关于什么"的认知，进而影响了他们做出合作还是背叛决定的结果。换句话说，游戏的名称决定了他们正在玩什么游戏，从而决定了他们怎样玩这个游戏。

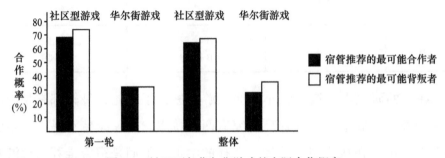

图3-1　社区型与华尔街游戏的实际合作概率

注：当囚徒困境游戏被解释为华尔街游戏与社区型游戏时，"潜在的合作者"和"潜在的背叛者"的合作概率。数据源自利伯曼、塞缪尔斯和罗斯，2002年。

"华尔街"的标签使参与者想起了金融交易者之间"狗咬狗、人吃人"的世界，这个世界狭隘地专注于利益最大化。相比之下，"社区型"标签让人联想到实现共同利益的合作景象。在华尔街游戏中，不合作的可能性更大，这不仅有玩家本身如何解读这个游戏的因素，还有他们认为对方会如何看待游戏（以及对方可能会因此做出何种反应）的因素。而且华尔街游戏玩家不仅认为对方会背叛，他们还认为对方也有同样的想法，导致对方也随之采取行动。

这里要说明的并不是实验室游戏所附带的名称标签将会如何影响玩家做出反应。该实验更深刻的意义在于说明大多数人，即便是那些自私自利的人，也愿意"做出正确的事情"，并且期望别人也这样做（特别是在别人的注视下）。相反，在自我利益原则主导的情况下，即使是那些通常具有团体意识的人也不想被视为"傻子"。没有人愿意当傻子，也没有人被迫成为"圣人"。大多数人只是想采取合适的行动,做一个"好公民",而正是他们对周围环境的理解,包括环境所附带的标签,决定了"合适"和"做一个好公民"的含义。

我们对情境的解读指导着我们,让我们可能以两种截然不同的方式行事。我们如何看待自己面对的情境决定了我们的想法、感受以及所采取的应对措施。一个国会法案的修正案是为了对该法案进行完善还是一种破坏它的手段?当谈某段萌芽期的恋爱时,朋友的沉默表示赞成还是不悦?我们如何理解一种情境也会影响我们赋予自己潜在行动的意义,从而决定我们选择做什么。如果我不试着将利益最大化,我会不会成为一个傻子?拒绝别人会显得我不好相处吗?

换句话说,解读自己所处的情境,就是解读当前的刺激以及对其的不同可能反应。每个人都或多或少地知道这一点。但是,只有有智慧的人才能完全明白,操控行动和情境呈现方式的人能够在何种程度上左右人们的反应。有智慧的人可能不知道所有操控的精妙技巧,但一定会注意到所给选项的标签及其呈现的方式。

细究默认选项器官捐赠

为了进一步理解人们赋予其面对的选择的意义的重要性,让我们重新审视关于欧洲器官捐赠率的惊人发现。回想一下,德国(和美国)等选择加入国家的参与率在10%~20%,而法国和比利时等选择退出国家的参与率则超过了90%。乍一看,这些巨大的差异可以简单地用情境主义解释:在选择退出的国家,成为潜在的捐赠者比在选择加入的国家更容易。有时候人们会很懒惰,依赖自己的习惯,因此选择退出国家的参与率必然会更高。

在某种程度上，对这种效应进行直接的情境主义解释是准确的：习惯以及选择最简单的事确实是主要原因。但在2012年，本书两位作者与作者之一的研究生沙伊·戴维达一起设计并进行了一系列研究，探究是否还有别的因素存在。我们尤其想了解选择加入或选择退出的政策是否会影响人们赋予成为器官捐赠者的意义。[4]

我们推断，在选择加入的国家，人们似乎认为，只有道德十分高尚的公民会签署同意书，成为潜在的器官捐赠者。相反，在选择退出的国家，只要不采取行动将自己排除在该计划之外，就会成为潜在的捐赠者，这样捐赠者就显得不那么高尚和无私了，只是普通的好公民而已。只有那些极度自私或厌世的人，或是具有某种特别宗教信仰的人才会做不到同意捐赠。

为了验证猜想，我们向研究参与者介绍了荷兰的选择加入捐赠政策和比利时的选择退出捐赠政策。然后，让参与者对所给国家中各种行为的相似程度进行评分（如"纳税""允许其他人插队""为信仰绝食抗议"和"自愿执行危险的军事任务"）。行为清单也包括"死后捐献器官"。

通过分析这些行为与行为之间相互比较的总体模式（运用一种叫多维标度法的统计技术），可以观察它们在意义上的接近程度。这一实验得出了惊人的结果，与我们对成为潜在捐赠者的意义的猜想一致（见图3-2）。

在选择加入的荷兰，参与者对相似程度的评分表明，他们认为愿意捐献器官这一举动与去世时捐出一半财产，或是自愿执行危险的军事任务十分相似。相比之下，在选择退出的比利时，成为潜在捐赠者这一表述就没那么严重了，这一行为介于允许其他人插队和志愿服务帮助穷人之间。

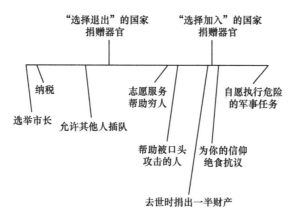

图 3-2　选择加入与选择退出国家成为潜在器官捐赠者对比

注：每种行为之间的间距反映了实验参与者眼中它们的相似程度。㊀

简而言之，我们的推测得到了证实。如图 3-2 中的间距所示，在实行选择加入政策的国家，自愿成为器官捐赠者的行为比在实行选择退出政策的国家更有力度。不得不做出选择才会加入或是退出，比简单地让一个选择较另一个选择更容易实施来得更有效。这样做还塑造了人们赋予成为潜在器官捐赠者的意义。

价格，价值的体现

《美国新闻与世界报道》和《普林斯顿评论》对高校进行排名的一项重要依据就是其录取率：被录取的学生人数除以申请该校的学生人数。录取率越低，高校就越好，该校排名也就越高。因此，大学会竭尽所能来增加其申请量，这也就是为什么高中毕业班学生的身边，全美各地高校的招生宣传册泛滥成灾，其中也包含一些不知名的大学。

㊀ 两组实验参与者对除了捐赠器官外其他行为的评分非常相似。图中除器官捐献以外的其他行为分数反映了两组的平均评分。

正因如此，乌尔辛纳斯学院的董事会在2000年年初采纳了一项旨在增加申请量的提议，最初看来，该提议似乎违背常理：董事会将学费提高了近20%。从传统经济理论的角度来看，减免学费是增加需求的最可靠方法。不论这一提议是否新奇，它都奏效了：申请量猛增。[5] 该策略已被布林茅尔学院、圣母大学和莱斯大学等其他许多高校采用，并且同样取得了成功。

尽管标准的经济学理论并不建议这种做法，但很容易理解为什么提高学费会增加申请量。父母想把自己的孩子送到高质量的名校。但学术质量和声望很难评估，因此他们把价格作为质量指标。他们告诉自己，如果一所高校学费高昂，那一定是所好学校。

乌尔辛纳斯学院通过增收学费来提高入学率的经验，与我们在前面提到的标签和默认选项对人类行为的影响是一样的，即人们依据自己对客观环境的主观解读做出反应，而不是对客观环境本身做出反应。乌尔辛纳斯学院潜在申请人的反应是基于他们对高额学费含义的理解（独一无二的高质量教育），而不是对美元和美分本身的反应。当然，价格并非人们对某一产品的价值不确定时使用的唯一线索。广告商和营销商花了数百万美元寻找价值、奢侈品、权力以及青春的体现元素。他们成立焦点小组来确定为汽车命名的最佳丛林动物，或是哪种类型或颜色的容器能够向香水、冰激凌和巧克力购买者暗示奢侈感（从超市和礼品店的货架上来看，答案似乎是黑色）。

意义的产生

主观解读对生活中各个领域的影响比人们普遍认为的程度更深。实际上，对主观解读的全部力量及范围的理解是将有智慧的人与其他所有人区分开的东西之一。父母赠予成年子女财物到底是慷慨之举,还是为了对他们施加控制?妥协代表着友好还是怯懦?成年子女对礼物的反应以及对方如何看待妥协取决于他们自己的理解。如果我们想理解他人的行为,就必须明白他们如何理解自己的处境以及所面临的选择——不是我们对他们的理解,也不是我们所设想的如果换了是我,我会怎么做。有智慧的人明白这一点,并且竭力确保自己的行为能够以自己希望的方式被人理解。

那么,是什么决定了人们如何理解不同的行为和环境?是什么决定了模棱两可的面部表情是微笑、鬼脸还是奸笑?又是什么决定了漆黑的夜晚在户外遇到的陌生人是坏人还是一个仅仅外出散步的人?

有些影响人们怎样解读一种特定情境的因素非常简单,也为我们所熟知。但有些因素很隐晦,掌握一些解读如何形成的一般原则可以使你在对他人施加影响或抵抗他人影响时更加有智慧。

环境

假设你晚上在空旷的人行道上遇到一个陌生人,这是一个应该提防的人吗?如果你刚看完一部恐怖片,而不是浪漫喜剧片,你更有可能会做出肯定的回答。心理学家将这种现象描述为"启动"效应:你在电影院所看到的场景使受到伤害的想法更加(或是没有那么)"易得"。也就是说,由于前面发生的事件而萦绕在你脑海中的一切,都容易被用于你对随后刺激的反应。因此,同样的刺激可能会引起截然不同的反应,具体取决于你最近经历过的事情。

概括地说,周围的环境——其他地方刚刚发生的事情以及正在发生的事情,是影响人们解读物体、事件和下一步行动的最强因素之一。心理学入门课程经常展示这一观点的一个例证是,在有其他字母的情况下,同样的刺激

（见图 3-3）被视为字母，而在有其他数字的情况下，则被视为数字。

正如我们稍后将在有关冲突的第七章所见，同一提议可能被视为迈向解决问题的有益一步，也可能被视为一种不正当的手段，这取决于该提议是由谁提出的。总是猜对他人会对特定的语言、行为或提议做出何种回应是不可能的。但是谈判桌旁最有智慧的人明白自己不能成为朴素实在论的受害者——认为意义都是固定的，并且是大家的共识。

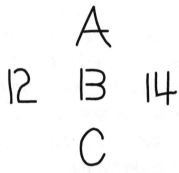

图 3-3　字母数字两可图

注：居中的符号是字母还是数字？这取决于你的视角是从左往右还是从上往下。

习惯与经验

人对事物的解读往往会受到某些居于头脑最上层的观念的影响。这些观念之所以占据主导地位，无非是因为人们近期使用了这些观念，或长期使用了这些观念。举例而言，当看到"he ran into the bank"时，银行经理可能会将其解读为"他闯进了银行"，而游艇主人可能会解读为"他撞上了河岸"。人脑中的范畴和过滤器决定着其关注的内容和解析环境的方式。兴趣、经历和关注点的差异，以及当下的具体情境会导致人们最易得的范畴有所不同。

学术界往往会根据智力和学术成就来描述一个人，而娱乐圈的评价标准则是个人魅力或舞台实力。对于各类电子产品,像史蒂夫·乔布斯这样的专业人士往往会考量其设计是否精致优雅,穷学生则考虑其价格是否合理,而老年人则关心自己能不能学会使用这些新玩意儿。

动机

如果你想知道一个人会如何解读给定的刺激,了解其当下的动机也会有所帮助。这一真理已经多次出现在电影片段中,即一个极度缺水且深陷绝望的旅行者将沙漠中闪闪发光的地方看成绿洲。针对这一现象,托马斯在康奈尔大学的同事艾米丽·巴尔切斯和戴维·邓宁展开研究,揭示了人类的欲望会影响他们对错觉图形中模棱两可之处的解读。例如,在某研究中的最后一轮实验室任务中,参与者需要通过判断屏幕上出现的动物(如图3-4所示)是农场动物还是海洋动物,来决定最后是吃美味的软心豆粒糖,还是难吃的胶质豆类罐头。

图 3-4 动物两可图

注:马还是海豹?这取决于你的看待方式或者说动机(如果你将顶部的"V"看作耳朵,那这就是一匹马;如果你将其看作尾巴,那这就是一头海豹)。

任务规定，当图像出现在屏幕上时，参与者需立刻说出答案。图像仅出现一秒钟，使参与者可以清楚地看到图像，却又不足以使其发现其中疑点。参与者的表现支持了人们通常只看到自己想看到的东西这一观点，若农场动物对应着软心豆粒糖，他们便会给出农场动物这一答案；若海洋动物对应着软心豆粒糖，他们便会给出海洋动物这一答案。[6]

但是，这项研究的参与者真的看到了他们想看到的东西，还是只是给出了能给他们带来积极结果的答案？巴尔切斯和邓宁又开展了一系列不止于口头答复的后续研究，以确认参与者的动机的确会影响他们的知觉。㊀

动机会影响人们的判断力，这是众所周知的。当父母赞扬自己孩子的才华、美丽或艺术天赋时，会交换会意的眼神的不只有房间里最有智慧的人。如我们在第一章中讨论的那样，党派人士往往认为本党候选人在辩论中表现更为出色。还有数百项调查表明，无论何种阶级、哪个地区、年岁多少、是男是女，所有人往往都认为自己优于平均水平，觉得自己更敏感、更公正、更具领导力、更会驾驶等。[7] 最令人结舌的是即使是那些因机动车交通事故而入院的患者也认为自己的驾驶能力高于平均水平。[8]

上述现象某种程度上可以归咎于虚荣心作祟。当人们的自尊心受到挑战并且需要提升时[9]，他们会陷入优于平均的效应中。但是，在将优于平均效应完全归因于人们对自己高度评价的动机之前，请想想也许大多数人

㊀ 接下来我们将详细介绍一项实验，帮助你了解为何心理学家做出了这样的论断。巴尔切斯和邓宁在这项实验中，将屏幕上闪烁的内容变成了有实义的词（如与海豹相关的泡沫或者与马相关的牛仔）以及无实义的连续字符（如"flacter""ombute"）。参与者则须尽快确定屏幕上的内容是有实义的词还是无实义的连续字符。研究人员认为，脑中想到海豹（因为刚刚看到）的参与者会更快识别出泡沫这一类单词。该实验的关键之处在于，有些参与者是在看到图3-4中似是而非的图片后再来进行单词与非单词的评估，而其他参与者直接进行了评估。研究人员发现，看过图3-4的参与者能更快识别出一些单词（在上一轮想到农场动物的人会更快识别出牛仔这类单词，而在上一轮中想到海洋动物的人能更快识别出泡沫这类单词）。尽管所有参与者都带着相同的看见能够满足其利益的动物类型的动机，但只有那些看过图3-4的参与者才能更快地识别出与之相关的词语。

确实优于平均水平，至少以他们自己的标准来衡量时。正如诺贝尔经济学奖获得者托马斯·C.谢林所说："谨慎的司机认为开车谨慎第一，娴熟的司机认为开车技巧第一，礼貌的司机认为开车礼让为先。以各自看重的标准来评价，各人都会脱颖而出。这也是为何每个孩子都拥有本街区最好的狗狗。"[10]

支持这一观点的研究发现，与"高""守时"这种狭义特征相比，高于均数效应在"才华横溢""智慧"这种有较大解释空间的特征上体现得更为明显。[11] 人们判定自己是否具有运动细胞、艺术细胞或是利他特质时，往往会参照不同的"判断标准"，而每个人选定的标准通常是能够凸显自身优势的。因此，大多数人认为自己优于平均水平并非一件怪事。

我们不能把陷入优于平均效应和自我欺骗完全等同起来。人们善于围绕自己的优势来安排生活，在自己擅长的领域内活动，以期通过进一步的投入来获取回报。在同龄人中，身材强壮的年轻人倾向于打橄榄球，认为体育天赋就是身材高大强壮，而身材轻盈的年轻人倾向于打网球或羽毛球，认为体育天赋应是出色的手眼协调能力。

同样，有些人认为好公民需要及时纳税，妥善管理财产。有些人认为好公民需要为自己信仰的事业而努力。还有些人认为好公民需要在政府没有履行应尽职责时进行抗议。若这些人都按照上述方式生活，并为此付出时间和精力，那么便可宣称自己优于平均市民，至少按照自身的标准来说确是如此。

时间距离的远近

假设有人问你，你能否在下周的选举中为你所青睐的候选人争取选票，你的答案可能取决于你的日程和所涉及的具体职责（是敦促选民去投票站，还是挨个打电话或上门拜访，抑或是找选民募款？后两者未免太尴尬）。相反，假设有人问你是否愿意在两年后为类似的竞选工作提供帮助。在这种情况下，你的答案可能取决于更抽象的因素，例如你的公民责任感以及对个人价值实现的理解。

立足长远，我们看到的是森林，而限于当前，我们看到的只是树木。这种视角的差异会影响我们赋予事件的意义。展望时，人们上大学是为了获得知识、提升自我，可真正上大学时则要涉及具体的学习过程、上交作业、和室友打交道。[12]这种差异可能会使我们此前坚定的想法（"前往其他国家是真正摆脱一切的唯一途径"）和未来那刻的想法（"如果我不会讲那里的语言，我将如何交流？我的护照在哪里？谁会在我离开的时候照顾我那条名叫巴斯特的狗？"）有所不同。如果要做出和自身价值观一致的选择，那么不妨从更长远的角度来考虑。例如，可以想象一下一年后的自己会如何看待这个抉择。⊖

想想自己会建议别人怎么做，也可以实现类似的效果。从心理学上讲，比起他人面临的抉择，我们会更为关切自己所面临的决策，以至于我们会考虑更多细枝末节。这就是为何通常情况下，给他人建议比自己做抉择更简单。因为无论好坏，站在他人的角度立足长远来思考问题，让我们可以先将复杂的细节放在一边，关注问题的主要方面。选择视角是智慧的重要体现。有智慧的人会采取多个视角，以全面看待特定决策。

框架与财富

有一个广为流传的虚构故事，说洋基捕手尤吉·贝拉在比萨店点单

⊖ 我们已故的同事阿莫斯·特沃斯基建议，在决定是否接受明年的演讲邀请时，不妨想象一下演讲就是下周的事。考虑到繁忙的日程，若真要接受明年的演讲，准备工作也会和准备下周演讲一样难。

时，店员问他比萨是切四片，还是切八片，他回答道："最好将其切成四片，因为我还没有饿到能吃八片的地步。"

这个故事的笑点在于，人们认为没有人会愚蠢到觉得同一个比萨切成四片时要比切成八片时少。㊀ 然而，过去三十年来，心理学家多次证明了哪怕是对问题或选项描述做最微小的变动，也能彻底改变他人对其的理解，并进一步改变其反应方式。

再来看看托马斯与一家大型保险公司合作进行的研究。在相对富裕的家庭样本中，一组受访者被问到能否省下20%的收入并过舒适的生活，另一组则被问到能否靠80%的收入过舒适的生活。其实，节省20%的收入就是靠80%的收入生活。虽然只有一半的受访者认为他们可以节省20%的收入，但五分之四的受访者表示自己可以靠80%的收入过舒适的生活。

这种反应上的差异不能简单归因于缺乏金融知识。人们发现，瘦肉含量80%的牛肉比肥肉含量20%的牛肉更具吸引力。[13] 阻断率95%的避孕套比意外率5%的避孕套更吸引顾客。[14] 比起从平均工资水平比富人收入低多少的角度来描述收入差距，从富人的收入比平均工资水平高多少的角度描述时，人们更支持对富人征税。[15]

之所以使用某些语言会导致反应差异，是因为人们会对某些特定词语产生特殊联想。框架也起到了特殊作用。正如我们前面提到的，人们之所以对针对非法外国人和无证工人的政策产生不同反应，是因为其中一词会让人产生更多的负面联想。比起"加强审讯"，"酷刑"所带来的一系列的负面联想让人更为反感。比起"在原世贸中心所在地建立一

㊀ 如果尤吉理解第二章中所涉及的暴饮暴食的研究，他可能会知道将比萨切成八片是控制体重的好方法。由于人们会下意识地关注自己所吃的比萨片数，因此尤吉可能会吃完四片较大的比萨，而吃不完八片较小的比萨。

个伊斯兰文化中心","在那儿建造一座清真寺"所引发的负面联想让人们更为忧心忡忡。"化学草坪"（Chemlawn）是一家草坪护理公司的名字，由于该名引发强烈的负面联想，如今它被称为"纯绿"（Trugreen）。

有效框架的某些原理已得到广泛应用。认为省下 20% 的收入似乎比靠 80% 的收入生活困难，认为瘦肉含量 80% 的牛肉比肥肉含量 20% 的牛肉美味等事实都揭示了有效框架的原理。接下来，本章将探讨这些原理。了解这些原理可以让你更有效地支持自己喜欢的政策，当然也能让你、你关心的人以及你的重要顾问免受一些话术的干扰。

损失与收益

我们不愿节省 20% 的收入，厌恶肥肉含量 20% 的牛肉，嫌弃意外率 5% 的避孕套，这三者之间究竟存在何种联系呢？心理学家声称，这三者都是负面优势的结果。保持客观的数量级不变，坏事所带来的伤害要大于好事所带来的快乐。在邮件中意外收到的 500 美元支票会让人感觉良好，但这远不及意外收到 500 美元待付款账单所带来的不快。这就解释了为何肥肉含量 20% 的肉吸引力比不上瘦肉含量 80% 的肉。前者强调了负面信息，而后者将其转化为潜藏信息。由于许多事情的结果都可以用好坏、得失等语言来表述，因此负面优势可以在说服他人时发挥重要作用。数百项研究表明，逻辑上等价的措辞在心理上绝不是等价的。

为揭示如何通过数值框架来影响人们的判断和决策，丹尼尔·卡尼曼和阿莫斯·特沃斯基付出了巨大努力。因此，相关讨论就从他们最有名的一项研究展开。[16] 参与者需解决下面这个棘手的问题。

假设某国将爆发某种特殊疾病，该疾病预计将夺去 600 人的生命。该国提出两种方案来对抗此疾病：

- 如果采用方案 A，200 人能幸免于难。
- 如果采用方案 B，600 人幸存的概率为 1/3，无人幸存的概率为 2/3。

你会做何抉择呢？如果你选择方案 A，那么你就和绝大多数人做出了相同的决定。在原始研究中有 72% 的参与者属于风险厌恶型（这一结果已得到大量重复）。对他们而言，相比于确定能拯救 200 条生命，冒着一个人都不能挽救的风险去拯救 600 条生命实在是不值得。

但是，卡尼曼和特沃斯基也为另一组参与者提供了另一个框架相异、实质却相同的选择。这次的选项如下：

- 如果采用计划 C，将有 400 人死亡。
- 如果采用计划 D，无人丧生的可能性为 1/3，600 人死亡的可能性为 2/3。

这次你又会做何选择？如果这次你还是选择确定项，即 400 人注定要丧命，那你属于少数人的队伍。在此情况下，大多数人都属风险偏好型，但更好的描述是损失厌恶型。参与者都非常厌恶损失，并愿意为避免这种损失去承担风险。78% 的参与者表示，他们宁愿冒着无人幸存的危险去挽救 600 人的性命，也不想让 400 人丧命。

当然，重点就在于挽救 600 人中的 200 人就是让 400 人丧命。挽救 600 人的概率为三分之一就是无人死亡的概率为三分之一。是选择确定的事物还是掷骰子，很大程度上并不取决于对风险的态度，而是取决于选择的框架。

在这些研究结果的启发下，李和大卫·费瑟斯通霍格询问圣何塞机场的旅行者是否愿意多工作三年，以换取年度养老金从 65 岁退休时的 10 000 美元增加到 68 岁退休时的 12 500 美元。还有些人则被问到是否愿意多工作三年，以避免养老金从 68 岁时的 12 500 美元减少到 65 岁时退休的 10 000 美元。

针对这两种实质相同，框架相异的提问，受访者（特别是那些年收入低于中位数的受访者）所给出的回答截然不同。当2500美元表述为所得时，大约有三分之二的低收入者表示不接受，认为这不足以让他们再工作三年。但当2500美元表述为可以通过延长工时来避免的损失时，其中约三分之二（71%）的人认为这值得让他们继续工作三年。[17]

有些经济学家对于心理学研究中的决策偏见仍然存疑，他们时常质疑的点是当经验丰富的决策者需要在其职业生涯中做出重要抉择时，这些发现是否仍然适用。为回答该问题，某研究给医生提供了两种肺癌治疗的假设方案：①放射治疗，该治疗没有即时死亡的风险，但统计数据显示长期存活率较低；②手术治疗，该治疗有即时死亡的风险，但统计数据显示长期存活率较高。[18]

这些统计数据会以不同的方式表述给医生。有些医生得到的是有关治疗方式死亡率的信息，而有些医生得到的是有关治疗方式存活率的信息。不妨想想你在看到表3-2左列信息和右列信息之后的第一反应。

表3-2 死亡率与存活率框架

死亡率框架	存活率框架
手术治疗	手术治疗
治疗期间死亡率为10%	治疗期间存活率为90%
一年之内死亡率为32%	至少一年存活率68%
五年之内死亡率为66%	至少五年存活率34%
放射治疗	放射治疗
治疗期间死亡率为0	治疗期间存活率为100%
一年之内死亡率为23%	至少一年存活率77%
五年内死亡率为78%	至少五年存活率22%

面对以死亡率作为框架的信息（左栏）时，选择手术和放射治疗的医

生人数各占 50%。于他们而言，通过放射治疗降低即时死亡率似乎与通过手术增加长期生存率一样具有吸引力。但面对以存活率作为框架的信息（右栏）时，绝大多数医生（84%）选择承担手术带来的即时死亡风险以增加长期生存率。用研究人员的话来说就是"我们将这一结果归因于，相比于以存活率作为框架，以死亡率作为框架时，手术带来的风险显得更为可怕"。

数字的魔力

托马斯的桌子上摆着三份令人心动的选项：一天 1 美元即可享受知名报纸的送货服务；每月 30 美元即可升级网速；每天 3 美分即可"拯救欧洲的自然环境"。正常人应该都无法拒绝吧，可为何他还是没有下手呢？一个原因是，当按每年而不是每天计算费用时，他的消费冲动便减弱了——报纸送货每年耗费 365 美元，网速升级每年耗费 360 美元（请不要问为何不愿以每年仅 11 欧元的价格保护欧洲的动植物）。

这些组织就是抓住了人们的心理：花相对少量的钱比花大量的钱更容易接受。正如大量研究表明的那样，大多数人仅专注于他人提供的原始数字，而不会通过数学计算帮助自己做出更为明智的选择。当昂贵的品牌产品以墨西哥比索等弱势货币定价时，标签上的数字会增大，可当以英镑等强势货币定价时，价签上的数字会变小，此时消费者的购买冲动会更大（苹果的平板电脑以英镑定价时为 318 镑，可当以比索定价时价格为 6395 比索）。[19]

这种现象的一个特别常见的解释就是心理学家所说的分母忽视。如果你想让人们对数字印象深刻，那就选择一个较大的比例尺（"每年 365 美元"），如果你不希望他们对数字印象深刻，请选择一个较小的比例尺

("一天 1 美元")。选择正确的比例尺（即正确的分母）意义非凡。在一项研究中，某种疾病的致死率是每 10 000 个病例中有 1200 个死亡病例，而另一种疾病的致死率是 100 个病例中有 24 个死亡病例。其实后者的致死率是前者的两倍，但受访者却认为前者比后者更危险。[20]

这并不是说人们从不注意分母。20 世纪 80 年代初期，艾德熊快餐连锁店推出了一款内含 1/3 磅⊖ 牛肉的汉堡，与当时麦当劳颇受欢迎的内含 1/4 磅牛肉的汉堡竞争。尽管大多数客户都愿意去艾德熊尝鲜，但该汉堡最终的市场成绩还是颇令人失望。当艾德熊成立焦点小组深入研究这个悖论时，他们发现许多顾客认为 1/3 磅的牛肉分量不如 1/4 磅的牛肉分量多。这就说明，顾客确实关注了分母，但是是以不太明智的方式。由于 3 比 4 小，他们就理所当然地认为 1/3 比 1/4 小。[21]

当分母是一个人们能赋予真正意义的东西，而不仅仅是一个抽象的数值时，他们更有可能关注到分母（无论关注的方式是否正确）。以一个著名的思想实验为例：参与者被问到是否愿意通过驾车穿行小镇换取 15 美元，来购置 49 美元的苹果数字多媒体播放器，大多数人表示愿意。但当他们被问及是否愿意通过同样的方式换取 15 美元来购置 649 美元的苹果手机时，大多数人表示拒绝。

从纯粹理性的角度看，认为只在第一种情况下，15 美元比开车穿行小镇所花费的时间和精力更有价值是不合理的。节省 15 美元，就相当于 49 美元的播放器便宜了 31%，649 美元的手机便宜了 2%，前者确实更加划算。但参与者忽略的一点是不管播放器和手机的价格（即分母）如何变化，其实都不影响他们关于开车穿越小镇以换取 15 美元是否划算的判断。分母的选择还可以影响人们的节能决定。当人们将一定数量的储蓄看作取

⊖ 1 磅 =0.4536 千克。

暖费的一部分时，这笔储蓄就会显得很多，而换算成公共服务费的一部分时，这笔储蓄就显得略少，换算成家庭支出的一部分时，这笔储蓄就显得更少了。

注意与端点的间隔

假设在一次基因测试后，你被告知有25%的概率患上严重的神经系统疾病。那么你会花多少钱将25%的概率降低至24%呢？大概不多。但若医生告诉你，你患上疾病的概率为1%，那么你又愿意花多少钱将1%的概率降至0呢？大多数人都会选择为之倾其所有。人们这么样做并不是为了实现程度上的变化，而是为了改变种类。

反过来说，这一原理也是成立的。你愿意花多少钱将亲吻偶像的概率从75%增加到76%呢？你又愿意花多少钱将这一概率从99%增加到100%呢？同样地，大多数人不愿为前一种情况付出太多，但为把可能变为现实，他们愿意为后一种情况倾其所有。

确定性不同的选项具有不一样的心理影响，从而带来不一样的结果。一方面，选项越接近确定点，产生的影响就越大。对大多数人来说，比起将不良事件的发生率从24%降低到22%，将其从4%降低到2%更为重要。

在我们先前所提到的医生对于两种癌症治疗方式的选择中，这一点可能也发挥着一定的作用。比起死亡率为10%的治疗方式，存活率为90%的治疗方式吸引力更大，这可能不仅是因为损失和收益在人们心中的权重不一样。从心理学上讲，人们认为比起10%到0，90%到100%似乎更近一些（其实也就相当于人们认为比起10磅杠铃和没有负重之间的重量差异，90磅和100磅杠铃之间的差异更小）。正是因为这样，在以死亡率作为框架的信息中，10%的死亡率显得如此巨大（离0死亡率太远了！），同时在以生存率作为框架的信息中，无法存活的概率显得更小（90%到100%太近了！）。这给我们的提醒是我们可以利用人类对于接近概率端点的事件的敏感性，从而改变某些行为和结果在他们心里的价值、吸引力和危险指数。

选择还是拒绝

很多时候，一个选择往往伴随两个选项：康奈尔大学还是斯坦福大学，斯巴鲁还是沃尔沃汽车，来自金融领域的女性候选人还是来自人力资源领域的男性候选人。做出这样的选择时，必然会发生两件事，即采纳一个选项，而拒绝另一个选项。因此，不管是要求他人选择还是拒绝应该都无关紧要，对吧？它们只是在用不同的方式询问同一个问题罢了。

如果你已经接受了用不同方式呈现同一件事情，会带来不同的结果这一事实，那么当你得知要求决策者选择和拒绝这两种提问方式其实能对决策产生影响时，便不会觉得诧异了。当决策者被要求选择某一选项时，他们往往会为其选择找支撑理由，但当他们被要求拒绝某一选项时，他们则将精力放在找出排除理由上。

这也就是说，与被要求选择某一选项相比，在被要求拒绝某一选项时，一个安全、中庸的选项会比利弊都很明显的选项好。普林斯顿大学的心理学家埃尔德·沙菲尔通过实验证实了此倾向。该实验要求参与者解决一桩假定的监护权纠纷。[22] 当被问及他们想将监护权赋予哪位监护人时，多数人认为和孩子关系融洽，但工作出差多的父母优于那些和孩子关系一般、工作时间不长的父母。但是，当被问及应该剥夺哪位监护人的监护权时，大多数人提出了相反的建议。换句话说，同样的父母在参与者心中既可以获得监护权，又可以被剥夺监护权，十分矛盾。

这个结果给我们的启示也非常明显。如果你希望得到老板、小组成员或者家人认可的选项优势和风险都十分清晰，那么请将问题框架定为选择，但若你希望他们认可优势和风险不那么明显的选项，那么请将问题框架定为拒绝。

在本章我们讨论的系列研究表明，人们的判断和决策取决于如何利用语言来搭建框架。㊀ 当然，这是看待框架研究的一种方式。但是，正如我们在上一章关于情境主义的论述中所指出的那样，人并不是被动的提线木偶，我们会积极探求周围事件和刺激背后的含义。有智慧的人会考虑采用其他方式来为问题和选择搭建框架，尤其是当这些问题和选择能引起争议或存在高风险时。在下一章中，我们会发现尽管他们采用（或被迫采用）的框架会影响其行动，但这些行动反过来也会极大地影响他们的框架和解读。

㊀ 在处理北爱尔兰冲突的工作中，李注意到2001年警局名称的改变。皇家阿尔斯特警察局（对天主教徒来说，它意味着一支旨在保护自称为英国人的新教徒利益的部队）变成了北爱尔兰警察局（它意味着一个负责整个社会——包括天主教和新教安全的机构）。这一变化不仅仅是为了让公民更加接受不尽人意的现状，还旨在强调警务目标的变化，以及政治领导人结束暴力，建立和谐社会关系的目标。

第 四 章

行为至上：我做故我信

罗杰·费德勒和拉斐尔·纳达尔在2006年法国网球公开赛的决赛中相遇。前者常被称为网球史上最伟大的球员，当时可谓是称霸网球界，此前他已拿下温网、美网和澳网公开赛的冠军，只要在法国实现连胜，他就可以成为职业网球历史上第二位获得大满贯的选手。而19岁的纳达尔曾在一年前的法网半决赛中击败了费德勒，使得这场比赛变得更加有趣，因为这是费德勒"复仇"的好机会。

费德勒在第一盘比赛中以5：0领先，他的"复仇之旅"似乎开展得很顺利，随后纳达尔发球并拿下1分。尽管这已经无法改变纳达尔将输掉第一盘的结果，但他还是非常兴奋地冲向了底线，信心满满地迎接费德勒的下一轮发球。老实说，那时的纳达尔看起来反而像是以5：1领先的那一方。虽然这一盘最终还是以纳达尔的失败告终，但在接下来的三盘比赛中，纳达尔分别以6：1、6：4和7：6的成绩击败了费德勒。到底是什么让纳达尔赢得了这场比赛呢?是因为他发现了费德勒的弱点,还是及时调整了策略,抑或是他所展现的旺盛精力和满满信心发挥了作用?

其实这场比赛证实了网球教练时常强调的智慧。他们总是告诉球员,当比赛局势不好时,就跳几次,伸直肩膀和背部,并摆出局势乐观时会摆出的姿势。这就是网球版的"假装,直到成功"。要想打败世界顶级选手,就不能以失败者的姿态应赛。

该建议中隐藏的智慧不仅适用于网球和体育。我们都知道自我感觉会影响行为方式。情绪低落时,我们走得慢,而情绪高昂或生气时,我们走得快。但是心理学家表示这句话反过来说也成立,即不同的姿势会影响个人情绪和最终取得的成果,就像纳达尔一样。[1]

民间智慧也反映出了这一点。工作时吹口哨可以让人感觉愉快;当你感到恐惧或忧郁时,唱欢快的歌曲便可振奋心情。据说,我们的祖先在经过墓地时,会通过吹口哨消除对鬼怪的恐惧。

心理学家研究了各种情况下人类行为对其感觉的影响。但是,两位非常有智慧的人类事务评论员,一位是20世纪早期的美国哲学家兼心理学家,另一位是生活在20个世纪以前的希腊诗人,似乎早在学术期刊开始刊登各类相关实验研究之前,就已经意识到了这一影响方向。

詹姆斯的激进情绪理论和奥维德的秘诀

一百年前,心理学先驱威廉·詹姆斯提出了一项违反直觉的关于情绪的假设。常识告诉我们情绪会决定我们的反应,但詹姆斯表示实际情况应该是反过来的,即我们对事件的反应决定了我们的情绪。举例来说，当我们逃离危险时，心脏会加速跳动，脸部会扭曲，腿部肌肉会收缩，进而我们才会害怕。在其代表性文章中，詹姆斯这样说："我们感到难过是因为我们哭泣，生气是因为我们攻击，害怕是因为我们颤抖，而不是因为我们感到难过、生气或害怕才会因为哭泣、攻击或颤抖。"[2]

在詹姆斯所提理论的基础上，社会心理学家后来提出新的理论，增加了情感标签的概念。[3] 该理论认为，尽管詹姆斯的发现非常重要，但与情绪相关的生理线索相对模糊，我们的体验也很容易受到情境线索和情感标签的影响。㊀当周遭环境中有让我们感到害怕的东西时，我们用恐惧标签标记我们的唤醒状态，可当我们看到或听到令人高兴的东西时，我们会用快乐（或放松）标签标记我们的唤醒状态。

詹姆斯的理论和后来修改过的版本都存在一些问题（比如针对积极和消极事件所做出的面部表情或其他身体反应，比理论假设中的情况差异更大）。但经证实，改变身体动作能对情绪产生影响这一观点是完全成立的。在一项著名研究中，研究人员要求学生在如下两种情形下描述动画片的有趣程度。一种情形是学生用牙齿咬着笔，保持微笑的表情观看动画片，另一种情形则是学生用嘴唇夹着笔，无法微笑。相比于那些类似皱眉看动画片的学生（后者），面带微笑看动画片的学生表示自己获得了更愉快的体验，这证实了行为会影响情绪这一观点。[4]

若同一种身体反应被贴上不同的标签，那我们很可能会混淆当下的真正情绪。有时所处的环境会引发一种情绪，但我们最终可能会感受到另一种情绪。与耶稣同时代的罗马诗人普布留斯·奥维第乌斯·纳索，

㊀ 该理论的主要提出者是心理学家斯坦利·沙赫特，他是李的博士导师，对我们的思考和研究方式产生了重大影响。他特别擅长在理论与现实事件之间建立联系，再制定巧妙的实验来验证这些联系。

也就是奥维德，曾提出这一观点。在其名作《爱的艺术》中，他告诉世人，若想激起妻子（或任何人）的爱欲，就带她们去观看角斗士的角逐，这样可以激发一些强烈的情绪，而这种情绪可能会被错误贴上欲望的标签。

现代社会中，奥维德激发爱欲的秘诀的应用还包括观看恐怖电影、在游乐园坐过山车，甚至去体育馆也是一种很好的选择——在那里人们流汗、心率上升、穿衣较少，这一切都为错误标记情绪提供了可能性。[5]这也是为何激烈争吵之后的性爱会让人觉得格外酣畅淋漓。

奥维德的秘诀在另一项有趣的研究中也得到了验证。研究地点位于不列颠哥伦比亚省的卡皮拉诺吊桥上，摇晃的吊桥让大多数人产生了一种不安感，一般人们将其标记为恐惧或者是焦虑。在这种情况下，年轻男子遇到一位颇具魅力的女性采访者，她请男子填写一份问卷。问卷有一项是要求年轻男子们根据一张照片描写一个简短的故事，照片中一位年轻女子一手捂脸，一手前伸。这位女性采访者还提供了自己的电话号码，表示若他们对实验存在任何疑问都可以联系她。还有另一组年轻男子则在一座更低、更稳定、刺激性更小的桥上完成故事的描写。

哪一组年轻男子描写的故事中会涉及更多的性内容？哪一组年轻男子更有可能打电话询问"后续问题"？正如调查人员所预测的那样，是那些在吊桥上与美丽女采访者短暂相遇的男子。研究人员跟进了这项研究，发现只有邂逅发生在过桥途中，一阵风过，桥身摇晃，过桥者心率上升、呼吸急促或者出现其他唤醒特征，对浪漫的关注才会明显上升。如果邂逅发生在过桥以后，他们的生理反应会逐渐平息，奥维德的秘诀也就没用了。[6]

身体超越思想

正如奥维德指出的那样，人们有时无法准确识别身心释放的信息。研究已经证实，由一种情绪（恐惧）产生的唤醒会被混淆，并导致第二种不相关的情绪（欲望）产生。实际上，研究人员已经表明行动和心理之间存在许多串扰。例如，在一项以测试一系列耳机为由的研究中，比起那些被诱导摇头（通常表示否认）的参与者，被诱导点头（通常表示同意）的参与者往往更易接受耳机中的信息。[7]

有些手势常常被我们赋予某种积极或消极意义，而这些手势就和上文的点头、摇头一样也能产生类似的影响。某项研究要求参与者对接收到的信息进行评估，其中一组需一边将手内收（就像接受一叠现金时做的动作），一边完成此任务；另一组需一边将手外推（就像抗拒某种难闻或难吃食物的动作），一边完成此任务。结果正如预料的那样，将手内收的参与者对所接收信息的评价更正面。[8]

"竖起大拇指"和"竖中指"会让人们产生截然不同的联想。做这些手势会影响人们的评估吗？为了找到答案，研究人员向参与者隐瞒了他们的假设，让参与者相信这项研究是一项关于"多任务"的调查。参与者需要阅读一个叫唐纳德的角色的故事，并在阅读的同时，移动他们的手穿过运动检测器，一些人以向上竖中指的姿势，另一些人以竖起大拇指的姿势。不出所料，那些竖中指的人认为唐纳德相当傲慢，那些竖起大拇指的人认为他可爱又聪明。[9]

托马斯以前的两个学生简·里森和克莱顿·克里彻通过向人们询问全球变暖带来的威胁，证实了身心之间的串扰。[10] 在他们的研究中，变量是房间的温度。与寒冷房间里的参与者相比，温暖房间里的参与者认为全球变暖是一个更为严重的问题。实际上，温暖的房间里自称为保守

派的人与寒冷的房间里自称为开明派的人对全球变暖表现出了同样程度的担忧。㊀

有关身心串扰这方面的研究，给了我们一些管理想法和情绪的小窍门。当你心情沮丧或缺乏自信时，不妨学学拉斐尔·纳达尔，摆出胜者的姿态。

达纳·卡尼和艾米·库迪探索了这种自助策略的有效性。在他们的研究中，参与者需模仿地位高和地位低的人的姿势。地位高的人倾向于占据很大的空间，他们把手放在脑后，肘部向外，或者把手放在臀部，或者把脚放在桌子上或其他的椅子上。地位低的人占据的空间更少，他们将自己蜷缩起来，双手交叉，或者双手触摸（覆盖部分）脸部等。当参与者被要求摆出这些姿势时，那些摆出地位高者姿势的人，睾丸激素激增，皮质醇下降，而那些摆出地位低者姿势的人则相反，睾丸激素下降，皮质醇激增。[12]

研究人员还让参与者在参加模拟面试前，摆出地位高者或地位低者的姿势（面试官保持神秘，不提供任何形式的支持性语言或非语言反馈，这让面试氛围变得相当紧张）。采访全程录音，随后由评委进行评分，这些评委对研究目的以及受访者先前所摆的姿势一无所知。与模仿地位较低者姿势的参与者相比，模仿地位较高者姿势的参与者在面试中的表现更让人印象深刻，更有可能获得工作。所以与其去关注自己"真正的感受"，不妨去改变你的行为，像纳达尔一样摆出胜者的姿态，这样或许可以帮助你获得胜利。在工作的时候吹吹口哨，或者做做其他让你感到振奋的行为，可以帮助你完成一项无聊或费力的任务，

㊀ 美国和澳大利亚的民意调查显示了类似的效果。在温度更高的日子里，人们会更加担心气候变暖。[11]有些人可能会说当地的气温确实可以反映更广阔地区的天气状况，所以参与者对气候变暖表示担忧也不是全无道理。但实验中，调高房间温度的情况就无法这么解释了。

也有助于你赶走忧郁。当你要冲动行事时，冲个冷水澡也是个不错的选择。

我行动，故我相信

一种常见的陈词滥调是，人与动物的区别在于人具有智慧。当然，我们所具有的认知能力，是其他任何生物都无法比拟的，运用反思性思维指导行为的能力也是独一无二的。但是，正如李的一位大学教授所说的那样："每当你把人当成动物，你就会变聪明。每当你把动物当作像我们一样会思考和反应的人，你就会变笨。"智人与其他所有生物最根本的相似之处在于，我们进化的原因，首先是需要对周遭环境做出有效反应。从这个意义上讲，行为是最重要的。至于反思性思维所带来的附加能力，则是在后来的进化中实现的。虽然我们的思想经常决定我们的行动，但反过来我们的行动也会决定我们的思想，有鉴于进化史，这一点也就不奇怪了。事实上，在过去一个世纪里，行为科学文献中最一致和最显著的发现之一就是，比起态度对行为的预测能力，人们的行为往往更能预示他们的态度。[13]

许多理论都可以用来解释行为对信念的影响。其中两个理论颇具影响力，而且指向同样的结论，即人们所采取的行动与特定的信念一致时，他们往往会认可该信念。其中之一是由那个时代最著名的社会心理学家提出的，他可能是我们这个领域有史以来最聪明的实验主义者。另外一条理论则是由一位年轻的新贵提出的，他向那位著名的心理学家提出了挑战，激怒了当时该领域的重要人物。我们接下来以非常规的方式讨论这两个理论——先呈现稍后形成的那个。这样做的原因是，新贵的理论与我们目前为止讨论的研究关系更为密切，而那位著名的理论家、实验主义者的研究对于理解本章稍后提供的重要信息至为关键。

自我知觉理论：做即相信

当孩子撞到头并哭泣时，她的父亲或者母亲可能会告诉她"受伤了"或者"很痛"。这样一来，孩子就学会了用哪些词来描述这些感受。但同时孩子也从自己的内在经验中学到了很多，并知道这些经验意味着什么。她知道了在芭蕾舞演出前自己会感到"紧张"或"兴奋"，知道自己"害怕"牙医，当大人不赞同自己的行为时，会感到"尴尬"。换句话说，我们对感受的理解和标记，来自于关注我们当下所做之事和所处的环境。

这个观点是心灵哲学的主要内容，也是我们前文所提到的年轻新贵达里尔·贝姆（Daryl Bem）理论的出发点。他的自我知觉理论（self-perception theory）认为，当通过内省获得的线索薄弱、模糊或不全面时，人们会根据自身行为和所处情景来推断自身信念的性质和强度，以及自己的偏好，就像我们对他人做出推断时一样。[14]

贝姆认为当被问及是喜欢意大利食物还是墨西哥食物时，人们会首先考虑自己吃这两种食物的频率（同时也会考虑便利性和价格，它们会影响你吃什么的选择）。也就是说，你会和判断朋友或邻居的饮食偏爱时，参考同样的信息。

你如何看待摇滚音乐和民谣音乐呢？足球和棒球更喜欢哪一种呢？你愿意为各类音乐会的门票分别支付多少钱呢？当你独自待在酒店房间，不必考虑他人偏好时，你会选择何种电视内容观看呢？你有多虔诚呢？当你愿望成真或祈愿得偿时，你会默默祈祷，仰望天空并表示感激吗？

20世纪50年代是冷战最为激烈的时候,有不少美国人花钱在地下室和后院建了混凝土防空洞。这一行为在一定程度上反映了人们对于核战争的恐惧。但按照贝姆的理论来分析,虽然人们购买防空洞与营销员的推销手段以及从众心理有很大关系,但这种购买行为可能会加剧购买者的恐惧。同样地,如今的父母几乎买尽了市面上所有的儿童安全设备,监视着孩子户外活动,从而避免孩子因周遭环境和自身行为而遭遇危险,但这种购买行为也增加了他们和孩子的恐惧感。

这种从外部行为推断内部状态的过程,甚至可以应用于看似直接可辨的状态,如饥饿或爱欲。"我刚吃了第二个三明治,所以我一定比想象中更饿。""我发现自己一直在她所住的街道徘徊,期许我们可以偶遇,我一定是被她迷住了。"这类对内部状态的感知,都是通过观察自身的行为,再来推断个人的感受和偏好。若其他人在这种情况下做出同样的举动,人们也会做出这样的推测。

这些违背直觉的理论让大多数人感到震惊。我们坚持认为自己"就是知道"自己有多饿,知道自己被谁吸引,或相信什么。于是我们认为这个说我们是从行为中推断这些的理论是相当错误的。正如我们提到的,贝姆增加了一个附加条件,即我们只有在内部信息"薄弱、模糊和无法解释"的情况下,才诉诸这样的推论。但他最重要的思想,或者说他的理论给有智慧的人的启示是,我们从内省中得到的东西确实是薄弱、模糊、无法解释的,而且其程度远超出大多数人的想象。

胃部释放的信号很难读懂,因此我们需要推断自己的饥饿程度。就像卡皮拉诺吊桥的错误归因研究所表明的,爱欲也很难去衡量。有些迹象看似反映了我们的信念十分坚定,但事实可能并非如此。在1972—1976年选举期间改变政党归属的人中,90%的人不再承认自己此前的政党归属。[15]学生们先前赞同为实现种族融合而乘公车上学,但当反方提出强有力的辩驳时，学生会改变自己原先的态度，并宣称自己对此事一直持有这种态度。[16] 简而言之，我们对自己思想的了解似乎比想象中少，也就是说在了解自我这件事上我们其实和外部观察者一样，必须要推断自己的想法或感受。

减少失调：思想上的主动改变

贝姆的理论观点之所以遭到学术界的冷待，部分原因在于他的理论观点，与当时颇受推崇的社会心理学家利昂·费斯汀格（Leon Festinger）所提出的观点相异。费斯汀格的理论有一个非常不同的出发点，它认为人们会主动去调和他们的行为、信仰、价值观和偏好之间的差异。[17] 某种程度上看，费斯汀格的认知失调理论（一个已经"破圈"，在心理学学术界之外也很流行的术语）其实是此前人们所说的合理化和自我辩护的变体。但费斯汀格和他的同事不仅对旧理论进行了重新包装，而且运用了心理学史上一些极为有趣，却并非显而易见的发现，让人们更加清楚了认知失调的过程。这样一来，他们完善了对那些想要影响他人想法的人来说最重要的原理。

费斯汀格的理论基于早期的团体动力学研究，以及他所说的"一致性压力"。他曾指出，当团体内部出现分歧时，会产生一种需要成员共同解决的紧张气氛，特别是当分歧非常严重时。他认为，只有在达成一致时，这种紧张气氛才会缓解，常常只有在多数人施压让少数人服从时，团队才能恢复和谐。费斯汀格的新主张是，这种发生在群体中的事也会发生在个人身上。也就是说，每当我们的某些态度与另一些态度相斥，特别是当我们的行为与我们的价值观、偏好和信仰不一致时，我们会感到一种心理不适，反过来这种不适又驱动我们去减少失调。

费斯汀格专注于探究完全发生在人脑中的认知过程，这使得社会心理学进入了一段不那么"社会"的新时期，但实际上减少失调是一件社会性很强的事情。当思想和行为失调时，朋友能帮助减少失调带来的心理不适。当我们下定决心要减少信用卡开支，却又冲动地购买了一张飞机票时，朋友可能会再三宽慰我们，说我们值得一场最好的旅行。当我们决心减少卡路里摄入却又忍不住吃甜食时，朋友会说吃一点是没关系的。当我们拒绝履行某项职责时，朋友会坚称这种做法不会带来什么实质性伤害。正如第七章中的群体冲突问题以及第九章中的气候变化问题所示，这些为减少失调而做出的集体努力也可能会带来不那么好的后果。

除了伊索寓言中的狐狸认为够不着的葡萄是酸的，从而缓解了自身沮丧之情外，善于发现人类弱点的观察家们提供了许多减少失调的例子。错过宴会的人会安慰自己至少没有（在宴会上）暴饮暴食。那些相亲被取消的人（或者约会结束后没有得到后续承诺的人）认为这次约会对象根本不适合自己。为一项事业付出巨大努力的人，无论这项事业是否高尚，都很珍惜这项事业，而且付出越多，就把这份事业看得越重。

人们也会找各种方法来使自己的失败合理化。冒险的投资变成一种"很棒的学习经历"。一次比预期更加艰苦的徒步旅行彰显了自己的毅力，并为以后的冒险打下了基础。人们擅长将拖延某项艰巨无趣的工作合理化，如"我真的需要整理档案之后才能开始工作""我要给詹妮弗送上订婚祝福后才能整理我的车库""我必须等到不会受到任何干扰的时候再处理我的税务"。人们可以想出更多理由来合理化许多事情，比如无法坚持运动、无法健康饮食、无法节能减排、无法帮助他人等。

费斯汀格和他的学生能够敏锐察觉出减少失调的例子，包括在他们自己身上。尽管当时有很多关于抽烟危害的研究，但费斯汀格仍坚持这一不良习惯，并为自己找出各种理由，尽管他承认这就是所谓的"合理化"。㊀当他滔滔不绝地谈论自己购买的汽车（一辆纳什）时，他的学生们交换了会心的眼神。按费斯汀格的理论来说，他并不是在该车有曲线不流畅、耗油量大、修理费用高等特征的同时仍保有对其的深厚情感，而是因为这些特征才让他有这样的情感。㊁但不可否认的是，费斯汀格的研究确实重新塑造了社会心理学并向这一领域注入了活力。

减少与已做出的选择相关的失调

费斯汀格及其学生首先研究了一种常见的减少失调类型，这一现象往往在我们二者择其一后出现，如选择为哪一位公职候选人投票，选择两种菜品中的哪一样，又或是选择两个度假胜地中的哪一个。费斯汀格表示，在做出这类选择后，会出现一种名为"选择扩散效应"的现象。也就是说，一旦我们做出选择，我们便会更加坚信这就是正确的选择。我们越是深思熟虑，就越能肯定这次的投票人选就是正确选择。尽管在改革过时的方案方面，投票选出的新人缺乏经验，但也一定会比上次那个老顽固做得好。在餐厅点单后，我们会告诉自己没点牛排是因为它价格过高，以此减少新鲜出炉的牛排所引起的失调感，并进一步提醒自己点三文鱼的原因是服务员说今晚的三文鱼特别新鲜。更有甚者，我们可能会告诉自己，牛排和三文鱼的热量差都可以让我们再吃一个美味的巧克力慕斯了。

早期一项研究证实了一个更微妙的失调理论推测，即当不同选项的吸引力相当时（也就是放弃另一项会产生更多的失调感时），"选择扩散效

㊀ 然而，费斯汀格在癌症晚期仍然坚持说，压垮他的是癌症但不是肺癌。
㊁ 这正是费斯汀格的认知失调研究的反直觉与有趣之处：车有很多不足，但我仍保有它，一定是我很喜欢它。——译者注

应"会更加明显。[18]另一项研究通过在下注前和下注后，分别询问赛马者对于下注成功的信心[19]，凸显了在决定做出之后，合理化会更加明显。正如失调理论所预测的那样，比起下注前，赛马者在下注后对自己的选择更有信心。其他研究表明，选举中也会出现同样的情况，选民在离开投票站的路上接受采访时，对候选人获胜的机会比进入投票站时更为乐观。[20]

至此，我们了解到承诺可以带来心理效益。换句话说，尽管"不予承诺"看起来很有吸引力，且能带来切实好处，但也会带来心理成本。似乎很多人都想迟迟不做职业选择，但只有在选择了某个特定工作领域后，他们才会发现该领域的优点。很多人一提到婚姻就会想起那些诸如球和链的可怕比喻，但只有在真正做出承诺后，减少失调才会充分发挥作用。

哈佛大学的丹·吉尔伯特和简·埃伯特做过一项实验，很好地说明了不予承诺的渴望以及给予承诺的好处之间的较量。比起我们刚刚提到的，这项实验中的决定和承诺都没有那么重要。实验者要求摄影师在几天内拍摄数十张照片，然后将其中两张冲印出来。随后，摄影师们需要选择两张中最喜欢的一张带回家，另一张则保存在研究人员的办公室中。一组摄影师被告知做出选择之后可以更改选择，将两张照片进行交换，而另一组摄影师则被告知选择无法更改。当被问及可以更改选择是否会影响他们对照片的喜爱程度时，大多数参与者表示否认。但是实际上，比起那些可以更改选择的参与者，无法更改的参与者更喜欢自己选择的照片。只有那些做出承诺的人才能收获减少失调带来的好处。[21]

打开头脑中的强化"开关"

做某事获得的薪酬越高，一个人就越愿意做这样的事。这听起来很合理，不是吗？如果可以选择的话，几乎所有人都会选择高薪酬而非低薪酬。然而，一项经典的失调实验却得到了使人乍一看十分震惊的结论，即如果做某件不愉快的事情所带来的报酬越少（会带来更多的失调），人们就越可能认为这事其实没那么令人不快。[22]

在这项研究中，本以为自己会参与某项有趣的心理实验的学生们，需要完成一项无趣、无聊的工作，即将插入板上的槽中的很多钉子，每次旋转四分之一圈，直到每个钉子都回到原来的位置。研究者表示该实验旨在研究期望对于人们表现的影响，而且每一位参与者均需对下一位参与者施加一定的影响，即告诉他们这是一项非常有趣的任务。这项研究的变量在于，参与者通过撒谎所获得的报酬数额不一。有些人会得到 1 美元（1959 年参加实验的标准酬劳），而有些人则能得到 20 美元（高于当时某纽约高级餐馆双人午餐的价格）。㊀

由于实在难以拒绝，所有参与者都同意按要求办事。研究的重点在于当参与者被问及他们有多享受（或者更准确地说，他们有多反感）这项无聊的转钉子任务时，他们的回答是什么。失调理论家违反直觉的预测得到了证实：对于得到 20 美元的参与者来说，由于撒谎一事得到了充分补偿，他们不会有太强的失调感，所以最终认为这项任务极其无聊。而那些只得到 1 美元的参与者则表示这项任务还比较享受，因为只有这样才能减少撒谎所带来的失调感。㊁

这种减少失调的过程在日常生活中的许多领域都能看到。有些人自愿选择从事工作累且报酬低的职业（如老师），有些人从事报酬不稳定且天分又不足以保证获得成功的工作（如艺术家、音乐家、小说家），对于他们而言，就有必要证明自己的职业选择是正确的。尽管他们可能会抱怨低

㊀ 1962 年，美国最好的餐厅将其每日特价午餐定价为人均 7.50 美元。
㊁ 当费斯汀格首次谈到他的研究时，他兴致勃勃地描述了研究步骤，但没有解释他的假设。他邀请听众预测奖励大小是否会对任务的评价产生影响。大多数人深受那时的强化理论影响，认为奖励越大，评价越好。

工资或生活不稳定，但也会反复强调自己有多热爱这份工作，工作有多充实，以及其他职业为何让自己不满意。

许多人在育儿过程中也注意到了这样的现象。抚养孩子确实会带来一系列的困难和挑战，如睡眠不足、饮食忌口、日常接送。约翰·厄普代克将自己的女儿们描述为"难闻、吵闹的皮肤灾难"。但是父母又经常说，孩子的长成是这辈子最欣慰的事情。

父母为抚养孩子所付出的代价，会成为他们认为此事很有价值的原因吗？失调理论家对此持肯定态度。一个事实可以证明这一点：在过去，孩子的劳动所得往往是家庭收入的重要来源，而那时的亲子关系远没有如今这么亲密。正如托马斯之前的一名学生，滑铁卢大学的理查德·艾巴赫所说，"孩子对家庭的经济价值下降，那么他们的情感价值便开始在文化上被理想化"。[23] 这种趋势和失调理论的预测一致。

为了探索减少失调如何在育儿中发挥作用，艾巴赫和史蒂夫·莫克做了一项实验。一组父母仅被告知将孩子抚养至 18 岁的平均开销（在美国东北部，这一数额为 193 680 美元）。而另一组父母除此信息外，还被告知了孩子成年后可能会给予年迈父母的经济支持和实际帮助。随后，两组父母需要评估一系列有关为人父母乐趣的陈述，比如"这一生中没有什么比抚养孩子更有意义的了"和"不当父母比当父母更容易抑郁"。相比于同时获得两项信息的父母，只知道养儿所涉开支的父母更加赞同这些观点。这一结果证实了失调理论家的观点，即父母之所以将育儿一事理想化，是因为在这一过程中他们付出了太多。⊖

这些失调研究所呈现的结果和我们平日所想完全相反。我们认为那些真正热爱某项工作的人，哪怕工作很难、薪酬很低，也会继续从事这份工

⊖ 艾巴赫和莫克还询问了参与者难受程度（不安、不舒服和烦恼）。那些表示自己最苦的人却是后来最有可能赞美为人父母的经历的人。

作（如艺术家、音乐家、业余运动员）。但 1 美元和 20 美元的实验却表明，人们如果在报酬较低的情况下从事某项令人不快的工作，反而会认为此事并没有那么令人不快。我们还认为若一个人真正看重某事，即便忍受痛苦也要得到它。而育儿实验则表明，如果人因为某事而承受了痛苦，便会从心理上迫使自己去珍视它。

兄弟会、精英部队、城市帮派等组织十分看重凝聚力、忠诚度和献身精神，因为这是能让他们共同面对困难的关键。而这些组织的入伙仪式往往十分复杂，原因就在于我们刚刚提到的心理学原理。费斯汀格还补充了非常重要的一点，即往往是在失调感最严重的时候（低酬劳、高强度、高成本，尤其是当自由选择做这些事时），人们会认为自己享受做这件事，或者看重自己的成就。

一旦理解了失调理论，就会发现它的影响无处不在。比起无须耗费精力自己组装（也无须为耗费精力辩护）的家具，人们似乎更偏爱宜家出售的那种需自己动手安装的家具。[24] 同样地，人们似乎更珍惜高价商品。[25] 部分原因在于，有些人支持"一分钱，一分货"的说法，但这可能只是那些花费高价的人用来说服自己的理由。在一项特别有说服力的研究中，两组参与者分别拿到了正常价格和打折价格的能量饮料，随后他们需要猜字谜。那些拿到打折饮料的参与者认为自己没有必要去证明能量饮料的有效性，至少看起来是这样，因为他们解出的字谜比另一组参与者要少得多。[26]

功能磁共振成像（fMRI）仪可以记录大脑不同区域的活动量。在失调研究早期，这种机器还未问世，而现在学者可以利用这种机器证明，高价不仅能改变人们对商品的评价，还能改变人们对产品的深层感受。在近期的一项研究中，两组参与者分别拿到了一定数量的同一种酒，一组参与者被告知该酒 90 美元一瓶，而另一组参与者则被告知该酒 10 美元一瓶。不出所料，那些认为该酒价值 90 美元一瓶的人对它评价更高。除此之外，研究人员还发现当参与者认为他们在喝更贵的酒时，功能磁共振成像仪显示他们大脑内与快乐体验相关的区域会更加活跃。[27]

让球滚动起来，以足够的动力克服阻力

第二章的中心思想是，虽然你可以尝试通过立足某人的心灵和思想来改变某人的行为，但有时最好直接去改变别人的行为。本章传递的另一个经验是，如果你以一种心理学的方式去改变行为，那么你的心和思想也会随之改变。你的孩子可能不喜欢做家务（谁会喜欢？）。但是，在全心全意地做这些事情的过程中，他不仅会珍视一个干净的家，还会珍视生活中需要做的事情，并坚持完成可能堆积如山的任务。实现困难的长期目标、培养必要的价值观和动力的关键是让球滚动起来，让人行动起来。很久以前，古老的犹太法典《巴比伦塔木德》就预见到了"行为至上"，并有如下评论："一个人总应该用法律和善行充实自己，（即使）开始时不是出于他们自己的意愿，而是出于不纯的目的，但之后会转化为自发的愿望。"[28] 我们大胆猜测，这句话的作者是最有智慧的拉比！

失调理论和自我知觉理论都为行动导致信念这个一般规律增加了一些重要且非显而易见的东西。如果你希望最初的行动（做杂事、弹钢琴、学律法）引发态度和价值观的相应变化（心理学家会说，为了产生"内化"），那么引发这些行动的诱因就不应该太粗暴。在提供激励、施加压力或提供理由时，少即是多。换句话说，要小心谨慎，不要提供高额奖励或可怕的威胁，来让你的孩子做家务或作业，或者以对社会负责的方式行事。他们会服从，但他们会认为这是他们被迫做的事情，而不是为了自己

而值得做的事情。○

　　反之，微小的压力和温和的诱导，可能使人们感觉他们的行为反映了自己的信仰和偏好（就像那些只拿到 1 美元的人，却说无聊的任务很有趣一样），但明显的压力和强烈的诱导却会产生负面影响：因为这些压力和制约因素，会让人觉得他们只是因为这些压力和约束才这么做的。不妨看一看在实验中发生了什么：在一个实验中，学生们在每次玩一个新颖的数学游戏时，都会得到一些分数，这些分数后来可以用来换取奖品。从某种意义上说，积分系统起作用了：当奖励体系到位时，孩子们就会玩更多的数学游戏。但从更重要的意义上看，它失败了：奖励取消后，他们玩数学游戏的次数比奖励计划实施前减少了。原本看起来有趣的事情现在变成了仅仅为了获得分数，而不是为了学习或者娱乐。[29]

　　这一发现以及本章讨论的所有研究，实际上都强化了第三章探讨的观点，即驱动行为的不是激励本身，而是如何理解激励。激励和约束对动机和行为的影响取决于人们如何理解它们。

　　针对这一想法，研究者进行了一次具有启发性的探索。幼儿园的孩子们被要求用当时一种新颖的绘画工具（毡尖马克笔）来画画。一些孩子因为用马克笔画了一幅画而获得了事前承诺的奖励；另外一些孩子在画完画后意外地获得奖励；还有一些孩子根本没有得到任何奖励。后来，孩子们可以自由玩耍马克笔。此时，那些为了获得事前承诺的奖励而画了一幅画的孩子，与那些没有被"贿赂"去画画的孩子相比，使用马克笔的次数要少得多。从本质上看，奖励的承诺把玩耍变成了工作。但是当奖品出乎意料且不是作为贿赂而是作为奖励的时候，它并没有降低孩

○ 然而，请注意，没有施加足够的压力是有危险的：未能施加足够压力会导致相反的负面结果。那些不屈服于压力的人将寻求一种方法来减少他们因没有从顺从中获益而感到的任何不和谐——也许是通过认为他们所忽略的事情特别无聊、困难或令人厌恶，或者认为他们所做的事情和他们因为这些事情而受到的惩罚是特别令人满意的。

子们玩马克笔的兴趣。[30]

你可能注意到,职业运动员也与此相似,他们的成功部分是因为他们喜欢玩,他们玩得越多,技能就提高得越多。但是在大联盟待了几年之后,他们会担心自己的合同与其他球员的相比如何,并表示如果俱乐部降薪就退出。聪明的运动员,以及任何有幸因做自己喜欢的事情而获得高薪的人,可以通过提醒自己为什么选择自己的职业,并将高薪视为奖金,而不是继续努力的诱惑甚至贿赂,来让自己更快乐。

关注自我

当某人以不公平、不道德或不规范的方式行事时,他们经常被告知:"好好看一下自己。"该建议源于这样一个事实:人们发现他们的行为和他们认为自己有能力、有原则、有道德的感觉之间存在不一致性时,会感到特别烦恼。因此,让人们真正有自我意识,也就是说,把注意力集中在自己的行为所传达出的自己是什么样的人的信息上,可以促进人们明智行事。

一项关于选举的研究通过记录简单语言变化的影响,凸显了自尊和行为之间的联系。选举日之前,按照选举前展开调查的惯例,一些潜在选民被问及是否打算投票,而其他人则被问及是否打算成为选民。在一项研究中,用名词标记目标行动,得到肯定答复的概率比用动词要高10个百分点,在另一项研究中则高11个百分点,这足以左右许多选举的结果(例如,如果一个竞选团队知道那些通常不太可能投票的人是偏向于他们的候选人)。[31] 当然,如果一个候选人的竞选团队不遗余力地找出潜在支持者,并且只向这些人提出这个心理"操控"问题,那么受益会更大。

研究人员继续寻找聪明的方法,通过将人们的注意力集中在自我意识和道德标准之间的关系上，来促进人们的理想行为。一项研究调查了英国一所大学咖啡室里的一个诚实箱。任何人都可以自行获取茶或咖啡，加牛奶或不加牛奶，但他们需要为自己所喝的东西支付建议的金额（房间的布局使得没有付款的人不太可能被观察到）。研究人员在印有茶叶、咖啡和牛奶建议价格的横幅上，交替使用了这两幅图像——有几周使用鲜花图像，其他几周使用眼睛图像。值得注意的是，在展示眼睛图像的几周内，投入诚实箱的钱几乎是展示鲜花那几周的三倍。[32]

在一项后续研究中，相同的调查人员测试了张贴有眼睛或花朵图像的海报对乱扔垃圾的影响。眼睛再次发挥了作用。当眼睛海报出现时，乱扔垃圾的数量是展示花朵海报时数量的一半。此外，在咖啡馆里人少，也就是在咖啡馆里几乎没有其他"眼睛"盯着潜在的乱扔垃圾的人时，眼睛海报的效果似乎比在咖啡馆里人多的时候更大。[33]

人们追求积极的自我形象的愿望或者需要，可以促使人们按照自身准则和社会期望行事。但若从另一面看，这种愿望和需要也会使人们为违反社会准则的行为进行自我辩解，我们现在要转向人类心理的这一阴暗面。

合理化：人性的弱点

人们都会时不时地进行合理化辩解。我们会为自己辩解，比如购买我们不需要的东西时（"这个新设备会让我更高效"），或者摄入我们其实并不需要的食物时（"我要多吃一块馅饼，因为今晚是个特殊的场合"）。正如我们前面提到的，并且在写这本书的过程中也经历过的那样，无法开始工作常会引发合理化（"我最好再检查一下我的电子邮件。那里可能有一些重要的东西，我真的应该等格雷格把他的最新文章发给我，然后再处理

第八章的最后一节")。有智慧的人看到这种合理化现象,或者他就是合理化者本人时,会意识到这一点。也许发现自己的合理化辩解的最可靠方法就是进行反思,如果别人给出同样的理由,你会有何想法。

为偶尔一次的高热量饮食或是放弃一次无聊的任务进行合理化没有太大危害。有害的是为有关我们公民职责的行为进行合理化辩解("我本来会去投票的,但是投票队伍太长了,而且我的候选人并没有机会")。我们有一种特殊的义务,那就是清醒地看待我们为自私自利或欺骗他人的行为进行的合理化。美国人和整个国家为自己未能应对全球变暖带来的挑战而进行的无数辩解(在第九章中讨论)就是一个很好的例子("我愿意尽自己的一份力量,但我的努力只是杯水车薪……真正的坏蛋是拒绝停止燃烧化石燃料的电力公司……无论如何,科学证据并非决定性的,它会在经济复苏之际阻碍就业岗位的增加。")。

请注意,最好的合理化辩解是那些具有一定真实性的辩解。你是否投票几乎不会影响选举的结果。你个人的碳排放量也不会对地球的未来产生影响。也许真的应该由政府来决定,而不是由慈善机构去征集人们的捐款,以养活美国的饥民和无家可归者,或是拯救世界各地的儿童,使他们摆脱极度贫困和虐待。但是这些话的真实性,并不能合理化你和他人有问题的行为。

这一令人不安的事实,对于理解合理化辩解和邪恶之间的联系至关重要。这种理解始于意识到,理智的人很少(几乎不会)做真正邪恶的事,除非他们能够成功地将自己的行为合理化。尽管好莱坞电影里有这种场景,但在现实生活中,自豪地拥抱恶的人几乎是不存在的。问题就在于人们特别擅长合理化辩解。这种合理化不仅见于个人的不端行为,也出现在与种族灭绝、奴隶制、种族隔离、战争暴行以及剥夺基本人权和人类尊严相关的更严重罪行中。还有一个更棘手的问题,在费斯汀格及其同事的研

第四章 行为至上:我做故我信

究中,参与者所表现出的失调减少是个人行为,而当整个社会都在为邪恶行径进行辩解时,这种合理化就成了一种集体行为。

犯罪头目及其宣传组织鼓励罪犯对其罪行进行合理化辩解,他们坚称"'那些人'是罪有应得",或者他们的所作所为是为了某种崇高或必要的目的(战时暴行的两个常见理由)。犯下罪行后,这些人联合起来,坚持说自己只是"服从命令"。同时,邪恶的旁观者也辩解道"不是我,是他们做的""我对此无能为力"或者"没人敢反对当权者",这些辩解常常与否认共同出现。奴隶制的捍卫者也同时坚持奴隶制在经济上的必要性,并且拒绝承认奴隶制的残酷性。

第二次世界大战结束以来,纳粹大屠杀的教训一直是一个热门的辩论主题,夷平了轴心国的城市并造成了数十万人伤亡的战略轰炸政策同样如此,更不用说在广岛和长崎投下的原子弹了。显然,大屠杀源于数千人的滔天罪行,但也源于数十万人的共谋,这些人出售铁丝网,或购买奴隶劳动生产的商品,或接受瑞士银行的非法所得存款,甚至可能仅仅在别人欢呼时跟着欢呼,或者尽管心存疑虑但仍旧保持沉默。在讨论人类历史上的这些黑暗篇章时,社会心理学的情境主义要旨提出了棘手的道德问题。

汉娜·阿伦特的"平庸之恶"论颇有争议,用这一理论分析阿道夫·艾希曼和其他高级纳粹战犯的罪行可能有些过于为他们脱罪。[34, 35]但不可否认的事实是,大屠杀中大多数低级罪犯,在犯罪前后都过着普通生活。如果没有处在特定的历史环境下,他们就不太可能做出特别邪恶的行为。[36]诚然,他们所说的借口,如服从命令、履行军官职责或被一个邪恶得近乎疯狂,同时拥有杰出辩论口才的领导人所欺骗,既是解释,也是合理化辩解。无数因战争罪而被绳之以法的人,以及数以百万计的未作恶但面对恶不作为的人,都使用了这样的借口。但是,在认识到作用在他们身上的压迫和制约,是以一种类似于米尔格拉姆实验中使用的循序渐进的方式进行的之后,也许我们不该再那么严厉地谴责他们。

最有智慧的人会仔细思考在挑起恶行中起作用的情境因素,努力不为个人责任开脱或否认,但他们也明白考虑影响犯罪者的力量和制约因素的重要性。

沉默和不那么沉默的英雄

安德烈·斯坦因(Andre Stein)八岁时,纳粹占领了他的出生地布达佩斯,屠杀了他的母亲以及大家庭中几乎所有的人。被折磨得奄奄一息的斯坦因不知怎么活了下来,后来写了一本令人毛骨悚然的书,讲述了他和其他许多人的恐怖经历。后来,他在新祖国加拿大重建了自己的生活,并成为一名社会学家和心理治疗师。但他仍然忘不掉那些恐怖记忆,背负着沉重的负担。一位神学家建议他通过与一些基督徒接触来减轻这种负担,这些基督徒曾帮助隐藏和营救过犹太儿童。斯坦因在他的新祖国认识了一些这样的人。他在那本名为《沉默的英雄》(Quiet Heroes)的书中,讲述了这些人在战时所做的努力[37]。

斯坦因的叙事集提醒我们,任何对于个人和集体对不法行为的合理化辩解的综合分析,都必须着眼于道德谱系的另一端,即个人冒着巨大的风险和牺牲抵抗邪恶的行为。在这里,合理化问题也是最重要的。斯坦因的目标是揭示那些冒着生命危险去营救那些仅仅是邻居甚至陌生人的人们的所有共同点。但他发现自己的努力失败了,因为并没有出现这样的共同点。

有些"沉默的英雄"很虔诚,有些则不是;有些受到了意识形态的驱动,有些则没有。在个性或个人历史上也没有任何特别的相似之处。相反,斯坦因发现,正如米尔格拉姆启发性的研究的翻版,通往英雄行动的道路也始于小步骤和小承诺。同意让一个孩子藏一个晚上,或者只是给一个绝望的家庭提供一些食物,这引发了进一步的行动和承诺,例如当意识到孩子离开藏身之处将意味着死亡时,让孩子藏更长时间。这也导致了冒险行为的进一步升级,例如当一个孩子生病时,进行一次危险的火车旅行为孩子取药。

但是,这些沉默的英雄身上引人注目,真正让他们与众不同的地方是,他们不愿意,或者甚至可能没有能力,像他们所有的邻居一样进行合理化。他们的邻居找到了责怪受害者的方法,声称他们应该在有机会的时候离开。沉默的英雄则承认,对于大多数受害者来说,逃跑是不可能的,真正的问题是现在要做什么。

他们的邻居声称无能为力,或者认为有义务将自己家庭的安全置于陌生人的安全之上。沉默的英雄说,他们只是做了他们认为可以做的事情,而且比起受害者,他们所承担的风险,至少在最初是很小的。他们的邻居关注日常问题,不允许自己从更广泛的道德视角来审视这个问题。沉默的英雄无法保持狭隘的视角。他们会问自己:"如果我对这些孩子的命运漠不关心,会对我有什么影响?我会成为什么样的人?而当战争结束,正常生活回归时,我又将如何回望自己当初的行为呢?"

在进行这些采访的过程中,斯坦因注意到许多"沉默的英雄"最终离开了他们的故乡。我们不清楚在多大程度上,他们感到必须离开容忍暴行而不进行任何抵抗的社区,以及在何种程度上,他们的继续存在不受那些没有采取行动的人欢迎。但很明显,大多数人在面对邪恶时会为不作为辩解,而少数人的勇敢行为会不断提醒和指责辩解者,他们并不是会令彼此感到舒适的伙伴。

白玫瑰

在纳粹统治下，一个鼓舞人心的关于反抗的故事是《白玫瑰》。在一对兄妹索菲·绍尔（Sophie Scholl）和汉斯·绍尔（Hans Scholl）以及他们的哲学教授库尔特·休伯（Kurt Huber）的带领下，这支德国青年小乐队从1942年6月到1943年2月成功地分发了一系列油印反纳粹传单。他们还在建筑物的墙上涂鸦。但是他们的身份很快就被发现了，他们被立即送上了断头台，直到最后都表现出了巨大的勇气。

今天，这个团体的象征，白玫瑰，被陈列在德国的几个城市和城镇，以示纪念。从某种意义上说，他们的行动从一开始就注定了是徒劳的：他们所面对的政权过于强大和残酷。对一些人来说，他们的纪念碑传达了这样的信息：至少有一些德国人足够勇敢，公开表达了许多同胞不敢表达的感受。对其他人来说，这个信息是更沉重的负担：当外部压力强迫人们认同邪恶行为时，如果人们在明明可以选择拒绝的情况下保持沉默，不予干涉，或合理化邪恶行为，就是在共谋。

白玫瑰青年纪念碑也提出了一个令人困惑的问题。为什么这个抵抗纳粹主义的特殊例子如此突出，而其他更大、更持久和更成功的抵抗例子却很少得到承认和赞扬呢？有些牧师成功地庇护了儿童，并大声疾呼反对对那些有身体或精神残疾的人实施安乐死。有些丈夫是犹太人的雅利安妇女，成功地争取到了让丈夫从集中营释放的机会。也许最值得注意的是，共产主义团体在战前走上街头，挑战希特勒的势力，其中成千上万的人为此付出了生命。

只有白玫瑰得到赞颂，这本身是不是也是一种合理化辩解？这是不是在鼓励人们认为只有两个选项，要么接受恶并得以生存，要么反抗并惨死——并且只有殉道者和圣人会选择后者？

有智慧的人认识到，对邪恶的合理化和面对邪恶的无所作为，与犯罪者的残酷动机一样，都对人类构成了巨大威胁。我们希望我们的读者永远不会面临纳粹德国公民要面对的严峻选择。但是，我们也希望他们能停下来想一想，对于个人和集体来说，今天有哪些机会可以以既勇敢又有效的方式，处理我们自己国家乃至世界其他地区的弊病和邪恶。

第 五 章

锁孔、镜头和滤镜：摆脱偏见

任何心理学家，如果要用历史事件来说明科学原理，都会冒着挑选支持自己论点的例子的风险。不过，在某些情况下，挑选要比其他情况容易得多。当谈到"隧道视野"的例子时，挑选起来尤其容易，我们一下子就会想到2003年美国入侵伊拉克。

就在入侵前，时任美国国防部长唐纳德·拉姆斯菲尔德预测战争"可能持续六天、六周甚至是六个月"——这是一个小小的误判，因为战争直到2011年12月才宣布结束。当时的副总统迪克·切尼补充说："我真的相信我们会被视为解放者。"即使是以不愿向反对意见屈服而臭名昭著的切尼，也会对此感到难过，因为超过4000名美国士兵在冲突中丧生。当时的美国国际开发署（USAID）负责人安德鲁·纳齐奥斯在另一份关于入侵及其后果的预测中估计："其中美国的支出将达到17亿美元。我们没有进一步为此提供资金的计划。"目前，美国纳税人在伊拉克重建上付出的成本约为600亿美元（根据国会预算办公室的估计，这场战争给美国造成的损失总计为 1.9 万亿美元）。[1]

错误的判断也困扰着重建事业。一个接一个的决定源于一个总体信念，即"自由市场"将带来最好的结果。联军临时权力机构下属的私营部门发展主任托马斯·福利在抵达伊拉克时宣布，他计划在 30 天内将该国所有国有企业私有化。当被告知占领军出售资产将违反国际法时，他坚持说："我不在乎国际法。我向总统承诺将伊拉克的企业私有化。"因此，当政府财产被征用作私人用途时，美国军队和联军临时权力机构往往视而不见。

彼得·麦克弗森是伊拉克重建和人道主义援助办公室的经济政策主任，他最初支持这种说法，他说："我认为，当有人接管了他们的国有车辆，或者开始驾驶国有货车时，私营企业自然会出现，这很好。"但现有机构被拆除后引发的混乱，是对这些关于市场力量的宏伟信念的嘲笑。正如重建小组的一名成员所说："我们忙于建设资本主义经济，以至于忽略了大局。我们浪费了一个巨大的机会，直到一切都在我们面前爆炸，我们才意识到这一点。"[2]

人们很容易被意识形态蒙蔽。在这里，对私人市场力量的强烈信念让政府官员们看不到这样一个事实，即当周围没有政府来执行基本的竞争规则时，市场绝不是自由的，更不用说当时军阀、部落领袖和普通的暴徒可以通过枪杆子将他们的意志强加给社会。这个问题不仅限于资本主义世界观。被意识形态影响判断是所有派别都面临的问题。例如，反资本主义的意识形态使一些左翼人士对成本效益分析的价值视而不见，它导致环保运动迟迟无法接受以市场为基础的方法来解决环境问题，如总量管制与排放交易制度。

意识形态和先入为主都是镜头和滤镜。它们让我们很容易看到和理解一些东西，但很难看到和理解其他东西。如果你确信支持性的家庭环境对健康发展是必不可少的，你会毫不费力地发现成功人士的例子，他们的父母总是不吝表扬，鲜有批评。但是你很可能会忽视那些来自这样家庭的自恋者，或者另一些快乐的高成就者，他们的父母不太喜欢表扬，而且经常会挑毛病。

意识形态上的盲目只是隧道视野的一个来源。正是先入为主的天性，让他们容易看到一些东西（隧道尽头的光），而很难看到其他的东西（其他的一切）。我们通过一个狭窄的锁孔从一个狭窄的视角来看待人、行动和事件。无论你选择何种规模或水平的分析，我们对世界上信息的获取都是有限的。这些限制始于一个简单的事实，即我们的眼睛位于我们的头部前方，因此我们只接受世界提供的360度中的大约180度，我们只关注该范围的大约1/30$^{\ominus}$。我们将其称为限制一。

另一个限制是我们在任何时候都只能记住5～9条独立的信息。[3]如果你试着一次想更多的事情，你就得付出一些代价。如果你把注意力集中在第十项上，第二项、第五项或其他东西就会消失，从你的记忆和你的潜意识中消失。我们有限的注意力能力构成了限制二。

此外，我们所看到的是我们自带的或其他人提供的透镜的产物，无论是意识形态透镜还是其他的。这种透镜构成了限制三。正如我们在第三章中提到的，当一个问题以一种特定的方式被提出时，我们倾向于在这个框架内思考。例如，当显示与两种不同医疗选择相关的死亡率时，人们会比较这些死亡率，而不从相应存活率方面考虑。回想一下，即使是有经验的医生在癌症患者的手术和放射治疗之间做出决定时，也会屈服于这种框架效应。

$\ominus$ 人类视觉的精确范围因人而异，当眼睛可以移动时会扩大。眼睛保持不动，人们可以看到大约120度的范围。头部保持不动，但眼睛可以自由移动，人们可以看到180～200度的范围。然而，其中大部分是相对贫乏的边缘视觉。提供足以阅读文本的分辨率的视角只有6度。

最后，这个世界并不总是公平的：它突出了一些信息，但把其他信息投射在阴影中，这对我们所看到和考虑的构成了又一个限制。最终结果是，我们最容易获得的信息往往只是我们所需信息的一小部分，而且往往是有偏见的样本。有智慧的人明白，最容易获得的信息往往不是有效行动的最佳指南，因此采取一些简单而具体的步骤来获得更广泛、更完整和更准确的信息。

一个大脑，两种思维

你在瑞士度假，有人告诉你下午的温度是 19 摄氏度。你应该带夹克还是毛衣？如果你在一个使用摄氏温标的国家长大，你会立即知道答案，因为你知道那种温度是什么感觉。但如果你是在华氏温标下长大的，你必须做一些数学运算（"乘以 1.8 加上 32"）才能知道这在你熟悉的温标上约是 66 华氏度。

这个例子凸显了这样一个事实，即人们以两种截然不同的方式思考。我们的大部分思考都是快速自动发生的，并且很大程度上是基于联想产生的。在一个使用摄氏温标的国家长大，一个人学会了将不同的温度标签与不同的气候条件联系起来。因此，当温度为 19 摄氏度时，他"就知道"是否要多带些衣服。这一过程在无意识指导的情况下进行，通常被称为"直觉"或"反射性"思维。

当人们把不熟悉的摄氏度翻译成更熟悉的华氏度时，他们的思考是完全不同的。这种思考更为缓慢，也更谨慎，通常包括遵循明确的规则，代表着人们称为"理性"或"反思性"思维的思维类型。

有时理性的头脑会发号施令。当你准备起飞时，你看到了报纸上一则关于龙卷风的新闻，预计龙卷风将在中西部造成严重破坏，你的第一个想法是"我希望我们没有在堪萨斯州上空飞行"。但是经过一些回忆和非常有意识的反思，你意识到你的恐惧不是来自你读过的任何统计数据，或者任何关于龙卷风的真实回忆。实际上，恐惧来自龙卷风将多萝西和她的小狗托托带到了奥兹国这一"记忆"。⊖

其他时候，直觉思维占据主导地位。如果你是一个棒球迷，你知道在比赛进行中提到可能成为无安打比赛，不可能影响对方球队是否打出安打，但是你会情不自禁地感觉到它会有影响。因此，根据棒球传统，你会避免提及记分牌上的零（没有得分，没有安打），至少当你的球队的投手正准备击败对手时会这样。或者，如果你是一个家长，当你的女儿即将在学校戏剧中说出她的台词时，你手指交叉祈求好运，那么你就默认了直觉所唤起的神奇的联想。

智慧不要求我们绝对按照理性的想法和印象行事，但确实需要我们对两种不同的"思维"如何相互作用有所了解。尤其重要的是，需要认识到，我们的直觉印象仅仅基于我们获得的信息。我们的直觉思维不会考虑它所能获得的信息可能是不完整的或误导的，那是理性思维的领域。为了克服这个限制，我们必须培养思维习惯（并形成数据收集程序），拓宽我们的视野，以获得更多我们需要的信息。理性思维的工作是考虑是否有一些重要的信息是尚未获得的、不显著的或没有被考虑到的——对夏洛克·福尔摩斯的粉丝来说，就是要意识到这条狗在晚上没有吠叫（从而揭示闯入者是一个熟悉的人）。明智的做法是接受这个负担，寻找隐藏的东西，而不是满足于通过一个锁孔或一个扭曲的镜头来看世界。

请注意，这与第一章中讨论的朴素实在论有关联。我们的直觉评估就像是对事物的直接评估。认识到他人的所见所感可能和我们不同，则是更慢、更理性的思维的工作。

⊖ 这是《绿野仙踪》中的情节。——译者注

第五章 锁孔、镜头和滤镜：摆脱偏见

直觉思维比理性思维更容易让人冲动，也更容易让人行动——做出判断并倾向于行动，而不去审视当下注意范围之外的信息。这有助于解释日常判断中一些最常见的错误：许多错误不是因为正确的答案太难，而是因为错误的答案太容易得出。[4]

判断和决策大师帮助我们认识并理解了某些"太容易得出"且"太诱人"的结论。下面我们就来关注阿莫斯·特沃斯基和丹尼尔·卡尼曼进行的一项著名研究。参与者需阅读以下信息：

> 琳达，31岁，单身，直率，很聪明，主修哲学。作为一名学生，她深切关注歧视和刑事司法问题，并参加了反核示威游行。[5]

然后，参与者被要求估计琳达之后从事各种活动或职业的可能性有多大。特别是，他们被要求对她从事以下职业的可能性进行排序：小学教师、精神病社会工作者、女性选民联盟成员、女权运动活动家、银行出纳员、保险销售人员、积极参与女权运动的银行出纳员。

值得注意的结果是，大多数参与者认为琳达更有可能成为一名"积极参与女权运动的银行出纳员"，而不仅仅是"银行出纳员"。直觉上，这似乎是对的。琳达似乎不符合我们脑海中银行出纳员的形象，但我们可以很容易地想象她是一个女权主义的银行出纳员。当你加上她对女权运动的兴趣时（根据我们对她明显的观点倾向的了解，这似乎是可能的），就相当匹配了。㊀

但是，你稍加思考就会发现，这不可能是对的。任何一个"积极参与

㊀ 这项研究的参与者是否会有点困惑？当银行出纳员和积极参加女权运动的银行出纳员都是选项时，有人认为第一个选项是指一个不参与女权运动的银行出纳员吗？为了排除这种替代解释，特沃斯基和卡尼曼的研究表明，在一些参与者对琳达成为银行出纳员的可能性进行评估，而其他人则对她成为参与女权运动的银行出纳员的可能性进行评估时，后者的得分仍要高于前者。

女权运动的银行出纳员"都必然是银行出纳员,因此成为前者不可能比成为后者可能性更大!这是基本逻辑。两个事件(银行出纳员和女权运动中的活跃分子)的结合不可能比单独的两个组成元素(银行出纳员、女权运动中的活跃分子)出现的可能性更高。

但即使我们从逻辑上考虑了这个问题,错误的答案依然感觉是对的。因此,并不是正确的答案太难,而是错误的(直观的)答案太容易得出了。正如著名古生物学家史蒂芬·杰·古尔德所说:"我特别喜欢这个例子,因为我知道第三种说法(女权主义银行出纳员)是最不可能的,然而我脑海中的小人却一直在上蹿下跳,对我大喊'她不可能只是银行出纳员,请再读一下描述'。"[6]

那么,还有哪些陷阱会让我们匆忙做出不必要的判断和错误的决定,或者被有技巧的说服者引导?我们如何保护自己,避免掉进最常见的陷阱?有智慧的人该采取什么步骤来确保获取所有相关信息?有智慧的人如何知道何时应该放慢速度,超越直觉?显然,智慧的一个重要组成部分就是知道何时相信直觉,何时保持警惕。

探寻便可得

假设你的老板要举办晚宴,并邀请了众多潜在客户。其间,其中一位客户将会坐在你身旁。老板对你说:"我觉得她观点很保守,但是你应该试探试探她的立场。"你该怎么办?若是遵循大多数人的做法,你会问一些能够激发其保守情绪的问题,例如:每次不得不到车管所办事时,你是否会感到怒火中烧?如果取消教师终身任职制,而且像其他工作一样,根据教师工作表现来对其进行任免,你认为公共教育是否会得到改善?

你大概率会回避一些易激起自由主义情绪的问题,例如:一国之中最富有的人税率比其秘书还低，这是不是一种讽刺？你认为美国政府是否应该努力修复摇摇欲坠的基础设施？换言之，你所提的问题遵循着心理学家所说的"正向测试策略"[7]，即一种我们更为熟悉的"确认偏见"（confirmation bias）的特殊版本。你是否也曾担忧过某个独裁政府到底有没有在研发大规模杀伤性武器？我们都会自然而然地找到能够证实某件事的证据，但往往会更容易忽略其反证。再如，一款全新产品能否赢得市场青睐？对于这个问题，相较于消极的信息，人们更愿意去寻找积极的迹象。

寻找确证信息看起来很合理，因为这完全遵循一个无懈可击的命题：如果一件事是正确的，那么就应该有证据，且我们能够找到这一证据。到这里，这一逻辑尚且合理。问题在于若要确定某事是否属实，其正证与反证缺一不可。但是，我们最自然的倾向会使我们的评估失衡。我们关注的重点和中心几乎始终都是支持信息，而往往忽略矛盾信息。当然，矛盾信息也可能会浮出水面，毕竟，事实就是事实。然而，如果矛盾信息出现在做出关键决定后，往往为时已晚。

我们来看一项颇具争议的研究，其结果耐人寻味。在该研究中，一组参与者需判断在大赛前夕刻苦训练的网球运动员是否能有出色的表现并赢得比赛。[8]参与者能够从研究者所提供的列表中获取他们想知道的信息，列表提供的信息包括球员在比赛前夕刻苦训练并赢得比赛的次数，未经刻苦训练并仍获得胜利的次数，刻苦训练但输掉比赛的次数，以及未经刻苦训练并输掉比赛的次数。不同的参与者要求查看的信息各不相同，但是此时，查看频率最高的信息与参与者要验证的内容保持一致，即球员经刻苦训练并赢得比赛的次数。

第二组参与者需回答一个与第一组参与者逻辑等效的问题：比赛前夕刻苦训练的网球运动员是否更有可能输掉比赛。参与者也可以查阅相同的四类信息中的任何一种。他们最感兴趣的是哪类信息？答案是球员刻苦训练但输掉比赛的次数。同样，参与者还是对能够支撑要验证的内容的信息最感兴趣。

该研究着实让人耳目一新。这些参与者无须对研究结果承担任何风险，他们可能根本不在乎运动员赛前训练是否会对比赛结果产生影响。但是，他们对于寻找与要验证的内容一致的信息却大有兴趣。

人们都会为自己愿意相信的东西寻求背书，对此我们都了然于心。比如，当意在推翻萨达姆·侯赛因政权的布什政府成员迫切寻找到能够证实伊拉克正在开发大规模杀伤性武器的蛛丝马迹时，大家都不觉得奇怪。但是，国会领导人、普通公民和新闻界人士，在很大程度上受这些支持布什政府主张的薄弱证据的影响，且不对这些证据产生任何适当的质疑。对此，许多布什政府的批评者感到颇为不安。

这种确认偏见在人们心中根深蒂固，无论多么冷静的思考都无法消除其对人们判断和决策的影响。因此，埃默里大学心理学家斯科特·利林菲尔德称之为"偏见之源"[9]。

20世纪80年代，德国统一之前的一项研究能帮助人们进一步认识到这种偏见的普遍性。㊀ 一组来自以色列的参与者需要辨别原东德与原西德，以及斯里兰卡与尼泊尔哪组国家相似度更高，绝大多数人选择原东德和原西德。该结果倒也无可非议，毕竟两国都是日耳曼人居住的地方，他们拥有共同的传统和语言，而且在第二次世界大战前同属一个国家。但是，当另外一组参与者被问及哪组国家相似度最低时，同样，绝大多数人仍选择原东德与原西德，因为一个是社会主义国家，而另一个是资本主义

㊀ 该研究并不是为了探索确认偏见，而是测试一种相似性的形式模型（同时解释为何"养狗就像养孩子，而养孩子却不像养狗"），但这里预测（即观察到的）效应取决于参与者的倾向性，即寻找与被测试命题（即相似性、差异性）一致的信息。

第五章 锁孔、镜头和滤镜：摆脱偏见

国家。因此，人们认为原东德与原西德相较于斯里兰卡和尼泊尔同时拥有较大的相似度和差异，这在逻辑上是毫无道理的。[10]

但从心理学角度来说这是合理的。参与者在对原东德与原西德，以及斯里兰卡与尼泊尔进行相对相似性评估时，会寻找两国所共有的相似性证据。他们对欧洲的了解远超过亚洲，因而会更多地考虑到原东德与原西德的相似之处，以此判断出原东德与原西德两国相似度更高。但是，当第二组参与者评估哪两个国家差异更大时，他们则寻找了彼此差异的证据，即两国的相异之处。同样，第二组参与者对欧洲的了解也远超过对亚洲的了解，从而会更多地考虑到原东德和原西德的相异之处。

综上所述，确认偏见会引起引人注目的矛盾。正如我们在第三章中看到的那样，当两位求职者仅有一人可以获得工作时，这种矛盾现象也会发生。你可以将此视为选择哪一位求职者的问题，即考察哪位求职者身上具备对工作而言极其重要的品质，此时你便会去寻找一些能够支撑这些品质的证据。但是你也可以将此视为拒绝哪一位求职者的问题，在这种情况下，你便会更倾向于去寻找能够排除不合格者的证据。一位求职者可能同时具备消极和积极的特性，因此，若是二者选其一，你可能会选中这位求职者；若是二者拒其一，你也可能会拒绝这位求职者。[11]你可能看中了比尔·克林顿十分突出的个人及政治才能，便任命他为公司（或政党）代表。但是，你也可能会因为他同样明显的缺点而拒绝他，转而将橄榄枝投向另外一位候选人。

有时确认偏见会影响你从各种资源获取的信息——采访中问的问题、搜索引擎中输入的关键词或是向数据库寻求的信息。但其他时候你所要查询的信息已经印在了脑海里，随时由你支配。但即便是从脑海中检索信息也会深受"确认偏见"影响。若是被问及睡前一杯酒能否长寿，你可能首先想到的是嗜酒如命的醉鬼；被问及加利福尼亚的生活是否更为悠闲，你可能首先想到闲散的加利福尼亚人；被问及灾祸是否往往接踵而至，你脑海中便会浮现出接连出现的空难、飓风及杀人的场景。随后本章将概述一些克服这种偏见的方法。但首先让我们来看看是否还有其他一些干扰缩小以及扭曲了你的视角，进而损害判断的质量。

看见你想看见的

假设你被告知自己所属的族群或国家的智商和道德都不如大部分其他族群，且常常背信弃义。你会本能地为这一说法寻找论据吗？当然不会。正如我们前文提到的，人们的欲望和根植于心的利益都在影响着"确认偏见"的产生。你越追求某一命题的真实性，便越会去寻求支持该命题真实性的证据。

但是，假如你不愿意自己的才智及品行受他人质疑，你就会努力寻找证据来极力反对针对自己种族的诽谤。于是，那些曾获得诺贝尔奖以及为人类做出突出贡献的本国人，便跃然于脑海之中（如果你是其中一员，脑海之中更是会首先映射出这些信息）。在这种情况下，你定将会寻找否定该主张的信息。诚然，"确认偏见"这一概念有着多种展现方式，有时会以我们前文所提到的无动机性"正向测试策略"呈现，而在其他时候这一概念代表着人们一种普遍倾向，即你如果相信某件事的真实性，便会更倾向于寻求相关支撑材料，反之，则会寻求质疑它的证据。

这种偏见扭曲了人们对自己真正重要事情（如健康）的评估。在一项研究中，参与者接受了关于一种与胰腺疾病相关的酶缺乏症（并非真实存在）的测试，即便是目前没有任何症状的人也接受了该测试。参与者将少量唾液置入杯中，然后将石蕊试纸放入其中。研究人员告知其中一部分人，纸张变色则代表参与者患有酶缺乏症；另外一部分人被告知纸张未变色代表患有酶缺乏症。实际上，石蕊试纸的颜色并不会因为任何参与者的身体状况而发生改变。

他们的反应如何？和各位读者所期待的一样，参与者们做出的反应都是为了获得好消息（同时避免坏消息）。那些不希望石蕊试纸变色的参与者没有将其长时间置于杯中（共1分15秒），而希望试纸变色的人则煞费苦心地寻找着变色的证据，他们将试纸置于杯中的时间平均延长了近半分钟（共1分45秒），还采取额外的步骤以期发现其所期望的颜色变化，（研究人员如此描述道）"他们的测试行为多种多样，比如说将测试条直接放在舌头上，多次重新浸入原始测试条（最多12次），以及甩动、擦拭、吹动并且非常仔细地检查异常难闻的……测试条"。[12] 参与者想得到的结果，不断影响着他们的行为。

后果如何

四百多年前，伟大的英国哲学家弗朗西斯·培根诠释了"确认偏见"一种更为深刻的来源。

> 人们一旦采纳了某种观点，理解力就会受其吸引，看到的所有事物都与这种观点保持高度一致，并对其形成强有力的支撑。尽管在这种观点的对立面存在着更多的实证，人们却对其视而不见，置若罔闻，或是拒绝承认这种存在，此举就是为了通过建立这种危害性极强的预设立场来确保先前的观点或结论免遭亵渎。[13]

培根指出，人类更倾向于以一种坚持最初信念的方式来对信息进行评估，无论这种信念来自肤浅的第一印象还是某些根深蒂固的观念。这种偏见对那些曾因争议的另一方无法做到"用证据说话"，或拒绝"吸取经验教训"而感到沮丧的人来说，再熟悉不过了。反过来，如果曾经被意见相左的人指责未能"用证据说话"以及拒绝"吸取经验教训"，我们也会认为对方以偏概全，提供的论点也不具有足够的说服力。这两种经历都反映出人们倾向于不加质疑地接受支持自己信念的证据，同时会对矛盾的证据进行严格审查。

前文中我们提到，美国政府接受了一些捕风捉影的证据，认为伊拉克正在积极发展核及生化武器，因此决定入侵伊拉克。一些理性的外交和中东问题专家，曾质疑政府的评估并提供与其主张相左的证据，但美国政府最终还是无视了他们的疑虑。培根如果知道了，肯定会狡黠地摇摇头。

当然，根据现有的信念对证据进行解读，在一定程度上是合理的。如果你收到一封来自尼日利亚的电子邮件，上面说你若同意担任某个可疑交易的中间人，并缴纳几千美元的担保金，便可获得巨额资金，你肯定会明智地删除这封邮件。我们常对那些悖于常理的假证据持怀疑态度，这是有道理的。有一则来自哲学家大卫·休谟非常著名的格言，即非同寻常的主张更需要得到令人信服的数据支撑。当我们阅读到外星人绑架案、大脚怪和巫师预言等一系列光怪陆离的报道时，都会明智地谨遵这条格言。

然而，过度地用现有的信念或理论同化数据也需要付出代价。它使人们难以摆脱看似可信实则错误的信念，也很难去接受最初似乎不太可信的新理论（如疾病是由微生物而非瘴气或巫师魔咒所引起的这一观点）。我们若是在这种情况下走了极端，便会不再相信与既有信念相悖的证据，最终无法从个人经验及实证研究中学习知识。实际上，有时尽管逻辑上我们不该固执于一些信念，但以这些信念为滤镜来审视数据，可能会让我们对其更加深信不疑。

李和同事们在关于死刑及其作为阻止谋杀手段有效性的持续辩论

中，探索了这种可能性。¹⁴ 所有实验参与者要么是死刑的坚决拥护者，要么是坚决的反对者。研究人员为他们简要介绍了两项涉及威慑功效的研究。一项比较了相邻两个州的凶杀率，另一项则对某些特定州采用或放弃死刑之前及之后的谋杀率进行比较。参与者并不知道研究人员不仅没有报告实际数据，还操纵了研究结果与研究方法间的对应关系，使每一位参与者都能了解到一项研究支持其观点，而另一项研究支持另一方观点。

研究人员观察到了人们的两个值得注意的反应。第一个反应，也许正如你所期望的那样，是双方都认为，无论是哪种研究为其观点提供了论据，无论是州与州进行对比，还是本州内部进行对比，在方法论上都更为合理，且更有启发性。对人们来说，研究的性质并不重要，重要的是它所支持的结论。逻辑学家会觉得人们的这一反应没有问题：在所有条件都相同的情况下，我们可以很合理地做出这样一种假设，即与那些产生与现有信念相左的数据的方法相比，产生可以证实我们现有信念证据的实证方法更可靠、信息量更大且更有益。⊖

但逻辑学家不会认同人们的第二个反应：持有相反立场的参与者都表示，在看到研究之后，他们都更坚定自己的立场。此处有一个逻辑问题，简单来说，根据先验的理论来诠释数据未尝不可，但不能使用同样的数据来验证该理论。如果忽略这一点，则会增加有关实证性问题辩论的激烈程度，这会使社会无法基于对证据的公正评估做出明智而理性的决定。

⊖ 比如说，我们会认为这样一种结论是非常合理的：如果一种全新的人类化石测年技术检测出的结果与现有方法所获得的结果非常相似，那么该方法就是可靠有效的，反之，我们就会质疑其有效性和可靠性。再比如，现在要评估某人是否在背地对我们恶语相向，此时我们就会表现出这种合理的偏见——如果我们有足够理由确信他是恶人，便会对这一指控不置可否；若他是一位好友，我们虽心存怀疑，但暂且假定他是无辜的。

拓宽"锁孔"

有智慧的人如何克服人类判断和决策过程中普遍存在的偏见？解决方案说起来容易但做起来难，至少很难始终如一地遵循。你需要放慢脚步，有意识地找出那些挑战你正在评估的命题的信息，尤其是当该命题符合你的观点或者偏好时。比如说，素食能否促进健康？你（尤其是素食主义者）本能会想到那些你认识的健康素食主义者。但是不要到此为止，试着去想想那些受各种疾病困扰的素食主义者。实际上，若是要得出统计上有效的结论，则需要考虑健康对不健康的素食主义者的比例，是否确实高于健康对不健康的非素食主义者的比例。

在评估外向性格与有效领导之间的关系时亦是如此。那些性格外向、风度翩翩特别是雷厉风行的领导者即刻会浮现在脑海中。正如我们前文所说，你不能止步于此。假若你是一位政治科学家，希望自己的同事能够认真对待题为《外向型性格在有效领导中的作用》的论文，则必须要确定有效领导者中，外向与内向性格的比例是否高于低效领导者中的比例，甚至还要与更大范围的人群做比较。

日常生活中如果这种判断听起来过于复杂，那么至少要养成跳脱出只考虑支持性案例的思维冲动，而应采用决策科学家建议的"考虑到相反的情况"。研究表明，当人们鼓起勇气，自问"为什么我最初的印象可能是错的"或"为什么相反的说法可能是正确的"时，他们往往表现出更少的确认偏差，因此，做出的评估会更加精准。[15]

几百年来，天主教教会在决定一个潜在的圣徒是否应该被封为圣徒时，常使用一套类似的程序。自1587年以来，教会都会任命一位信仰维护者，其主要任务是找出反对该候选人受封的理由，对候选人品行进行审查，质疑其对宗教以及人类做出的任何贡献，并对候选人所创造的奇迹展开调查。任命信仰维护者实为明智之举，但没得到广泛应用。比如，桂格燕麦公司曾耗费高达 18 亿美元，收购斯纳普饮料公司，但随后又将其抛售，首席执行官威廉·史密斯伯格承认："我们中本应该有几个人站出来，对收购说'不'。"[16]

巧合的是，约翰·保罗二世取消了信仰维护者制度，由此可以推测，教会成员中被封圣徒的比例出现激增。公元 1000～1978 年，被封为圣徒的人数少于 450 名。约翰·保罗二世担任罗马教皇时间尚短，但期间被封圣徒的人数就超过 480 名。[17] 约翰·保罗二世颇有争议地以现代教会历史上最快的方式成了圣徒之一，无须经信仰维护者制度的审查。

即便没有信仰维护者制度，有智慧的人还是可以通过其他方式来避免做出一些不明智的决策。比如说，在做出决定时，你可以将自己现在对利弊的看法和十年后对它们的可能看法进行比较。或者你可以考虑考虑，假设这是在向自己的朋友或者尊敬的人进行推荐，那么你该如何做出决策呢？正如我们在第三章所提到的，当你要选择最佳的产品、决策或是人选，你可以换个角度思考问题，不只考虑选择哪一个，也考虑拒绝哪一个。

一些决策分析者建议采用"事前检验失败"思维，即假设决策失败，反思应该获得哪些信息来找出失败的原因[18]，然后即刻去寻找这些信息。在对观点、提议以及具体行动进行评估时，若想保持智慧，则需要利用一切能够规避确认偏见的工具。

藏于暗处

有这么一则老笑话，如果一个人总想成为会计，但因为缺乏会计的人格而做不成，这个人一定是位经济学家。无论你觉得这则笑话是否好笑

（这可能取决于你是一位经济学家还是会计），基本上都能轻松理解这个笑话。你的直觉能够轻易地、迅速地建立起关于会计的刻板印象，想到大多数人对会计的刻板印象，并且认识到这个笑话中和大众观点冲突的地方，就是其中的笑点。直觉在处理眼前信息和提取记忆中储存的信息方面表现得非常出色，它能即刻获取这些信息，但是，在判断信息是否具有误导性和代表性方面，直觉就起不到有效的作用了。

这项工作很大程度上取决于理性思维，即便很容易就能获取到相关信息，这也是一项艰巨的任务。事实上，直觉获取到的信息是以丢失其他信息为代价的。世界并不总是一目了然的，它在隐藏一些信息的同时突出另一些信息。纠正这种不平衡得完全依赖理性思维的工作。直觉无法判断某些显眼的信息是否真的重要，也无法判断一些理由对于做出正确的评估和决策有多重要。著名的决策学者罗宾·道斯在其著作《不确定世界的理性选择》中举了一个极具说服力的例子。他在书中写道，《发现》杂志曾刊登一则故事，建议读者登机时应"明确出口的位置"，并针对紧急着陆时的安全撤离进行排练。其原因就在于，一项对迫降和空难幸存者的调查研究显示，百分之九十的幸存者事先已经规划好了逃生路线。[19]

这一统计数据着实引人注目。但是请稍微反思一下，你就会意识到，研究者显然没有采访过那些在事故中丧生的人，因此，完全有可能在这些受害者中同样有百分之九十的人按照空乘的建议规划了自己的逃生路线。理论上存在着这么一种可能（实际上不可能）：有更大比例的受害者采取了这种预防措施，这就意味着这样做实际上会害了乘客。

这里的关键点同样是，在确定特定实践是否会对人的健康和福祉产生影响时，有必要对采用及未采用这种实践所产生的好坏结果比例进行对比。再进一步来说，除非人的理性思维能战胜直觉，否则可能会酿下大祸。

当把诸如朋友、家人和同事等一众自己身边的人作为一个整体时，对于他们是否认为我们是一个冷静、聪明、可靠和健谈的人，我们能做出准确的判断。但是具体到某个人对我们的看法时，我们的判断就没那么精准了。事实上，当同事、室友或组员需对彼此就这些特质进行评价，且每个人需预测他人对自己的评价时，这些预测和现实的一致程度有限。也就是说，张三对李四的评价和李四所预设的张三对自己的评价相关性接近于零。一位从事此类研究的科研人员表示："人们其实对于特定的人对自己的评价知之甚少。"[20]

我们无法很好地洞察别人对自己的评价，这乍一看确实有些骇人听闻，但我们要知道，别人或至少那些与我们关系较为疏远的熟人、远亲甚至陌生人会将一些关键（或批判性的）信息隐藏起来。也就是说，我们无法给予彼此内心最真实的反馈。如果你觉得张三喋喋不休，李四自吹自擂，王五总是炫耀自己是名牌高校毕业生，你更可能向别人倾诉他们的缺点，而不会通过任何方式让他们自己知晓这些缺点。因此，人们往往认为别人对自己的评价会更高，这丝毫不足为奇。

有一个重要的例外：人们能够准确地预测出自己在其他小组成员心目中的地位。往往一谈到地位，我们的反馈就相当精准。如果我们行事装出一副比实际上更重要的样子，小组就会对我们进行打压，反之，彼此都会相安无事。[21]

许多迷信就是因为信息不对称造成的。如果你梦到了自己亲人去世，不久后这位亲人就真的去世了，那么你就会觉得这个梦一定非比寻常。[22]如果预感没有成为现实，通常人们都会遗忘这些梦。对于其他一些观点来说也是如此："什么东西都是我扔了之后才需要""我每次洗完车必会下雨""一遇到不会的题老师必定会点我"。[23]

类似的例子是，许多球迷（其中不乏许多博士）也很迷信，他们认为自己在客厅里的所作所为可能会对数百英里⊖甚至数千英里之外的比赛产生某些影响。球迷们多多少少相信，但凡对比赛精彩之处做出任何评论（如赢了某个特定对手，自己最喜爱的球员投中了罚篮或四分卫完成了一次精彩达阵），好势头就会立马消失。还有些球迷，出于传统或是自己的信念，聚在一起，将棒球帽反戴，穿上统一的"幸运衫"或是坐在一样的"幸运凳"上，希望为自己的球队带来好运。这些行动是否奏效呢？若是奏效，人们会铭记于心，反之，人们很快就会遗忘。

为什么有些信息会如此醒目，而其他信息则藏于暗处？对此我们很难做出普适的陈述。但是我们能很轻而易举地举出极具说服力的例子，如为什么有些家长认为孩子总是在自己打电话的时候闹个不停？因为其他时候孩子们的请求不算"闹"。为什么谈判专家总是坚信只要变得强硬就不会被敌人打败？因为他们看不到自己不遵循的方法（不强硬）的结果……此类例子不一而足。其实我们可以对这些例子分门别类。社会心理学家已经发现一些日常生活中的信息突显或藏于暗处的规律。有智慧的人会意识到这些不对称性，并且知道何时需要采取其他手段来揭露出那些藏于暗处的信息。

自身的投影

设想一下，你的孩子认为自己在数学上非常有天赋，她会在数学课上加倍努力，试图解决家庭作业中的各类问题，并会时常说数学就是"她该干的活儿"，转眼就又一头钻进你给她买的数学难题书。那么数学将成为她成绩最好的一门课，这一点也不奇怪。

⊖ 1 英里 = 1.609 千米。

或者，在电视上，一位金融大师认为以历史标准来看，现在的股票价格被高估了，不久的将来市场可能会下跌。随后，他的追随者便纷纷出售股票，并投资债券和贵金属。果然，股市走软了。

你总想着詹妮弗这样可爱的人会不会喜欢你，但是从不提议和她出去喝咖啡，总避免看她，害怕自己在她面前很拘谨。那么，她和你依然疏远。

以上这些例子都阐述了一个重要的行为科学概念：自我实现预言，即我们认为某件事是真实的，那么我们便会以促使其成为现实的方式来行事。与我们讨论的通过锁孔和滤镜观察世界更相关的是，托马斯引入的"看似应验的预言"这一概念：我们的内心信念会引导我们采取行动，结果使那些信念看起来很真实，并且让我们无法遇见事实并非如此的证据。[24]

如果你认为安雅是个充满敌意的人，那么你很可能对她敬而远之，从而不太可能看到她实际上是热情友好的。如果你认为自己的一名员工缺乏晋升至下一个行政级别的能力，便不会给她晋升的机会，从而就失去了证明自己想错了的机会。如果你认为自己的公司只应聘请著名商学院的毕业生，那么你可能会四处搜罗，并将各种敬业、勤奋和有才华的常春藤联盟毕业生收入自己的麾下。你不会去了解那些被你拒绝的敬业勤恳的人，仅仅因为他们毕业的学校名声不够响亮，而他们已在其他地方发挥着才能。

照以上这些情况发展，我们可以得出的结论是：安雅的确充满敌意；该员工的确不具备晋升的条件；公司的人事部门确实掌控了局面——这些似乎完全合理，并且有充分的证据支持。而有智慧的人可能会指出，你自己在创造证据中扮演了什么角色。

另一种常见的社会动力会使人们无法看到关键信息，行为科学家称之为"多数无知"（pluralistic ignorance）。[25]当人们因为觉得别人会不赞成自己而隐藏自己的真实想法和感受时，这种现象便会发生。由此产生的个人思想和公共行为之间的分裂，便会强化错误的规范，使得个人更难表达自己的真实感受。这种情况下，整个群体仍然对其实际观念一无所知。

在各种充斥着矛盾的现象中，多数无知起着重要的作用。设想一下大学校园中过度的酒精消费。学生们总认为他们的同龄人比他们自己更热情，这使得他们会表现得好像自己喜欢喝酒，以融入学校的生活。这种普遍的臆想强化了学生对饮酒普遍的错误信念，以及对不喜欢这种乐趣的学生的区别对待。[26] 如此一来会导致更多的饮酒，从而应验了学生们对饮酒的想法，这种情况比比皆是。

为了打破这种恶性循环，研究人员在一项研究中让学生们回答有关校园内酒精消费的调查问题，其调查结果中的总体反馈情况将为所有人所见。两个月后的跟进调查显示，收到同龄人对饮酒态度的实时信息的人，其饮酒量比未收到信息的对照组学生少20%。[27] 看到每个人毫无防备的反应，就可以降低为虚假规范而伪装自己的冲动。

多数无知在职业倦怠中也起到一定的作用。人们通常认为，如果自己可以被视为一个能够在不产生压力、紧张或自我怀疑的心态的情况下完成工作的人，那么他们将受到高度重视（即便预算削减，他们也不会被裁掉）。因此，他们隐藏自己的疑虑和困难，让任何经历过类似疑虑和困难的人都认为自己遇到了独特的问题——他们不能像同事一样处理好工作。这样做，只会增加工作的压力，导致一些人认为自己不适合这份工作。

正如一位在职业倦怠研究中接受采访的医疗保健专业人士所说："我确实有时会感到不安和沮丧，就像第一次看到病人死亡一样。我会感到惊慌、愤怒和悲伤，但我会拒绝以任何方式来表达这些感受，因为我知道这样不专业。其他人似乎把事情都处理得不错，但这让我感到自己更糟糕，就像一个真正的失败者和一个不适合做这种工作的懦夫。"[28]

智慧的一个重要组成部分就是知道你以及你的行为在何时、以何种方式影响了你赖以做出判断和决定的信息。你没有收到谁的信息？你是否让别人觉得告诉你真相很难？你花在宠物上的精力让它看起来比你忽略的事情更重要吗？

寂静之声

我们都曾遇到过这样的情况：负责会议的人建议为了开启讨论，"让我们轮流发言，看看大家怎么想"，但结果往往令人失望。因为讨论中的可能性范围迅速缩小，思想无法自由流动。有两种心理过程限制了意见的多样性，一种是有意的，另一种是无意的。

有意的那种心理过程，是我们经常进行的自我审查。人们不愿意冒犯别人，结果，与正在形成的共识不同的立场往往不会被表达出来。因此，团体成员会默契地支持他们不同意的立场。极端情况下，人们最终会明确表达出他们永远不可能在私下认可的主张（"我同意我尊敬的财会同事刚才所说的话……"）。这种自我审查在风险很高，而且团体成员需要表面上的一致带来的信心的情况下尤其常见。在这些情况下，会出现一种"集体思维"，即本应投入一个问题的批判性审查会被达成共识的压力所截断。

社会心理学家欧文·L.贾尼斯曾帮助开创了群体决策研究的先河，并创造了"集体思维"一词。他认为，这些社会压力是导致美国军事史上一些最错误决策的原因。他所指的历史包括没有注意到日本人可能袭击珍珠港的警告，1960年代初期旨在推翻菲德尔·卡斯特罗政权的猪湾入侵事件，以及稍后做出的导致越南战争战事升级的决定。[29]

美国参议院情报委员会审查了布什政府在2003年所做的入侵伊拉克的决定，并称集体思维是布什政府错误估计伊拉克正在发展大规模杀伤性武器的原因。该委员会认为，导致入侵的会议审议"表现出集体思维的几个方面：很少研究替代方案，有选择地收集信息，倾向于在群体内部保持一致或拒绝批评"。这种群体的狭隘关注十分普遍，以至于军方将其命名为"小团体情绪的放大"。《简氏防务周刊》将其定义为一种趋势，即"一个人只听取那些已经达成一致意见的人的想法，强化既定信念，并创造出一种很容易导致误判的局面"。[30]

在这些高风险的讨论中，当评估不那么重要的事项时，另一种较无意识的心理过程也会进一步导致观点的过早趋同：小组成员在不知不觉中只谈论他们共享的信息，而不是每个人独有的信息。[31]假设鲍勃对新产品的开发过程以及市场规模非常了解，但是对产品的技术规格了解甚少；而切尔西对产品的历史和技术规格了解很多，但对产品的市场一无所知。鲍勃和切尔西很可能会花费大量时间谈论他们俩已经知道的东西——产品的历史，却错过了彼此学习的机会。人们倾向于谈论每个人都知道的信息，因为存在更多共同的讨论基础，并且这样做通常也会让讨论更加愉快。

如何应对趋同思想的双重来源？有一个简单的方法。为了避免自我审查的影响，请不要以"让我们轮流发言，看看大家怎么想"来开始会议，这会抑制思想的产生。最好让每个人写下自己的想法和需要讨论的相关信息，然后让一个人大声朗读出每个人的想法。这样一来，随后讨论的事实、选择和注意事项往往会范围更广，审议也会更加明智。另一种防止讨论范围过早缩小的方法是，将大家分成几个小组，然后共享每个小组努力的成果。

克服共享知识的影响则更加困难。仅仅让小组讨论更长的时间，从而希望最终讨论出需要的信息，往往没有多大帮助。增加小组成员的数量也很难促进所讨论内容的多样性。让具有不同领域专长的人参与讨论可以提供帮助，但当专门指定一人找出隐藏的信息，并确保具有专门知识和不同观点的人都能发表自己的观点时，这样做才是最有效的。[32] 会议室里最有智慧的人可能只是建议了相关的策略。那个最有智慧的人可能就是你。

回顾和展望

人们试图定义智慧时，通常会强调实践知识和社交敏锐度，而不是智力或"书本式聪明"。正如我们在前言中提到的那样，韦氏词典对智慧的最终定义是"良好的判断力"，这一定义突出了在处理日常生活的机遇和挑战时运用所学知识的能力。正是本着这种智慧观的精神，我们撰写了本书的后四章。

如果我们不认为我们的领域所提供的智慧可以帮助解决各种紧迫的实际问题，我们就不会写这本书（或从事社会心理学工作）。概括来讲，我们建议多了解细节，尤其是你想要改变其行为的个体身处的情境力量网络中的微妙细节（第二章），以解决实际行为问题。同样重要的是去了解面对这些力量的人如何解释这些力量（第三章），并要注意各种各样的滤镜和视角，可能会引导和扭曲这些解释（第五章）。

然而，我们最先讨论的，是一个最常见的人类误解的根源，几个世纪以来智者一直呼吁关注它：人们倾向于把自己的看法和反应看作是事物

"原本的样子"直接的、客观的、真实的反映，而不是个人主观解读的产物（第一章）。我们还引入了一个关于信念和行为之间联系的批判性见解：人们所采取的行动不仅反映了他们的感受和信念，而且还有力地影响着他们的感受和信念（第四章）。事实上，当我们了解到人类需要在行为中找到意义，并在许多情况下会为这些行为辩护或使之合理化，我们便找到了一个考虑实际问题的宝贵工具。

在前五章中，我们主要在个人的思维层面进行阐述。在进一步讨论之前，让我们思考一下，这五章所描述的因素在特定社会或文化中的结合方式。在我们没有意识到的情况下，文化为我们提供了镜头和滤镜，我们正是通过这些镜头和滤镜，感知发生在我们身边的事件，以及呈现在我们面前的挑战和机遇。文化并不仅仅是"头脑中的东西"，它包括我们所处环境的物质特征——我们所居住的房屋的种类，商店、学校和会议场所的设计，以及支配我们许多行为的法律和习俗。它直接或间接地决定了我们的选择，以及哪些行为会被视作有益的、可耻的甚至是不可想象的。

当提到文化时，我们往往想到其他文化，尤其是那些与我们的文化截然不同的文化，在这些文化中，人们从事奇怪的活动，吃奇怪的食物，沉迷于奇怪的迷信，并对什么是"美好的生活"持有奇怪的看法。把自己的生活方式视为理所当然，同时认为其他文化中人们的生活方式需要用他们的生态或历史特殊要求来解释——再没有比这更明显的朴素实在论了。我们也很难理解世界上许多人认为我们的文化很奇怪。实际上，人类学家乔·海因里希和他的同事创造了首字母缩写 WEIRD（Western 为"西方"，Educated 为"受过教育的"，Industrialized 为"工业化"，Rich 为"富裕"，Democratic 为"民主"），以此提醒我们注意自身文化特征，这些特征将我们的文化与世界上许多地方区别开来。

回顾和展望

在前五章讨论了一些原理，以及在这里对我们特定文化视角进行警告性说明之后，接下来在第二部分，我们将讨论世界各地的个人和社会所面临的四个重要问题。在第六章中，我们将勾勒出关于人类幸福的心理学视角的轮廓，讨论当代研究在幸福与不幸福的人和社会的特征，以及我们可以通过做些什么来过上更幸福的生活方面带给我们的启示。

在第七章中，我们着眼于讨论人类幸福和福祉面临的持续性威胁——冲突问题，这些冲突源于不同的人想要和需要不同的事物，并且感觉到他们的需求比不认同他们的人的需求更为正当。在这章中，我们将特别仔细地研究一些心理阻碍，这些阻碍将群体禁锢在冲突中，阻止双方达成协议，过得更好。

在最后两章中，我们重点讨论所谓的"难题"（第八章）和"更难解决的问题"（第九章）。"难题"是指如何提高高危学生群体的课堂表现。我们讨论了一些有效果的心理干预策略，这些策略虽然范围有限，但可以驱动良性循环，从而使学生和教育者的努力能互相强化，以期取得更显著的成绩。"更难解决的问题"是应对气候变化的问题。我们会主要从心理层面考虑：为何虽然我们想让后代继续享受人类在过去几千年中繁衍生息的优良环境，却很难下定决心并调配所需的资源。我们也提供了一些潜在的有效策略给相关从业者和负责任的公民，提醒公众注意问题的各个方面，并着手解决问题。

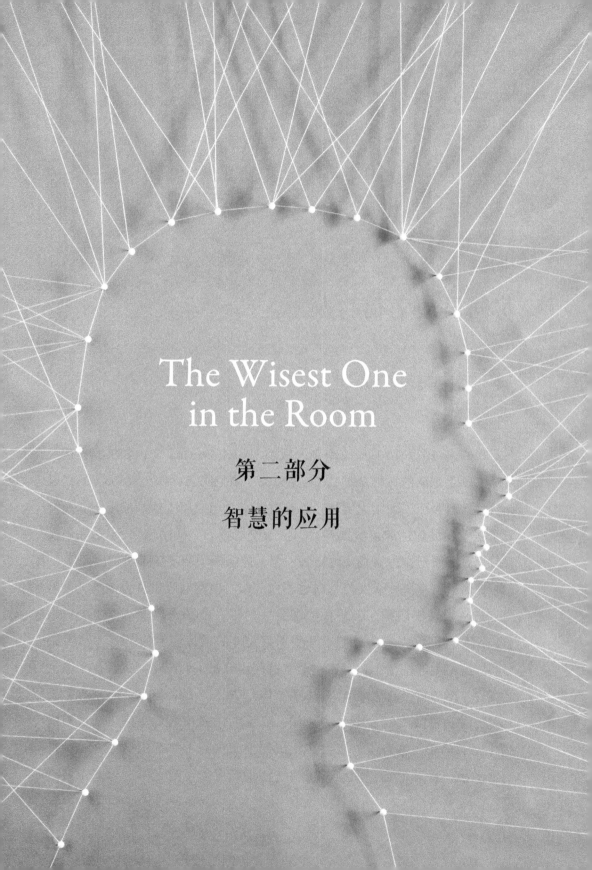

第 六 章

房间里最幸福的人

1993年10月14日晚，马克·祖潘（Mark Zupan）外出和佛罗里达大西洋大学足球队的一群队友在Dirty Moe's酒吧喝酒，Dirty Moe's酒吧以低价位饮料吸引了大学生群体，并且放宽了对未成年人饮酒的限制。在喝下了很多在场球迷的免费饮料后，祖潘说他感到"一团糟"，于是在午夜时分离开了酒吧，打算找个地方睡一觉。他选择了朋友皮卡车的后座。

他的朋友克里斯·艾格那时也不太舒服。他在酒吧里昏昏欲睡，凌晨两点被一个保安叫醒，告诉他酒吧要关门了，他必须离开。他坐上皮卡车，认为自己可以安全地把车开到两英里外的宿舍。但他不能。他从95号州际公路上的一个出口下来时速度过快，失去了对皮卡车的控制，撞上了栅栏。撞击将祖潘从皮卡车上弹射出来，甩进了一条排水渠。

祖潘躺在微咸的水中无法动弹，双腿也失去知觉。艾格不知道祖潘躺在皮卡车后面睡着了，也没有意识到他朋友的不幸。值班警官给艾格戴上手铐并将其带走，而拖车司机在要将其皮卡车拖走时，丝毫未注意到祖潘的存在，于是他仍旧躺在水沟中，手臂紧抱树枝，以便头部保持在水面之上。第二天被发现时，他被紧急送往医院，医院做出了毁灭性的诊断：他的脊椎严重受损，他将作为截瘫患者度过余生。

你可能会认为，任何遭受这种命运的人都会陷入深深的沮丧，再也无法获得原有的幸福。但是后来成为轮椅橄榄球冠军的祖潘，却不这么认为。相反，他认为：

> 事实上，这场事故是发生在我身上最好的事情。我说这话不是未经思考，也不是想为自己的错误辩解，更不是想给你一碗热气腾腾的狗屁鸡汤。我想说的是，这是我一生中最重要的一件事。如果没有它，我就不会经历我所看到的事情，不会做我所做的事情，也不会遇到这么多不可思议的人。我不会成为世界级的运动员，我也不会像现在这样理解我的朋友和家人，感受他们对我和我对他们的爱。[1]

自从受伤后，祖潘开始充分地体验生活，这是人类精神的非凡胜利。许多人说他们"宁愿死"也不愿成为截瘫患者。但是，尽管祖潘的成就非凡且令人振奋，但他的康复过程和积极的心态，却并不像你想象的那样不同寻常。大多数失去四肢功能的人继续过着充实的生活，与其他所有人一样欢乐（或悲伤沮丧）。实际上，在一项研究中，86%的因脊髓损伤而瘫痪的人说他们的生活质量"一般"或"高于平均水平"，四分之一的人说他们的生活接近"理想状态"。[2]

马克·祖潘的经历有力地证明了人类的适应能力。我们每个人都可能会遭受不幸和损失，但是，即使可怕的事件重创了我们，使我们沮丧，大多数人还是会逐渐恢复正常生活。面对逆境，适应能力是我们最大的财富，是我们所有人都能从中受益的品质。当其他人面临逆境时，了解这种能力可以让我们成为为他人提供支持和远见的人。有智慧的人知道，简单地说"别担心，你会好起来的"或者"往好的方面看"不太可能有帮助。我们在第一章中进行了详细讨论，朴素实在论无处不在，当有人告诉你你的感觉不适合这种情况，或者你告诉别人你对他们未来的展望比他们自己的更现实时，这一点再明显不过了。

当然，使我们超越失望和创伤的相同心理，也限制了我们持续维持积极情绪的能力。一位朋友声称，如果她的肿瘤活检是良性的，她将再也不会因小麻烦而烦恼。一位在职母亲坚持认为，如果老板能给她加薪10%，她会更加快乐；如果她在彩票中大赚一笔，她将永远欣喜若狂。一个兄弟坚持说，如果梦中人答应他的求婚，他将是世界上最幸福的人。现实情况是，尽管这样的结果确实带来了快乐，但随着时间的推移，可以预见这种快乐会消失，而且往往会很快地消失。

人们习惯于生活环境的变化，它们带来的痛苦或快乐会随着时间的推移而减少，这并不是什么了不得的启示。正如我们在前言中所提到的，苏菲派早期诗人的话（希伯来圣经也有提到）概括了一个洞见："这也终将过去。"即使是我们当中最有智慧的人也会惊讶于适应能力是多么强大。事实上，尽管五分之四失去肢体功能的人认为他们的生活质量"一般"或更高，但照顾脊髓损伤患者的医生和护士中，只有不到五分之一的人认为，如果他们遭受这样的伤害，他们的生活也会同样令人满意。[3]

祖潘的幸福

当这些医疗专业人员想象自己陷入病人遇到的困境会是什么样时，他们意识不到的是什么？要理解马克·祖潘的经历以及其他很好地应对了逆境的人们的经历,我们就需要考虑他说的这句"这场事故是曾经发生在我身上最好的事情"是什么意思。他在说哪个"我"?如果他谈论的是《金普》(Gimp)一书的作者,那么他的主张似乎并不牵强,因为这个人克服了巨大的不幸并为自己创造了有意义的生活。但这当然不适用于在事故当天在沟渠中痛苦度过数小时的人,也不适用于忍受了数月的手术、导管插入术和痛苦后,身体才得以康复的人。同样,它也极有可能不适用于那些每天早上仅仅能从床上起来而不能像大多数人那样简单自如地跳出去面对挑战的人。

反思生命整体性和意义时的马克·祖潘与时时刻刻感受着生命的马克·祖潘截然不同,这两个不同的自我可能对这场意外有截然不同的感想。他可以非常真诚地相信这是"发生在他身上最好的事情",但他也承认,如果他能"重新生活",他不会选择再次经历这场事故,更不会希望它发生在儿子、侄女或任何陌生人身上。

这种区别部分地体现在瞬间的愉悦感(或此类瞬间的总和或平均值)与哲学家所谓的"幸福感"之间的差异上,"幸福感"是一种更宽泛的感受,源自一个人认为生活值得、有意义并且美好。一些研究中,志愿者们在智能手机发出哔哔声时报告他们在那个时刻做了什么,以及他们有多高兴。在这些研究中,志愿者们一直认为看电视是很愉快的事。[4]但是在看了一天电视之后,很少有人感到很快乐。每逢观看新的电视节目时,观众都很高兴,但用了几个小时看重播和真人秀的人回顾起来却觉得并不高兴。这两种观点都是正确的:看电视的人无疑体验到了一些乐趣,但在电视屏幕前一坐就是几个小时的自我厌倦和自我批评也是真实的。

父母对此也很熟悉:父母抚养孩子,需要在孩子腹绞痛的几周内保持镇静,在黎明前开车带孩子去游泳后保持清醒,在孩子青少年叛逆时期保持文明,这些时刻和日常的经历绝大部分都不愉快。然而,许多父母还是会说，在这样的困难中坚持不懈抚养孩子是他们一生中最有意义的事情。[5]

我们在思考祖潘关于他的好运的断言时，还有一些事情需要记住：注意力的狭窄焦点，以及我们在第五章中讨论过的支配我们看法和判断的镜头和滤镜。当被要求思考像祖潘这样的命运时，我们关注的是成为截瘫患者的前景以及随之而来的行动能力上的丧失，这显然是可怕的。从跑步、走路、站立和下床都轻而易举的人转变成残疾人确实是痛苦的。这一点没错。截瘫患者在事故发生后的数月内，通常会感到沮丧。甚至在很久以后，日常生活的不便和艰辛也是导致他们沮丧的原因。但是，当我们假想自己成为截瘫患者时，我们没领会到的是那些与残疾做抗争的人，不会将所有时间都花在"当一个截瘫患者"身上。

他们也是享受孩子成功的父亲，喜欢吃橙石榴芝麻酱鸭胸脯的美食家，或者喜欢阅读自己喜爱的作家最新小说的读者，他们的快乐程度至少和那些没有残疾的人一样。实际上，我们猜想在这些活动中他们的乐趣增加了。孩子的大笑，爱人的抚摸，或者看到"其他电视台"选举报道时的愤怒，都会成为他们注意力的焦点，并主导他们的情绪。至少在那些时刻，截瘫患者的生活与他们从未失去肢体功能时的生活没有太大区别。

这种注意力的狭窄焦点也会影响人们对可能改变他们生活的措施的看法。在一项研究中，生活在美国中西部的人们被问及，如果他们生活在加州是否会更幸福。这自然会导致人们关注这两个地区最明显的区别：天气。与灰蒙蒙的天空和积雪相比，大多数受访者都更喜欢蓝天和温暖舒适的气温，他们说在加州会更快乐。但是调查清楚地表明，中西部的人平均而言和加州人一样快乐。[6]这项研究的参与者没有考虑到的是，在我们日常生活中，大多数时候，天气，甚至更重要的工作或身体健康的变化，都不会映入我们脑海。

有智慧的人会在个人做出决策和向朋友提供建议时关注这种聚焦效应的影响。有智慧的人也会意识到,对生活质量的总体评价不是简单地把痛苦和快乐的时刻加起来。相反,这种评价是由我们赋予日常经历的更广泛的意义决定的。清理海滩究竟是一种枯燥的义务性的活动,还是一个令人满意的机会,能在志趣相投的同伴的陪伴下,按照重要价值观行事?想想美国宇航局的两个看门人被要求描述他们的工作的故事。其中一人说其工作是清理和维护实体工厂,另一个说是帮助把宇航员送上月球。不难猜出哪个人觉得他的工作更令人满意。

精心策划的幸福追求

那些我们大家都熟悉的可以决定幸福的因素中,有些因素(如适应性)甚至比你想象的还要强大。当我们思考未来,做出我们认为会让自己更快乐的选择时,另一些因素(比如金钱)的影响则比我们想象的要小。当人们的经济状况得到改善时,他们会更加快乐,当然压力也相应减轻,但是"金钱买不到幸福"这一陈词滥调在很大程度上也是正确的。[7] 中了彩票确实使人更加快乐,只是不像他们希望的那样快乐,也没有我们其他人想象中自己得到相同的意外财富时那样快乐。[8]

很少有人会觉得奇怪,当涉及财富和物质时,我们与周围的人进行比较的结果是非常重要的。门肯清楚地指出了这一事实,他将财富定义为"任何一年的收入都要比妻子姐姐的丈夫多至少 100 美元"。[9]

更少有人会觉得奇怪,幸福研究者发现,令人满意的社会关系和简单地与他人相处,有助于提升幸福感。[10] 为他人服务也是如此。[11] 而提高智慧的关键在于,认识到这些关系的力量,以及如何发挥其影响力。

第二部分　智慧的应用

谁是最快乐的人

你认识的某些人似乎比其他人更快乐，而且研究证实，对于同一个人而言，他自认为的快乐程度与朋友和同事认为的他的快乐程度之间，存在很高的相关性。他们的秘密是什么？当然，部分地取决于他们的生活环境。总体上看，拥有好工作且人际关系融洽的人比不具备这些条件的人要快乐。正如西格蒙德·弗洛伊德在给卡尔·荣格的一封信中所说："工作与爱情，爱情与工作——就是一切。"

但是弗洛伊德显然遗漏了一些东西，例如玩耍、欢笑或停下来享受大自然的美。更广泛地讲，无论是日常经验还是实证研究都表明，客观因素（例如人的工作质量或社交生活）并不能说明全部情况。不管上述的客观条件如何，有些人似乎就是比其他人更快乐或更不快乐。我们已经听过了太多的心灵鸡汤，比如"面对半杯水，有人看到半空，有人却看到半满"；比如"细数属于自己的幸福"；又比如"当生活给你的是柠檬，就把它榨成柠檬汁"。也有一些有趣的研究显示，在同样的情况下，相比于不那么快乐的人来说，快乐的人对生活中的挑战所做出的反应方式，可以保护他们免受挑战带来的不如意。

在前文讨论的发现中，我们提到人们在面对两个有吸引力的选项时，往往倾向于诋毁那个被拒绝的选项，这也是缓解认知失调的一种方式，而快乐的人就往往不会这样做。这一发现源于李和他以前的学生索尼娅·柳博米尔斯基所进行的两项研究。一个实验是让一些大学生在几份美味的甜点之间进行选择，另一个实验是让一群已经被大学提前录取的高中毕业生评价录取他们的学校。在这两个实验中，学生越觉得自己快乐，他们贬损自己拒绝的那个选项的可能性就越小。在第一个实验中，最快乐的大学生们品尝了黑森林蛋糕，而并没有诋毁作为另一个选项的林茨蛋糕（也许他们明天会选择享用）看起来有些不太新鲜或没食欲。在第二个实验中，最快乐的高中毕业生们觉得如果再选一次，他们同样期待就读那些他们拒绝掉的学校，如斯沃斯莫尔学院、哥伦比亚大学或他们所在州的州立大学，而并不会说它们的坏话（同时也不会疏远选择这些学校的同学）。⊖ 12

进行社会比较往往会减少人们从好事中获得的欢愉（想想门肯吧）。在另一项研究中，实验对象们被要求为孩子们上数学课，并得到"你们干得还不错"的反馈。一部分人只收到这一反馈，而另一部分人同时也得到了"还有其他对手干得比你们更好"的反馈。那么这两组人得到的反馈的区别，在多大程度上影响了他们对自己表现的满意程度？对于那些觉得自己相对不快乐的人来说，是很大的程度；而对于那些觉得自己快乐的人来说，则根本没有影响。13

和身边的人相比，快乐的人在回想曾经时也有所不同。研究者在要求以色列退伍军人回忆自己服役的高光时刻和低谷时刻时发现，比起同事，更快乐的退伍军人更倾向于将他们对美好时光的回忆视为幸福的持续来源，而不太愿意在当下和"过去的美好时光"之间进行对比。快乐的退伍军人也不太可能让那些最糟糕的服役经历成为持续的精神负担和不满之源。14

这些发现引出了一个关键问题——影响的方向问题。会不会有些人因为具备心理学知识和个人经验，主动地以可以使他们快乐的方式，来看待这个世界并对一些事情做出反应？或者会不会有些人（因为天生的基因构成、和谐的家庭环境或接触过正确的榜样）感到单纯的快乐，并因此倾向于以能进一步提高他们的幸福感的方式来观察并回应这个世界？

⊖ 并不是快乐的人无法维护自己的自尊和幸福。本实验中这些快乐的高中毕业班学生并不是无意贬损拒绝他们的学校，实际上，这一点上快乐的学生比不那么快乐的学生做得更过分，他们只是觉得贬损自己主动拒绝的学校实在是没必要。

这两个过程可能同时在一种良性循环中运行（或者，对于不快乐的人，这是一种恶性循环）。但是，通过这类研究，可以得到的重要信息是，聪明的人做了一些事之后会变得更快乐。第四章关于行为至上的讨论，为我们提供了一些人生经验：活得像一个快乐的人，你会发现做个快乐的人其实不难。不要把你的精力浪费在贬损那些未走过的道路或未做出的选择上。避免进行社会比较，以免你陷入困境。体验过去的辉煌时光和过去所享有的祝福，而不是专注于当下生活中缺少的事物。但同时也要寻找有助于你获得幸福的经历。不幸的是，这种建议嘴上说说简单，但真的做起来却很困难。不然，岂不是世界上人人都会开开心心的？

数不胜数的图书就如何提升幸福感提出了具体建议。这些作者中的许多人都是受人尊敬的研究人员，他们的研究为建议提供了基础。[15]你可以在书店的心理学专区找到它们，所以我们就不在这本书中大量总结文献了。同时我们也不会逼迫你丰富社交生活，选择一个暖心的伴侣，或者找到一份悦人的职业。（当然，大有裨益的社交生活、爱着你且富有激情的伴侣或一份充实的职业，这也不是你想有就有的）。相反，我们提供了一些实用的想法，我们认为这些想法对于追求幸福特别有用。这些想法基于我们两个人从自己的实证工作中获取的一些准则，而且我们的朋友和同事们的经验和观察都验证了它们的效用。最重要的是，这些想法里提到的很多事都是由你自己掌控的。

注意巅峰和终点

想象一下，你和你的家人正计划去夏威夷的"花园岛"——考艾岛旅行。就像大多数人一样，由于旅游预算有限，你需要做出一些取舍。一种选择是节省开支——在距海滩四分之一英里的地方租公寓、避免在餐馆用餐，这样你就可以住两周。另一种选择是停留较短的时间（也许仅一周），然后挥霍掉省下来的钱，在海滩旁租一间房子，听当地传奇人物演奏悠闲的吉他曲，然后在最后一天乘直升机在岛上飞行。你会做何选择？

心理学研究为这种数量与质量的权衡取舍提供了明确的答案：选择较短却更难忘的假期。当你回到家中或上班时，愉快但没有特点的两周与一周没有什么不同。但是，当你体味在清晨和黄昏时漫步海滩时的记忆，当你回放品尝朗姆酒时听到的现场音乐，以及当你回想从空中看到纳帕利海岸的景象时，这些美好的记忆会伴你一生。

这种选择不仅仅适用于计划假期。丹尼尔·卡尼曼及其同事所进行的开创性研究，提出了一个"峰终定律"。我们对任何经历的记忆——那些持续存在并决定我们长期喜恶的记忆——通常被最大喜大悲的片段和最终的瞬间所占据。正如卡尼曼所指出的，这一理念很好地体现在米兰·昆德拉的小说《不朽》的一句话中："记忆不是拍电影，而是拍照片。"真正能被记住的是这些记忆片段中的精彩瞬间。你能记住抽象的"我在夏威夷度了两周的假"，而对假期的整体体验和挥之不去的感受，之所以能被记住，并不取决于度假时间的长短。

有一项关于快乐生活的这一事实的研究中，卡尼曼让一组参与者观看了一系列令人愉悦的图像或视频片段，如小狗、企鹅跳入水中、海浪拍打在沙滩上等。另一组人则看到了令人不悦的图像，如阴森的残垣断壁、广岛核爆后的废墟及大规模的动物宰杀。这两组参与者观看视频片段的时长因人而异，同时他们都被要求不时调整刻度盘，以表明每个片段对他们而言有多么愉快或不愉快。全部看完后，他们被问到整体体验如何，有多愉快或不愉快。

卡尼曼和同事们发现，图像和视频展示的时长对参与者们的观看体验影响很小。相比于看到较少可怕事物的人，看到更多可怕事物的人的观看体验并没有更糟糕。最能预测参与者总体评价的，是那些最能震撼感官的内容和最后的内容。残垣断壁的破败程度在参与者们形成负面印象的过程中起到了很大的作用，而观看凋敝场景的时长在形成负面印象的过程中并没有起到很大的作用。同样地，小狗的可爱程度在参与者们形成正面印象的过程中起到很大的作用，而观看小狗片段的时长也没有什么影响。[16]

"峰终定律"还被意外地应用在现实生活中的另一个领域，即在非麻醉状态下对患者插入肠镜。当插入肠镜到结肠的最远端时，患者会感到异常痛苦。通常情况下，肠镜到达此位置时已是在该治疗流程的最后阶段，这之后医生会快速拔出肠镜。患者们一般会记得这一过程的痛苦，并且在未来五年内拒绝再遵医嘱，继续进行这一治疗流程。卡尼曼和同事们让医生尝试另一种方法，把"峰终定律"运用到这一问题中。他们让医生不要在患者最痛苦时马上拔出肠镜，而只把肠镜的大部分拉出，让剩余的那一小段肠镜在结肠末端多停留一小会儿（这在医学上是没必要的）。

应该强调的是，肠镜留在直肠里的这段额外时间并不令人愉快。确实，这段时间依然痛苦，但痛苦程度比之前肠镜深深插入时要减轻了不少。因为这段额外的插入时间，患者显然遭受了更多的痛苦，但相比于接受传统治疗过程的患者们，这一群患者认为，他们遭受的痛苦要轻一些。实际上，在改变流程后，有七成患者同意进行医生建议的后续疗程，这相比于常规治疗流程后不到两成的后续治疗率，已经有了巨大进步。[17]

这对于规划享乐的启示很明显。例如，在计划假期时，为了得到更好的休闲体验，牺牲一些休闲的时长是个不错的选择。如果你能在休闲时光结束的那一刻获得最好的体验，那就更好了。如果不是这样，请确保在结束你的旅程前，至少安排一些让人高兴的活动，如在旅程的最后一个傍晚看一次日落或吃一顿精致的早午餐，而非匆匆忙忙地到处买小礼物或纪念品，然后着急忙慌地打包行李奔向机场。同样，当你为一连串令人不快的琐事所烦，请不要把最麻烦、最恼人的事放在最后。如能把一些稍显轻松的琐事放在最后做，那就会更好了。

你将永远拥有巴黎的记忆

假设你是一名偏爱葡萄酒但预算有限的加利福尼亚人。你是打算将有限的资金花在购置葡萄酒架上，以便在你的地下室以更合适的温度和湿度来贮藏葡萄酒，还是花在某个下午去附近葡萄园来一次品酒旅行呢？如果我们以传统的投资方式来考虑，这有限的预算是该选择购置如酒架这种能长久使用的物品，还是花在如品酒这样的短暂体验上（或可引申为在获得更持久的资产和一次性的愉悦体验之间进行选择），答案似乎显而易见。鉴于资产将存在很长一段时间，而体验只是一闪而过，把钱变为有形资产不是更谨慎的投资吗？可能是谨慎的，但算是有智慧的举动吗？可能不算。

研究结果和个人反思都表明，在这种看似谨慎的计算中，有些事情被忽略了。我们都很熟悉获得新的沙发、汽车或卡布奇诺咖啡机时的欢愉心情。新沙发上的布闻起来清新、干净；新汽车的引擎发出轰鸣，没有一点杂响；新卡布奇诺咖啡机打出的泡沫花非常丰富。但是不久之后，我们就不再注意新沙发的气味，不再关注引擎的声音，不再欣赏咖啡机打出的花有多么好看。对于我们大多数人和大多数所有物而言，这些起初令人愉快的事物很快就会淡出我们的心理视野，几乎没有持续的收益。

体验购买不太可能从这种心理视野中消失。当要求人们对过去一个月、过去一年或过去五年内，所进行的最重要的实物购买或体验购买进行评分时，他们回答说体验购买更令人满意，因为体验购买能提供更多快乐并表明钱"花得很值"。[18] 实物购买和体验购买最初会提供同样多的幸福感，但是实物购买的快感会逐渐消退，而体验购买所带来的享受会更持久。[19]

在我们讲述的故事中，在我们珍惜的回忆中，在我们获得的认同感逐渐增强时，以及我们获取个人成长时，体验购买持续存在，并在其中提供更多持久的乐趣。正如汉弗莱·鲍嘉在《卡萨布兰卡》结束时对英格丽·褒曼所说的那样，"我们将永远拥有巴黎的记忆"。确实，体验并不单纯地持续着。随着时间的推移，记忆会变得更美好，因为我们只留下最好的部分，而对最坏的场景轻描淡写。某一次露营之旅，雨落不停，一只熊偷走了大部分食物，还有对夫妻在附近的帐篷里互相吼叫，直到凌晨时才消停。而等过段时间回想起这次露营时，我们想到的不是"地狱露营"，而是"地狱般热闹的露营"。⊖

体验购买能比实物购买提供更多、更持久的满足感，不仅是因为适应性的差异和记忆的温暖。体验购买也不太可能引发会导致快乐减少的比较，如与别人有的或我们曾经有的进行比较。例如，想象一下，你刚刚购买了一台新的笔记本电脑。你刚从包装盒中取出电脑并检查了所有功能，就听说熟人也以大致相同的价格购买了一台笔记本电脑，若他的电脑还比你的有更快的处理器、更大的内存和硬盘容量，以及更高分辨率的屏幕，你会觉得有多烦？特别烦啊！当别人，尤其是那些你不特别喜欢的人胜过你时，是会让人很不开心的。实际上，就算不与人比较，仅仅是在广告上看到有电脑配置更好，但价格相当甚至更低，也很可能

⊖ 实物商品和体验商品的区别并不是固定的。比如，自行车和汽车很明显是实物商品，但骑起来和开起来也是一种很好的体验。又比如，有些物品，尤其是纪念品，像家族中奶奶辈留下来的结婚戒指或孩子的第一根球棒，都随时间推移变得更加有价值。人们之所以留着这些物品，是因为它们承载了太多的美好体验和记忆，一想到这物品所系的珍藏回忆，人们就感到心安。实际上，当参与者们被要求回忆电视和一箱 CD，一部分人仅将其当成实物，另一部分人则当为体验时，当为体验的人感到更快乐。[20]

会让你暗暗感到后悔。

现在想象一下，你不是把钱花在笔记本电脑上，而是花在海滩度假上，那里天气晴朗，当地人很友好，你的同伴也是很好的伙伴，并且你还有充足的旅行时间。同样地，假设你发现其他人，甚至你不喜欢的人也在该海滩度假，但天气更好，住的酒店层次更高，食物更加丰盛，而价格却降低了。或者简单地假设你只是看到了一个广告，旅行费用更优惠但度假活动更丰富。你对此有多难过？用着差一些的电脑让你心里不舒服，那引申一下，这种不利于你的比较，会降低你对旅程的满意程度吗？你可能希望与买到好电脑的人做个交换，但你是否情愿交换假期呢？

托马斯和他之前的学生特拉维斯·卡特所做的研究表明，我们做任何事都不免和人比较，但于己不利的比较对购买体验，如度假或听音乐会等活动的愉悦程度影响较小；而对购买实物，如买笔记本电脑或大屏电视的愉悦程度影响则较大。[21] 在车、房、衣服方面，人们不吝投精力、投钱、投感情以便追上同一阶层的人，却不求在度假时、去餐厅用餐时或去剧院观剧时能比得上。换句话说，对体验的评价往往更多是依自己的观点来进行的。别人购买的体验比我们要好时，我们不太可能觉得不爽。即使客观来讲别人的经历"更好"，我们也不希望与他人交换记忆、照片或故事。同样地，我们并不希望与同事交换假期或去音乐会的经历。

在对比过去和现在所带来的后果上，实物和体验也有所不同。一旦拥有了高档的汽车、器具或高科技设备，人们就很难再用回低档次的物品了。但是你在高档餐厅用餐后，再吃本地的汉堡店或比萨店里提供的食物还是会觉得很美味（人类经过进化，可以享受盐、脂肪和糖带来的美味，这也是垃圾食品的主要口味，要少吃，注意身体）。说到实物商品，对我们祖父母来说很奢侈的东西（如自动洗碗机、电视机、空调等），如今被我们的父母理所当然地视为稀松平常的生活必需品。而现在，对我们父母来说很奢侈的东西（第二辆车、平板电视、手机等）现在被视为美国中产阶级的必备之物。

心理学家将其称为"享乐跑步机"，人们必须跑得更快，积累更多才能维持享乐的状态。[22] "享乐跑步机"的概念解释了为何在发达国家，尽管人们因为时代更迭拥有了更多的财富，生活水平也有了长足进步，其幸福感却没有增长。[23]

体验会促进社会联系，这是它往往会提供更持久的满足感的另一个原因。大多数体验是与人共享的，比如，我们与朋友共进晚餐，与家人一起度假，与志同道合的同伴一起听音乐会、远足和观看体育赛事。即使我们独自一人用餐或度假，回到家或上班时，我们也会迅速与他人分享我们的体验。相比于向他人讲述自己买了什么实物，人们会更多地讲述自己的经历，他们（和他们的听众）也更喜欢这样。[24] 在关于这种差异的一项研究中，几组大学生被要求通过对话的方式相互认识，内容仅限于自己的体验购买和实物购买。一段时间后，谈论自己经历的小组比谈论自己财产的小组更喜欢他们之间的对话和他们的对话伙伴。

体验也可以建立其他类型的个人资本。人们珍惜一些物质财富，有些人甚至认为物质财富成为其身份的一部分。但是，正是我们的体验，以及我们对它们的理解使我们成了我们自己。我们的财产可能是我们生活的重要组成部分，但它们却很少是我们自我的重要部分。[25] 这就是为什么文学作品和电影的一大突出主题就是个人的空虚，这些角色回顾自己的生活，意识到他们在物质追求上投入太多，而在发展有意义的关系和追求有意义的体验方面投入太少。

有智慧的人当然知道这一点。这就是为什么在文学作品或电影中，许多把大量精力投入物质追求的人，实际上都不是智者，这些角色通常要么遇到悲惨的结局，要么最终看到他们自己的错误（如狄更斯笔下的吝啬鬼斯克鲁奇）。

尽管到目前为止，我们在书中主要讨论了有智慧的个体会做什么，但这些道理同样适用于有智慧的群体。一些社群和集体会重点关注体验上的追求，如大力兴建公园、步道、海滩、自行车道等公共场所，使人们更容易获得满意的体验（西奥多·罗斯福非常明智，他率先建立了国家公园系统，小说家和保守主义者华莱士·斯泰格纳曾称这一系统为"我们有过的最好的主意"）。一些政客不关注公共体验资源的建设，只着眼于降低赋税和创造私人财富，这可能有损社会的集体福祉。

行动起来，去做吧

1975年秋天，布鲁斯·斯普林斯汀（Bruce Springsteen）走进了流行文化轨道。随着专辑《生而奔跑》的发行，他同时出现在《时代周刊》和《新闻周刊》的封面上。在纽约的底线音乐厅和洛杉矶罗克西剧院，斯普林斯汀和他的E街乐队进行了系列具有历史意义的表演，它已成为全世界的现象级事件。当时的摇滚评论家乔恩·兰道（后来成为布鲁斯·斯普林斯汀的经理）写下了著名评论："我看到了摇滚的未来，它的名字叫布鲁斯·斯普林斯汀。"

在罗克西剧院举行一系列音乐会之后，E街乐队前往加州大学圣巴巴拉分校，在罗伯逊体育馆的舒适氛围中表演。托马斯当时是位囊中羞涩的大学生，他的嬉皮士同学怂恿他买票，以体会这段历史性的旅程。但可惜的是，当时托马斯没听进去，没有买票，这导致他直到今天还一直后悔这事儿。

这个例子就是人们常说的遗憾的典型案例。我们大多数人倾向于将精力集中在未能完成的事情上，而不是专注于做了但没取得好结果的事情。

一项研究的参与者们被要求列出他们最大的遗憾,结果显示未做某事的遗憾比做过某事的遗憾要多一倍。把问题更具体化一点,他们一生中最大的遗憾是他们曾经做过某事还是未做某事,结果表明,选择后者的人是选择前者的三倍。[26] 我们不能认可一个上了年纪的花花公子的话:"我将青春的大部分时间都花在了酗酒、纵欲和娱乐上,其余的时间我都浪费了。"而亨利·詹姆斯的评论中蕴含着很多智慧:"我不后悔于我敏感的年轻时代中任何一次'放纵',我只后悔,直到我行将入土的晚年岁月,有些机会和可能我都没抓住。"[27]

研究清楚地表明,在遇到一些我们都会经历的困境,诸如"我应该还是不应该""我是投身其中还是置身事外"或"现在是合适的时机吗"时,谨慎地犹豫不决比冲动行事更可能让我们后悔。当然,有时谨慎是有必要的,每次都冲动行事既不睿智,也不是幸福生活的蓝图。耐克的标语"只管去做"过于笼统,过于简单。有些行为会损害人们彼此间的信任而且伤害他人,引发伴随终生的悔意(更不用说失去友谊、破坏婚姻或违反法律了)。若在驾车、开船或爬山时不够谨慎,或在摄入卡路里、酒精或致癌食物时没有节制,都可能会减寿。

尽管如此,至此我们得到的一大教训是,我们人类是主动追求目标的生物,当主动地做一些事情时,人们似乎最高兴。泰迪·罗斯福在自勉和对儿子们教导的过程中,总结了自己成功的一大要素就是"积极行动"。或者,正如著名的幸福研究者戴维·莱克肯说的:"很有趣……大多数可以给我们带来幸福的事……是主动而非被动的行动,它们也常常是建设性的——带来有用结果的活动。"[28]

当某人沉浸或专注于某项活动之中时,我们说他的状态是"心流",这一概念受到幸福研究者大量的关注。[29] 然而,如果不做任何事是无法进入这一心流状态的。这里所说的"活动"或"事"并不必是像园艺或远足那样的身体活动：请考虑阅读（或写作）和观看电视这两种静态活动之间的巨大差异。但是，走出自己的舒适区并积极与外界接触，即使不是身体上的，至少是在精神上与人交往或在艺术领域和人交流，也是找到幸福的关键。

主动行动获取幸福，能让人不再萌生悔意，这是有据可循的。例如，回想一下，当人们收到手机消息，让他们报告当时他们在做什么以及他们有多高兴时，在看电视的人会说自己挺高兴的。"看电视"的排名低于与朋友交往或做爱，但远高于准备饭菜或照顾孩子。但是，当研究人员问到更持久的满足感时，他们发现观看电视的时长与从中体验到的幸福感之间存在很强的负相关性。[30] 看电视、玩游戏或刷脸书就像吃甜甜圈或比萨饼一样：来一点会很满足，多了则会消耗精力并让人陷入深深自责。

有关青少年自尊的研究进一步印证了主动行动和增进幸福之间的关联。所有人都知道自尊会在青少年时期趋于下降，而且这种下降对女孩来说尤为明显。但是，参加集体运动的女孩能维持自尊。[31] 变得主动可削弱一些降低幸福感的事物对我们的负面影响。不过，这些结果都是相关性的，需要批判性地看待。例如，对上文提到的青少年来说，可能是自信促使他们参加活动，而自卑让他们远离集体活动，也可能是父母的鼓励和支持这一因素，既帮助青少年建立自信，也使他们更有可能主动参加课余活动，这都是有可能的。无论如何，我们对这些研究的解读使我们更确信，如果你感到有点忧郁，找点事做是明智的。出去散步、打电话给朋友、读那本你早就想读的经典小说，计划晚餐或假期，或者更好的是，做一些让别人更快乐的事。

通过主动行动来提高快乐感和幸福感的观点，也符合快乐感有进化功能的观念。正如托马斯在康奈尔大学的同事西蒙·埃德曼在《追求的幸福》（*The Happiness of Pursuit*）中所说的那样："有充分的理由可以说明为什么积累体验会让人感觉很好并促进幸福感的产生。人们积极探索新知、积累有关世界的信息，用以避开'命运的捉弄与折磨'……这在进化上是有意义的。从沙发起身到户外探险，我们的大脑所能收获的，是通过学习掌握新鲜事物的欢愉感。"[32]

这就是一句经常被引用的话"生活是一段旅程，而不是目的地"背后的心理学原理。进化使人们对主动行动和了解世界感到欢喜。努力和有所进步会提升快乐感，而拥有某种东西（如有价值的物品、奖项或者头衔）则很难达到前者的水平。这也是"享乐跑步机"背后的心理学原理。追求成就令人欣喜，但成就感本身很快便逐渐褪去。当我们将目光投向新的目标和要努力奋斗的新领域时，成就只能成为我们人生旅程的一段背景，再也无法提供更大的推动力了。正如莎士比亚所指出的："得到即完结，快乐的精髓在于过程。"[33]

你可以试着挑战我们的天性，比如回味取得过的成就，停下脚步闻一闻路上遇到的玫瑰花，缩小野心，减少欲望，过上更简单的生活。但这是一场斗争，赢过天性并不容易。至少在我们的社会中，一个有智慧的人会接受这样一个事实：无论在工作、娱乐还是享受温馨的陪伴和优美的环境所带来的快乐，当我们努力并积极地与世界产生联系时，我们是最快乐的。

幸福的两张面孔

假设明天某个时候，你将会感受纯粹而浓烈的某种情感，你希望是哪种情感？除非你有复仇的想法，否则你可能不会选择愤怒。除非你想继续追求一段没有结果的恋爱，否则也不会是悲伤。我们通常想感受的是积极的情绪。但是是哪一个呢？你想感到兴奋还是平静？激动还是平和？事实证明，你对这个问题的答案可能取决于你的成长背景和年龄。

李在斯坦福大学的同事珍妮·蔡进行了一系列非凡的研究，研究表明，不同文化间在对高唤醒和低唤醒的偏好上存在差异。在个人主义盛行的国家（如西欧国家、澳大利亚、新西兰、加拿大和美国等）生活的人们因丰富多彩、富于变化而感到幸福，相比平静与安宁的环境，他们更喜欢令人激动和兴奋的事物。[34] 他们似乎相信爱默生的主张"没有热情就不会成就伟大"，以及"世界属于充满活力的人"。而在人们之间更互相依赖的社会中（包括中国、韩国和日本），情况恰恰相反。他们谨遵道家的人生哲学"人能常清静，天地悉皆归"，以及佛陀所说的"如湖水清净，深沉而静谧，智者闻法亦如是，心境得安宁"。

在这两种不同文化中成长的孩子们，很早就接触到了蔡所说的存在于各自社会的"理想情感"。例如，对比分析美国和中国台湾地区最畅销的儿童读物可以发现，美国书籍中的人物笑得更灿烂，参与的活动更多。因此，可以预见的是，若给美国和中国台湾的孩子们展示两张笑脸，一张笑容灿烂一些，另一张笑容温和一些。与中国台湾同龄人相比，美国孩子更有可能说那个灿烂的笑容更显得快乐，而且他们希望也能笑得如此灿烂。实际上，中国台湾的孩子总觉得露齿的笑容令人恐惧。相似的分析表明，在西方杂志的封面上，封面人物和时尚模特往往笑得很灿烂，而东亚杂志封面上的模特的笑容则较为含蓄。

这些理想情感上的差异会影响不同文化中人们一生所追求从事的活动。当被要求描述理想的假期时，与亚裔美国人相比，欧裔美国人倾向于描述外出郊游，包括较多的体育活动和较少的放松活动。而在音乐品味上，与美国和西欧的人们所喜欢的音乐相比，东亚人所喜欢的音乐往往更安静，更舒缓。当然这些都是典型差异。不乏喜欢蹦极、跳伞和单板滑雪的东亚人，很多欧裔美国人和欧洲人只喜欢阅读、放松和听月光奏鸣曲。这项研究所揭示的是，认为亚洲人都是温顺隐忍的，以及认为欧美人都是外向的、行动导向的，这些刻板印象的存在确实有一定的道理。

有趣的是，这些刻板印象非常类似于西方世界的大多数人对年轻人和老年人的刻板印象。人们认为年轻人在剧烈运动中寻求乐趣，而老年人则更倾向于对安静、平和的追求。当"谁人"乐队的吉他手彼得·汤森德写道"我希望我能在变老之前就死了"，他可能指的是从一种精力充沛、热情奔放的生活到另一种沉静的生活的转变。这两对刻板印象集中体现为西方世界对青年人极为重视，而东方人对老年人非常崇敬。

顺便说明一点，汤森德对年老的担忧与相关研究不符——现已年过七旬的他或许已经意识到了这点。尽管人们倾向于相信幸福会随着年龄的增长而下降，但事实恰恰相反。老年人比年轻人具有更多的生活智慧，可以从增进幸福感的角度来思考事物本身及其结果。[35] 相比于刺激的事物，老年人更享受由平静带来的幸福，而这也是真实的幸福。[36] 有智慧的人都可以理解，更好的选择是接纳而非抵触随年龄增长而自然产生的从高兴奋到低兴奋的积极情绪的转变。

这里还有第二个需要说明的点，与第一章中讨论过的朴素实在论的概念有关。西方人可能会认为幸福只能来自兴奋和热情，觉得这就是幸福所在（想想爱默生和彼得·汤森德）。但这只是幸福的一种方式，东亚人和西方老年人所偏好的积极情绪同样真实且恰当。不同文化的族群或不同年龄的人群的观点和看重的事物仅是主观观点，而不是对事物真实状态的真实评估。

明智地切分馅饼

在关于幸福的科学文献中，有很多鼓舞人心的发现。但也许最令人振奋的是，相比于把钱花在自己身上，把钱花在别人身上时能获得更多的满足感。不列颠哥伦比亚大学的伊丽莎白·邓恩和哈佛大学的迈克尔·诺顿在许多研究中都证明了这一观点。[37] 在其中一项研究中，每名参与者都获得了 5 美元或 20 美元，他们被要求在当天下午 5 点之前把钱花在自己身上、花在他人身上或捐给慈善机构。实验结束后实验人员与参与者取得了联系，统计发现，那些被要求将钱花在他人身上的人表示比较幸福。在另一项研究中，实验者仅要求加拿大和乌干达的受访者回想一次自己把钱花在自己或他人身上的经历，而后再填写主观幸福感量表。那些被要求回想把钱花在他人身上的受访者感到更幸福。

当然，这一想法并非异想天开。人们早就被教导过，付出比接受更有福。犹太圣人希勒尔指出："我不为己，何人为我？但是，若我仅为己，那我成什么人了？"加州大学洛杉矶分校的传奇篮球教练约翰·伍登曾经告诉他的球员："如果没有为别人做点什么，那你就不可能有完美的一天。"[38] 尽管如此，看到利他主义的益处是受实证支持的，而不仅仅是人们希望这样做仍令人感到鼓舞。

利他主义是否不只让自愿行动的个人，也能让那些采用利他主义政策和财富分配方式的国家的国民获得快乐？更好地实现了经济平等的国家是否也趋向于更好地实现集体幸福？我们将在本章稍后讨论这个问题。让我们首先考虑一个细化的问题：人们（或更具体地说，美国人）认为哪种财富分配方式对整个社会最有利？当前美国主导性的政治格局是两极分化，有鉴于此，可以预见持不同立场的人在这个问题上会有非常不同的看法。自由主义者可能拥护丹麦或瑞典等"保姆国家"的方式，以便使社会上最弱势的群体能保有一定程度的安全和尊严，并照顾他们的健康、教育以及营养需求。保守党可能会坚持认为，这样的国家使民众产生依赖性，并且无法通过奖励的方式来倡导努力、进取和负责的社会风气。

但是实际上在这个问题上的两极分化比你预计的要少得多。迈克尔·诺顿和丹·艾瑞里询问一些美国的受访者：在美国，有多少财富"应该"归于国内前20%的人群、后20%的人群，以及中间各20%的人群。结果人们的分歧很小。不论是男是女，不论思想开放还是思想保守，不论贫富，他们在很大程度上都同意理想的财富分配模式。[39] 保守主义者和自由主义者可能对如何实现这一财富分配模式，以及如何制定财政收支组合政策持有不同意见。但他们都认同财富分配不平等的状况应控制在一定范围内。你也许会感到惊讶，他们同时认同的收入分配方式非常接近于瑞典的模式！⊖

如果明确地问保守主义者们，如果按照瑞典的模式来分配美国的财富，是否会对整个国家有利，那么他们中很少有人会做出肯定的回答。但是，在不提及任何特定国家的情况下，当被问及各20%的人口应获得多少社会财富时，这些保守主义者给出的理想的财富分配模式与瑞典当今的实际分配模式相匹配。

大多数美国人在财富的最佳分配模式上不仅达成共识，而且如果以最大限度地提高集体幸福感为目标，那么他们无疑是正确的。研究表明，巨大的贫富差距有损社会的整体幸福感。可以肯定的是，特权阶层享受着财富所带来的福利，并且当他们比周边的人生活得更好时，他们也更感到满意。但是很少有人喜欢看到别人处于匮乏和绝望之中。这样的比较可能会使那些受惠于经济繁荣的人感到内疚。最贫穷的人将自己的处境与其他人（更不用说富人和名人了）的舒适生活对比时，也会感到沮丧。

⊖ 请注意在诺顿和艾瑞里的实验中，参与者们被问到的是财产的分配，而非收入的分配。正如托马斯·皮凯蒂在他最近的畅销书《21世纪资本论》中所记述的那样，是不断扩大的财富差距而非收入差距，挑战了人们对社会公平这一概念的认知。

经济学家罗伯特·弗兰克和政治学家亚当·莱文以美国一百个人口最稠密，而收入贫富差距不等的县为对象，研究了有关幸福程度的各种客观指标。[40] 为了用数据展示不平等程度，他们设定了一个公式：（处于第 90 百分位的人的收入）÷（该县人口收入的中位数）。他们发现，那些居住在收入分配不平等的县里的居民，离婚的可能性更大，更可能申请破产，而且他们通勤的时间也更长。

这很难说是获得幸福的秘诀。婚姻不和与经济崩溃带来的损失是显而易见的。一个不太明显的事实是，长时间的通勤令人难以忍受，也成为人们对日常生活不满意的根源之一（因此，若你还有选择通勤方式的余地，最好还是找到一种减少通勤时间的方法，可能会使你更加快乐）。[41]

弗兰克和莱文认为，明显的收入不平等让人们提高了关于幸福、富足生活的定义标准。在看到富裕亲戚家更大、更豪华的房子前，一座 185 平方米的房子已经足够宽敞（当看到《建筑文摘》中一位科技公司亿万富翁的豪宅时，那个富裕的亲戚也会有类似的感觉）。在看到以前同学因从互联网行业的火爆中大捞一笔而买了辆雷克萨斯前，凯美瑞开起来也是又平又稳。与富裕的朋友、邻居或同事进行比较而引发的对自己所有物的不满，使人们想要更多更好的东西——更大的房子、更高性能的汽车、更高档的衣服，以及具有最新功能的电子产品。

但是，这种攀比的代价并不小，有时甚至不是钱就能解决的。人们需要更长时间的工作来满足竞争的需要，从而牺牲了与配偶和孩子在一起的时间，进而导致离婚的可能性升高。个人也可能不明智地冒着财务风险来负担更昂贵的生活方式，从而增加了破产的可能性。为了买得起更大的房子，许多人选择搬离工作地点附近的昂贵楼盘，导致通勤时间长，还疏远了以前的朋友、邻居和家人。所有这些选择都有损个人和集体的福祉。

我们所说的这种恶性循环并不是因穷人和富人比较所导致的。人们往往会与和自己差不多或高一点点层次的人对比。㊀ 然而，这些比较导致了人们都在社会经济这个梯子上爬得更辛苦。大家都能认识到自己和他人的差距，但都不甘心自己和别人的差距越拉越大。尽管大学教授不会将他们的房屋或汽车与对冲基金经理的做比较，但是，当对冲基金经理的房子越换越大，车子越换越好时，他们身外之物的升级换代也改变了成功的律师、医生和房地产大亨想要追求的目标。

基金经理们的消费方式确实会影响教授们对什么是"可以接受的"的看法，被改变的消费习惯进一步改变了教授们对需求的认知。因此，即使穷人或中产阶级从来没有直接将自己与富人相提并论，富人们的习惯也给非富裕阶层的人们感知幸福造成了负面影响——本来小富即可安，但看多了富人的生活后，非富裕阶层的人们也提升了幸福的定义标准，活得更累了。

收入不平等也可能是幸福的大威胁。图 6-1 展示的是美国 50 个州的命案发生率与收入不平等程度的关系（与弗兰克和莱文研究相比，衡量收入不平等的方法有所不同，采用了基尼系数）。[42] 这种相关性令人震惊：收入差距过大的州（如加利福尼亚州和路易斯安那州）的命案发生率比收入差距较小的州（如威斯康星州和犹他州）要高出许多。需要强调的是，不是某个州的整体贫富，而是收入不平等预示着高命案发生率。实际上，如果将命案发生率和某一州居民收入中位数的关系绘成图表，人们会发现其中没有明显的模式。如果你所在的州命案发生率很高，那你所住的州是穷是富并不重要，重要的是贫富差距。

㊀ 实际上比较是全方位的，不只是财富的比较，还包括智力的比较、吸引力的比较，看你是否具备打出漂亮的斜线反手拍的能力，还看你能否在圣诞节来临之际竭心尽力地装点屋子。

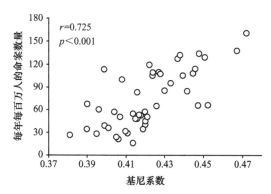

图 6-1　美国 50 个州的命案发生率与这些州的基尼系数之间的相关性

注：图源自戴利、威尔逊和瓦兹德夫，2001 年。

这一相关性也适用于加拿大的 10 个省。当在同一张图表上绘制加拿大和美国的命案发生率与收入不平等程度的相关性时，结果仍然很清晰。如图 6-2 所示，加拿大各省的收入不平等程度和命案发生率均远低于美国的 50 个州。当然，目前的数据只是相关性的，加拿大和美国在许多重要方面还是有所不同。然而，这两个国家的情况如此相似，让我们更应该提起重视：收入不平等的加剧最终会营造出导致反社会行为发生的环境。

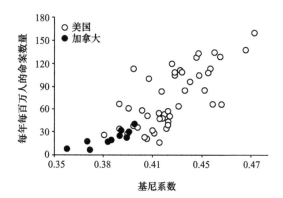

图 6-2　美国 50 个州和加拿大 10 个省的命案发生率与基尼系数之间的相关性

注：图源自戴利、威尔逊和瓦兹德夫，2001 年。

这是在鼓吹自由主义吗？并不是。回想一下，保守派和自由主义者都希望有一个世界，其财富分配制度比目前的美国更合理。他们意见分歧的是如何接近这个双方都满意的理想化制度。无可争议的是，现代全球经济已趋向于财富集中化，巨额资金掌控在金字塔顶端的少数人手中——包括首席执行官、金融家及其同僚，他们蚕食了金字塔下端的中产阶级和底层阶级的经济能力。那么，明智的经济政策就该惠及这些更广大的经济力量。[43]如果目标是建立一个更加幸福、更少暴力的社会，那么就应该制定相应政策，以遏制因全球化带来的收入不平等。

在本章中，我们讨论了古代圣贤和当代学者所讨论的一些有关幸福的智慧。我们还重点介绍了一些足以颠覆传统智慧甚至是你的直觉的新发现。通过这种方式，我们提出了一些相对容易实施的具体建议。我们提出要把更多的时间或精力花在体验上，而在身外之物上则不要投入过多。要学会管理体验的高峰和终点。当你感到忧郁时，请强迫自己离开沙发，做些除了打开一瓶苏打水或啤酒之外的事情——而且这些事最好是为别人做的。如果你将这些发现牢记在心，那么你将成为更有智慧、更快乐的人。

但是要想拥有智慧，还需要了解人在追求幸福的过程中会与他人产生怎样的冲突和碰撞。这种冲突是生活中不可避免的一部分。关键是要了解如何处理和缓解它们。因此，在下一章中，我们将讨论那些为了巧妙地化解冲突而遇到的挑战。

第 七 章

为什么我们就不能"好好相处"

　　有这样一个故事,说一位受尊敬的拉比(犹太的宗教律法专家)和一位同样受尊敬的伊玛目(伊斯兰教领袖的称号)爬上西奈山的山顶,在那里他们有特权向上帝提出一个问题。他们同意提出的问题是一个答案很明显的问题:"犹太人和阿拉伯人之间是否会有和平?"上帝停顿了一下,叹了口气,最后回答:"会有,但在我有生之年是无法实现了。"

　　对于大多数美国人来说,巴以冲突是我们所能了解到或在新闻中看到的诸多激烈的冲突中,最让人熟悉和沮丧的一个。好心的第三方组织和双方明智的温和派人士都提出了可能达成的共识,以保障和提高两国人民的生活水平。双方的大多数人一致表示,他们赞成"两国方案"。但僵局却仍在继续。

　　斯坦福大学曾举办过一次会议,参会的人员包括德高望重的巴勒斯坦人和以色列人,其中一名巴勒斯坦人满怀渴望地说道:"想象一下,有一条吸引游客的路线,人们坐在豪华的空调巴士上,任意穿越边界,看到圣墓教堂、阿克萨清真寺、耶路撒冷和伯利恒的其他圣地，还可以看到佩特拉的考古珍品。然后，他们可以去参观金字塔和狮身人面像，品尝各种美食，停下来参观古城，在途中观赏葱郁山谷的自然美景，最后回到特拉维夫的美丽海滩并享受丰富的夜生活。"当然，旅游只是和平解决冲突能带来的诸多互利互惠中的一种。前美国司法部长罗伯特·F.肯尼迪曾有一句著名的言论："有些人看到事物现在的样子，问'为什么'。我则梦想着永远未曾发生的事情，然后问'为什么不'。"这句话用在中东地区比用在任何地方都合适。

未能实现中东和平的愿景实属悲剧，因为实现它的基本方法——和平、安全、人民共同繁荣、容纳少数族群、畅通无阻地进出对该地区的三个宗教群体都具有重要文化和宗教意义的场所，以及为长久以来遭受冲突苦难和付出巨大代价的人提供补偿等，都是十分明确的。但和平带来的好处并不容易看清。总有一方或双方都表示，和平谈判所提出的条件无法满足其最低需求。长此以往，温和派的队伍愈发势单力薄了，和平进程中充斥着悲观和猜忌，导致强硬派在各自的社会中扮演着越来越重要的角色。现状持续给巴勒斯坦人带来沉重负担，而以色列人也继续对未来感到不安。暴力行为的周而复始给许多家庭带来悲剧性后果。

我们并未奢求在此就得出解决这一问题或其他棘手冲突的方法。但是我们可以提供一个视角，熟记并运用这种视角，可以让你以一种更明智、更成熟的心态看待这些关于冲突的新闻；也可以让你在身边人都激烈争论着想要在动荡的国家中实现长久和平应该由谁负起责任时，发出理性的声音；同时我们希望，在不可避免地与他人发生冲突时，你可以更有效地予以化解。

个人、群体和社会之间的分歧和冲突自人类存在伊始便一直存在。夫妻在划分抚养孩子的责任时会有分歧，在讨论如何花费（或节省）他们的

第七章 为什么我们就不能"好好相处"

钱时会有分歧，在争论去哪里度假时也会有分歧（更亲密的事情就不说了）。高官们及其手下的官员在讨论如何分配税收以及应如何增加税收时会有分歧；为保障公民的健康、教育和福利，应该做什么而不该做什么，他们也有分歧。有些法律会影响利润率、股东财富、工作条件和周边人口素质，对于该法律是否该出台或存续，公民倡导团体和企业家之间会有分歧。在讨论谁应承担应对全球变暖的责任时，美国和其他传统经济大国，会与新兴大国产生分歧。这是我们在第九章将要讨论的主题。

造成分歧和冲突的某些原因是显而易见的，并且在本书的前面章节已经涉及。争端各方有着不同的动机和利益，有着不同的目标和重视的事项，并且通常也有着不同的信息和期望。他们通过截然不同的角度看待问题。他们为了不让对方达成目的，会故意使绊子，会处处和对方作对，会失去理性般地无端指责他人，使气氛中充满了恶意。

然而，即使是最激烈的冲突，也都可以得以解决。至少从理论上讲，一旦双方都认为就算再继续冲突下去，也争不出个所以然，反而会损害双方的利益，那么他们就会和解。那时，双方都会考虑自己愿意放弃些什么来得到想要的，达成一笔双方都放弃一些自己不看重的东西而得到看重的东西的交易（需要强调，这是理论上的分析。稍后我们将讲到实际情况）。

相比于被分配到哪里任教，老师们更关心工作的安全性和是否能保留当前的退休金计划。他们可能会对自己的工资感到满意，但发现自上次加薪以来，生活费用已略微有所上升。校务委员会可能非常关心是否有弹性制度来满足明年的人事需求，并且可能由于知道当前的预算限制，他们只能同意薪水微涨。他们可能已经认识到了未来的养老金储备不足，就想着把这个烂摊子扔给未来的学校董事和纳税人。倘若双方都不妥协，很可能会出现罢工，但可以达成的协议其实很明确：不裁员，但董事会可以随意调动教师，薪水将适度增加，并且将保留当前的养老金制度。

第二部分　智慧的应用

　　经济学家将这种交换称为"有效"交换，因为它从分歧各方的利益关注点出发，让各方都得到了一定的好处，从而弥合了这一分歧。有效的交换不仅可以解决分歧，还有助于取得各种形式的商业成功——从日常的以钱换物或服务，到国家之间的贸易谈判协议。[1]既然如此，为什么冲突各方不能更一致地达成符合双方共同利益的协议，从而避免公开冲突？为什么具有不同需求和目标的个人、团体和国家有时会彼此仇恨、互相侮辱并恶意指控，使未来的谈判更加困难？最重要的是，当解决争端对他们双方都有利时，为什么他们还要继续为冲突付出代价？他们为什么不抓住"有效"交换的机会，并把更多的精力和资源用来满足其他需求和目标呢？

　　通常，一方的回答是对方所提的条件不合理，所以解决方案是另一方需要更"讲理"。但是，随着冲突的继续，有智慧的人以及任何见识过第一章中讨论过的朴素实在论的人，都可以对当事方未能达成一致以及相互仇视的行为，做出更为准确和实际的解释。我们相信你现在可以做出这样的解释。

　　分歧往往存在于对自己来说很重要的事情上，因此每一方都认为是对方没有客观地、合理地看待事情，所以产生了分歧。冲突双方都认为对方或是因自身利益或是因意识形态而双眼蒙蔽，或者更糟地，只是假装以声称的方式看待事物，并故意提出一些明知是错误的观点。冲突双方都认为，鉴于局势的现实状况和冲突的历史，应由对方做出妥协以达成共识。冲突双方可能都认为自己提出的妥协交换是慷慨的，而对方提出的妥协一点也不慷慨，因此不值得予以回应。在旷日持久的冲突中，以上的描述可能只是"简化版"。未能达成共识被认为是反映了另一方的性格，而不是表明现实环境的困难。简而言之，朴素实在论为共识的达成，制造了巨大的心理阻碍。这也使我们在本章中讨论的其他阻碍更加难以跨越。

零和谈判与非零和谈判

谈判理论家把谈判区分为零和谈判与非零和谈判,二者的区别非常直观。在零和冲突(例如汽车买卖双方之间的冲突)中,一方花费或节省的每一美元代表了另一方获得或损失的每一美元。在非零和冲突中,达成共识的总价值不确定。各方可以通过进行明智的交易或让步来增加协议中的总收益。例如,在制订蜜月计划时,相比于地点,新娘可能会更在意住宿质量;而相比于套房的视野或毯子的舒适度,新郎可能会更在意地点。但是新郎和新娘显然都想使对方高兴。一旦他们认识到双方更在乎的是什么,他们就会达成一致。如果这对新婚夫妇很明智,他们甚至会表明他们只想让对方高兴。

谈判专家很快指出,即使是看似为零和的谈判也有(或可经调整后有)双赢、顾及了双方利益的解决方案,尤其是当双方都重视培育未来互惠互利的合作关系时。谈判专家们喜欢讲一些案例,在案例中一些明显是零和的问题通过转化后,得出了行之有效的双赢方案,从而最终使每个人都满意,且也没有人需要放弃自己关心的事物。

谈判教科书中的经典案例涉及以下问题:一打柠檬的划分、一打鸡蛋的划分,以及两人合买一辆车该怎么用的问题。在案例一中,一个人只需要柠檬的皮,来做柠檬香(或是谷歌上说可以用柠檬皮做的其他 31 种东西之一)即可,另一个人想要柠檬汁;在案例二中,一个人只需要蛋清来烘烤蛋糕,另一个人则只需要蛋黄来制作布丁;在更实际的案例三中,车辆的所有者之一希望在周末旅行和午夜探险的时候用车,另一个则需要周一到周五通勤时用车。

在上面三则案例中,如果双方讲清了自己的需求,则很容易达成使双方满意的结果。更典型的情况是双方虽不情愿,但都必须做出涉及实际代价的让步。因此，各方都想做的是把必须妥协的东西降至最少，而把想要得到的东西增加到最多。

谈判者的困境

在试图使双方都受益的前提下，利用不同需求和优先考虑事项，来制定谈判条件的规则时，谈判者面临着混合动机的困境。这种困境用我们都熟悉的一种比喻方法来说就是做饼和分饼。通过双方坦率地共享有关各自优先考虑事项的信息，饼（即对双方的总价值）能做大，双方都能受益。但是双方也都试图争取拿到更大的那块饼。因此，双方都有动机从战略上去隐瞒信息，或对能使他们获益匪浅的事物佯称缺少兴趣，又或是对实际上没什么兴趣的事物佯称不可让步。

此类强硬战术旨在拿到更大的那块饼，但随之而来的是害怕秘密泄露的惊恐，是一个接一个的谎言，是随时可能露馅的威胁，这使人心生恶意，有损于建立前景光明的合作关系，导致饼越做越小了。尤其是他们损害了互相帮助的良好合作前景，即一方此次做出的让步，以自己较小的代价成全对方较大的价值，并知道对方在将来的某个时候也会这样做。当某项法案的通过与否对本地区立法者而言极重要而对其他地区的相关人士不那么重要时，政客们经常用这种"滚木法"来促使法案通过。双方都知道，在未来的立法中，双方处境可能会互换，这时他们的灵活性便可得到回报。

想达成并保持利益最大化，或者说想达成任何共识，都会遇到阻碍。这些阻碍是由限制共识达成可能性的某些因素造成的。[2] 如果因为两方都不愿意沟通，或者因为其中一方或两方都被禁止与对方联系，那么可能再不会有沟通的渠道了。另一种可能是，原本双方各退一步，可以形成互惠互利的局面，但某位谈判代表被之前达成的协议束缚了手脚。那些承诺"不征收新税"或"不将单人居住的房屋改建为公寓"的政客们可能会因其早前的承诺而束缚了手脚，无法达成有利于多数选民的协议。

规章制度也可能构成障碍。如收容所从餐馆取得卖剩下的食物这一安排，尽管收容所方和餐馆方都赞同，但就因为卫生局禁止这样做，而无法实现。所谓的委托代理问题也可能起到阻碍作用。身上有官司的人继续上诉，律师是求之不得的，继续上诉所产生的律师费为他们提供了可喜的收入来源，但同时耗尽了客户的钱财和精力。如果休战会结束敌对双方的冲突，并迫使民兵组织的长官们在军营以外寻找工作，那他们可能不愿休战，尤其是当他们只有指挥作战的能力而没有社会工作能力时，情况更是这样。

当遇到这些障碍时，没有什么灵丹妙药可以提供。但是，当你因"另一方"未能在达成共识的过程中发挥作用而感到沮丧时，我们强烈希望你牢记这些客观困境。人通常会清楚地意识到战略或形势的限制，这些限制因素会阻碍你或你所代表的那一方快速进步或迈出第一步，同时当另一方"拖后腿"时，你会自然而然地犯下基本归因错误（第二章已讲到）。冲突双方经常很容易就高估对方的品格及性格缺陷对行为的影响程度，而低估了自身的品格和性格缺陷对自己行为的影响程度。㊀

除了这些障碍外，另一类障碍也会阻碍互利共识的达成。在下文中我们将引述历史上的重要时刻和一些非凡智者充满智慧的言行，以讨论这些障碍。

㊀ 这一差异是内德·琼斯和理查德·尼斯贝特所描述的一种在归因中更普遍的行动者－观察者差异的一个特例。[3]

第二部分　智慧的应用

另一种阻碍：心理障碍

> 然而，仍然有一堵墙阻碍着我们。这堵墙是由我们之间心理的障碍、怀疑的障碍、拒绝的障碍所构成的；是因不付诸行动又不下定决心而产生的恐惧的障碍、欺骗的障碍和错觉的障碍所构成的；是对每个事件和每个说法都加以歪曲解释的障碍所构成的。正是我在正式声明中所描述的这种心理障碍，在所有问题的成因中占到了70%。今天，通过与各位的会面，我想问为什么我们不能带着真诚和善意，伸出我们的双手，来共同消除这一障碍？
>
> ——埃及前总统安瓦尔·萨达特（Anwar Sadat）于1977年11月29日在位于耶路撒冷的以色列国会上发表的讲话[4]

正如萨达特在以色列国会上所做的历史性讲话中所指出的，达成共识的最主要障碍，或者至少是最难克服的障碍，通常都是心理上的。㊀对这种障碍的研究，一直是李和他的同事们在斯坦福大学国际冲突与谈判中心（SCICN）的一项主要研究项目。[5]国家领导人制定政策的会议室和会议厅里最有智慧的人意识到这些障碍的重要性。在讨论这些问题时，我们将分享我们从国际冲突与谈判中心对爱尔兰、中东和世界其他动荡地区的项目研究中学到的，从与在谈判桌上代表本国或担任调解员的经验丰富的谈判者进行的交流中学到的，以及从我们和其他人所进行的研究中学到的东西。

我们认为，了解这些障碍，对于那些意图减少冲突，改善关系并期望在长期的冲突中寻得互惠共识的人们来说，是重要的第一步。理解它们还

㊀ 萨达特70%的估计精度是值得注意的。他说的不是三分之二，或者四分之三，又或是九成这种惯用的说法。他用了这么精确的一个百分比（在三分之二和四分之三之间），说明他在做估计时很谨慎。

可以帮助你在遇到谈判失败的情况时，不至于连连摇头或把失败归咎于对方的顽固、贪婪、偏执或其他的人类之罪。

对公平、正义和平等的追求

各方可能会拒绝一项对现状有所改善的共识，不是因为他们认为不妥协会在将来获益更多，也不是因为他们打着强硬不屈的招牌。他们之所以这样做，是因为他们认为这笔交易不公平——另一方正试图利用他们。从某种意义上讲，他们宁愿放弃交换所能得到的潜在好处，并坚持要继续为冲突付出代价，而不会接受他们认为不公平甚至侮辱他们的东西。

在任何谈判中都会有对公平的关注，这种公平在旷日持久的群体性冲突中，尤其是冲突双方实力悬殊的情况下，是非常重要的。双方都认为自己有权在达成共识的过程中被"公正"地对待——"公正"指将他们的相对实力和主张的合法性都纳入考虑。以公正方式求得共识的要求，提高了谈判者们解决争端的难度，尤其是谈判者们因为以不同视角来审视这一冲突的经过和本质，导致他们对公正这一概念的个人认知差异巨大。当双方通过朴素实在论的棱镜来看待对方的主张和论点时，达成共识的困难还要再增加。

这一观点适用于萨达特所希望结束的冲突。双方都觉得自己过去的表现更值得尊敬，因为他们受到了更多的伤害，所以现在他们寻求的东西只是他们应得的。此外，双方认为，在任何谈判达成的共识中，最需要保护的是他们自身的利益，例如，避免在语言上含糊不清，以免另一方抓住这一点说事。

双方对未来的看法也可能存在分歧，即谁会随着时间的推移而变得更强大，以及谁的承诺值得信赖。这些差异反过来可能导致兼顾双方的提议被迫流产。尽管认识到要达成协议，双方都将做出妥协，但他们都倾向于认为，相比于公平的情况，自己是得到的更少，付出代价更多的一方。

正如我们先前对朴素实在论的讨论所提出的，双方还认为，任何冲突观察者都应同意他们的观点，并且当另一方捍卫其"不合理的"要求时，是不真诚的。当第三方提出协议，要求双方忍痛让步，并接受未来的高度不确定性时，双方可能会做出不冷不热的回应。一方也可能会对另一方没有迅速接受该计划感到生气，认为他们已经得到了多于应得的收益，现在却还得寸进尺。这种令人不愉快的叙述充分展现了中东巴以僵局的历史，这一冲突已成为研究人员对解决争端的心理障碍所做的许多思考的测试案例。

认知失调与合理化

因为冲突持续的时间太长，双方就此做出的牺牲凝聚成了一部血泪史，这又在达成共识的进程中制造了另一个障碍：以前所采取的行动和所付出的代价，增加了为成功化解冲突而需要付出的心理成本。当事方对其过去的牺牲和苦难的合理化（他们早前曾因为拒绝妥协而失去了终止这些牺牲和苦难的机会）如今又成了达成协议的障碍——因为现在可选择的方案，并不比过去拒绝掉的那个好，甚至可能更差。

拒绝主义者的战斗口号我们太熟悉了——"我们不能对为神圣事业而殉道的人背信弃义；上帝（或历史）站在我们这一边；世界其他地方注定会在某一天觉醒，并认识到我们的追求是正义的；我们不能与他们打交道，因为我们无法信任他们；我们比他们更加坚决，因为正义创造力量"。即使是在局势已有所缓和，人们陆续认识到继续对抗的愚蠢性，冲突眼看就要化解时，这些口号，以及在任何不在意他们的人身上看到的威胁，却使僵局持续。

尽管在长期僵持的情况下，认知失调的存在可能让人沮丧，但也有积极面值得一提。在第四章我们讨论过,一旦达成和解,人类乐于将过去的行为合理化的倾向,能发挥一种建设性的作用。尤其是如果达成共识的决定是在自由的状态下做出的,或者为达成协议做出过牺牲,又或者决策者曾对解决方案进行了公开辩护。在这种情况下,即使(或者尤其是)冲突双方都做出了他们曾发誓不会做出的让步,领导者及其支持者们也可能会被迫寻找并夸大这一解决方案的好处,并尽量不提或忽略这一方案的缺点。⊖

反应性贬值、损失厌恶和不愿在贸易上让步

经历过美苏冷战最严峻时期的人可能都还记得,当时许多美国人似乎认为,如果苏联人提出一项提议(例如控制军备),那一定对他们有利(合理的假设),而对我们不利(假设的合理性要低得多)。几十年后,当2008年阿拉伯之春的乐观情绪已消失殆尽,不同的党派争夺政权时,只剩下混乱。埃及政治学家穆阿塔兹·阿卜杜勒-法塔赫总结了这些派别在放下分歧,将各派治理国家的原则融合起来方面遇到的问题:"每个人都在试图理解对方想要什么,以便他们可以提出完全相反的要求。"⁶

这些例子说明,在达成共识的进程中,会遇到一个特别令人沮丧的障碍:当提案不再只是假设的可能性,而已经被摆上桌面讨论时,对这一提案的评估常常就会发生变化(常常是贬值)。当提案由冲突中另一方的代表提出时,这种贬值尤为明显。但是,如果提案并非来自敌人,而只是建议双方都做出让步的人,也可能发生这种情况。

20世纪90年代初,反对南非种族隔离制度的斗争达到高潮,但斯坦

⊖ 大量的实例可以说明,在达成共识的几个月或者几年后,公众对这一共识的支持仍在增加。尼克松于1972年缓和了中美关系就是一个例子。然而,不同于完全可控的实验室环境,在现实生活的案例中,由减少失调所带来的态度上的变化与单纯看到达成共识后局势变好(或变坏)而产生的态度变化是不可能被剥离的。

福大学进行的一项研究却充分地展示出了这一贬值的过程。当时，广大学生和教职员工要求该校剥离其在一些南非本地经营的公司中所占有的股份。最终这所大学通过了一项"部分撤资"计划，计划并未达到他们的要求。李和他的学生在两个时间点评估了学生和教职工对该计划的态度。[7]第一个时间点是在该计划被公之于众之前——当时校内的研究人员已经知道那个计划是什么了，但是对学生来说，这一计划只是众多计划中的一项；第二个时间点是在计划宣布后不久。作为对照，他们还对学生们对于另一个方案——呼吁大学对那些已经离开了南非的公司进行投资——的看法也进行了测量。

结果很明显。在采用所讨论的计划之前，不管实验者引导学生们相信学校将采用哪个方案，学生们对其的评价都不如对替代方案的评价好。此外，当大学宣布部分撤资计划时，学生对该计划的评估更是直线下降，同时对替代计划（要求增加对离开南非公司的投资）的评估也变得更加积极。

后来，李和他的以色列同事在以色列进行了另一项研究。该研究展示了这种贬值在巴以冲突中是如何发挥作用的。[8] 研究的重点是考察对某一提案的回应，会如何受到提出该提案的是哪一方这一信息的影响。这项研究的参与者评估了巴以双方在1993年4月底，即研究进行前不久提出的两项提案。这两项提案原本是《奥斯陆协议》所推动的和平进程的第一步。

这些建议并未涉及结束冲突的具体细则（边界、自治程度等），而是涉及一般性原则和争议较小的问题，例如谈判议程、维护当地治安的临时性安排，以及两国任务和责任的协调。巴勒斯坦代表提出了一项提案，以色列代表提出了另一项提案。研究的参与者中有一半被告知分别是谁提出了这两项提案，而另一半则得到了相反的信息。

第七章　为什么我们就不能"好好相处"

结果证实了那些希望中东和平的人们最担心的事。对于实际上是巴勒斯坦方提出的提案，如果以色列方认为是自己方提出来的，他们对这一提案的评价就会更积极；对于实际上是以色列方提出的提案，如果以色列方认为这是巴勒斯坦方提出来的，他们对这一提案的评价就没那么积极。㊀揭示出的问题如一记警钟：如果实际由己方提出的提案被认为是由对方提出来时会被认为没有吸引力，那么对方摆在台面上的提案，被接受的可能性能有多大？

这种反应性贬值可以追溯到我们在前几章中讨论过的几种心理机制，其中有些是理性的，有些则不是那么理性。这些心理机制包括主观解读机制和标签化机制、动机和期望的偏见效应，以及过分关注潜在损失而不是潜在收益的机制。[9]不管它为什么发生，我们很容易理解反应性贬值如何导致了僵局，以及随之而来的仇恨和不信任的循环性加剧。不仅提案的接受程度可能不如客观上应有的接受程度，而且各方都有可能将对方的行动和言论解释为战略手段——表现得不诚实、态度不好和充满敌意，而非真诚地想要结束这场冲突。这时该由有智慧的人来提出最温和、最准确，同时也最具有建设性的解释。

克服心理障碍，达成共识

对障碍和偏见的研究不仅可以帮助我们理解为什么谈判在本可以成功时会破裂，以及为什么谈判行为本身会加剧矛盾，而不是减少双方的仇恨

㊀ 我们也可以预测在以色列生活的阿拉伯人对巴方提案的反应。不出所料，当认为提案是由以色列提出来，而非由他们的祖国或真正的提出者巴勒斯坦提出时，他们认为这一提案对以色列来说更有利。不论这提案的真正提出者是谁，这些参与者都比以色列的参与者认为这一提案更有利于以色列（再次强调，不论这提案的真正提出者是谁），这可以说就是谈判失败的预兆。

情绪和不信任感，还提供了有关克服障碍和消弭误会的技巧。虽然已有很多书为未来的谈判者与和平缔造者提供建议，但李和国际冲突与谈判中心的同事们的研究和经验为我们提供了一些特别的见解，为清除这些心理障碍提供了方法。

管理归因问题

在激烈的讨价还价中，冲突各方不可避免地想解释对方的行为，尤其是对方让步的内容和时机。单方面的让步或利益交换的接受方，一定会想："他们为什么要提出这项建议？为什么现在提出来？"在没有其他令人满意的答案的情况下，可能得出的结论是，让步的重要程度可能比起初看起来要低。第三方调解员有时可以通过召集各党派，集中解释是政治现实迫使对方提出或拒绝特定建议，来帮助解决这些归因问题。了解到对方是被迫做出让步，对方知道这种现状是不可持续的，就降低了认为对方不真诚或不诚实的可能性。

简单地承认让步是对另一方表达出来的愿望和注重的优先事项的回应，有时也可以帮助解决归因问题。为了了解这是如何工作的，我们举一个例子，假设有一场在斯坦福大学进行的谈判，参与谈判的是支持大麻合法化的学生以及校方代表（但实际上这些校方代表是根据准备好的脚本演戏的实验同盟）。[10] 谈判的重点是学校在此问题上应采取的立场。

在研究的两种条件下，校方代表在谈判时间截止前，都给出了相同的"最终提议"（要取消对吸食大麻的刑罚，但要加重对吸食硬性毒品的刑罚）。在一种条件下，校方的这个提议早就拟定好了，在刚来谈判时就被直白地提出来了。在另一种条件下，校方故意把"记录其真实意图"的纸搁置在一旁，提出了一个声称是根据学生们的具体目标和首要关注点拟定的"新提议"。

在"校方承认学生方诉求"条件下,校方的提案接受度比在"校方不知晓学生方诉求"的条件下更高(63%比40%),而且学生们认为校方做出了更大的让步,同时校方的这种态度也受到了学生们的赞许。有关程序正义的研究表明,当自己的意见被听从时,人们往往会对所达成的提议更满意。[11] 该研究还表明,当自己的意见被真正采纳且在整个过程中具有一定影响时,人们会感到更满意。

人们喜欢自己的声音能被人听到,当他们体会到自己的期望和顾虑得到他人考虑时,他们往往会做出更积极的反应,这是人类很明显的一个特征。但值得注意的是,谈判者常常忽略了这一重要洞见(管理者、政客、父母和恋爱伴侣也是如此)。他们常常吹嘘,或者向那些他们代表其利益的人保证,自己"坚决"不会放弃为己方争取,只会在次要和微不足道的地方做让步。但最具智慧的谈判者明白承认对方的需求和要求的价值,而不是坚持己见,不做出任何新的让步。在很多情况下,无论是在国际谈判、国内争端还是个人争执中,有智慧的人会认识到,公开把造成僵局的原因都归咎于对方是非常愚蠢的做法。

谈判者的期望

面对重重障碍,一些谈判仍取得了成功。对于特殊事件(例如教皇的选举)以及更普通的事件(例如通过学校预算或提高国家债务上限),都是如此。在许多情况下,问题都很复杂,人们的看法各有不同,而且真的任何决定都不可能获得多数人的支持(更不用说要获得三分之二人数的支持或在参议院中要获得六成人数的支持才能避免议案被阻挠)。那么,为什么这些艰难的谈判却能常常成功?原因之一可能是谈判者单纯的信念使然,即有时遵循历史和传统,有时出于共同的紧迫感,共识就此达成——"我们必须有一位教皇""我们必须制定出预算"或"我们不能让政府关门"。

这些现实世界中的成功案例表明,当各方本着谈判必须或将会成功的态度进行谈判时,谈判将发生变化,最终可以减少反应性贬值并促成共识的达成。知道协定必将达成(且知道另一方也知道),人们会改变对提案(及提案者)的看法。

李和他的以色列同事们展开了一项实验来验证这一点,参与对象是一批就读于以色列某大学,且期望在商界和政界有所建树的犹太学生。[12] 谈判虽然是假设的,但很有趣且具有一定的社会敏感性。它涉及向约旦河西岸的各类建设项目分配资金,其中一些项目对以色列人来说更有价值,有些则对巴勒斯坦人来说更有价值。谈判人员没有意识到的是,在谈判中他们的阿拉伯对手是一个跟着剧本演戏的实验同盟。

谈判是分阶段进行的,阿拉伯同盟提出了初步提案,犹太学生提出了还价,直到同盟在谈判时间将截止时提出了"最终提案"。犹太学生评估了该提案的各个方面,并接受或拒绝该提案(在后一种情况下,学生们知道这样的结果是所涉的资金将被收回)。这项研究中的实验操纵很简单。在谈判开始时,有一半的参与者被告知"几乎所有"先前的谈判已经成功达成共识。另一半人未获悉先前的谈判结果,他们只是被告知要尽最大努力达成共识。实验参与者们认真地扮演自己的角色,且谈判非常激烈,并且在许多情况下,谈判者们也非常热情。

这种操纵的效果非常显著:获知先前的谈判结果,相信最终能达成协议的参与者接受提案的比例为85%,相比之下,未获知结果的参与者接受提案的比例仅为35%。重要的是,操纵所产生的变化超出了结果,它还影响了参与者对阿拉伯对手的看法。尽管这位阿拉伯对手在两种情况下都提供了完全相同的用语,但在积极的期望条件下,他更受欢迎,而且他提出的最终提案被认为对以色列人来说更好、更慷慨。当然,没有什么神奇的办法可以同时说服以色列人和巴勒斯坦人，他们下一次的谈判会议一定会成功。但就算只给他们一点点乐观的理由，也不会是徒劳无功的，反而可能给人们很大的希望。但是，更有普遍意义的教训是，有智慧的调解者要牢记在心并熟练地运用这一方法：他们个人应表现出乐观的情绪，并时刻提醒谈判双方，在遇到巨大阻碍时，应该多想想先前所取得的成功。

理论源自经验：世界各地谈判的四个教训[13]

研究人员对现实问题进行实验室研究和实地调查，希望他们的研究为现实应用提供有用的想法。但有时候反过来也成立：应用研究可以揭示现有理论中的空白，还可能使人们认识到某些因素比以前所认识到的重要得多（或根本没有那么重要）。李和他的斯坦福同事们在建立关系和第二轨道外交⊖方面做出了各种努力，尤其体现出了这一点。他们参与的第二轨道外交包括了巴以关系、北爱尔兰统一党和民族党关系，以及其他敌对关系。

共同致力于共同承担的未来

南非是如何从残酷的种族隔离政权，非暴力地过渡到为黑人和白人公民提供平等机会的社会的？众所周知，纳尔逊·曼德拉的影响至关重要。但这不仅仅是因为他受到南非黑人的尊敬和信任，也不仅仅是因为他从监狱中获释后，非常明确且始终如一地放弃使用暴力抗争，也不是因为他做出了其他黑人领袖不愿意做出的让步。相反，他未曾放弃自己的诉求。曼

⊖ 第二轨道外交指的是与本国政府或社群有紧密关系的、具有很大影响力的某国公民，以个人的身份推进冲突中的两方达成非正式的共识。这一个人行为揭示了一方的底线和可以做出的让步，也为正式的"第一轨道"商谈铺平了道路。

第二部分 智慧的应用

德拉的杰出之处在于，他的言行举止让南非白人尊敬，从而愿意做出那些他们发誓永远都不会做出的让步。

曼德拉明确表示愿意为中产阶级和工人阶级的南非白人提供可接受的共同未来。[14] 在那个未来，南非白人集团的政治力量将被大大削弱，但他们的生活框架以及他们的朋友、家人和社区的日常生活，大体上将保持不变。他们将住在相同的房屋中，在大多数情况下从事相同的工作，并继续享受他们以前一直享有的乐趣和财富。面对世界范围内的压力，同时认识到南非白人和黑人的冲突不能再继续下去了，他们选择了共享未来。

我们在自己的应用研究中反复看到，谈判者与另一方谈判者进行面对面的交流时，往往只站在自己的立场上，比如从自己的角度出发提出详细的建议，概述了他们想要的东西，他们为什么有权这样做以及他们准备了什么来回报。我们发现在谈判双方面对面交谈之前，向一方谈判者问一些问题是很有必要的，问题包括假如他们的提议被接受，对方的生活将会有什么变化——具体来说就是，相比于现在，那个共享的未来有多好；以及为什么当这一未来无法兑现时，另一方的人们会感到担忧。我们建议，如果他们没有这样一个有关共享的未来的想象，那就没有必要与另一方见面，因为这时见面只会强化之前的疑虑并增强其错误信念。

在中东，以色列人抱怨另一方没有曼德拉这样的人，这意味着他们期望的是能与值得信赖的、理性的、温和的谈判者一起好好谈谈。然而他们和其他寻求曼德拉的人没有意识到的是，他们真正需要的不是一个"曼德拉"式的人物，而是学习曼德拉的经验。他们需要向另一方提供一个共享的未来的景象，这一景象须是双方都可接受的，里面没有对另一方的羞辱，也没有充满危险的不确定性。在这本书的结尾处，我们描述了一个生动的例子，阐释了曼德拉如何减轻南非白人的恐惧，以及为什么他能最终带领南非黑人做出他们曾宣称永远不会做出的让步。

积极与有害的群体间情感

当外交官或其他第三方调解长期存在的争端时,他们通常认为寻求解决方案的关键在于制定正确的协议——找出一种最能满足两方的愿望的让步策略,并在协议书上列好其详细信息,以便谈判双方签署。他们希望的是共识的达成将有助于关系正常化,构建持续合作所需的信任,并最终实现有利多方的持久和平。然而根据我们的经验,这只会起反作用。只有减少仇恨,建立一定程度的同情心和同理心,并且建立信任度更高的关系,谈判双方才有可能在可接受的协议上签字。更重要的是,如果没有互信的关系,谈判双方在从签署协议到实现真正和平的过程中可能也不可避免地会遇到阻碍。

例如,试想"搅局者"的问题,他们将诉诸暴力来破坏任何威胁其利益,或削弱其在未来的重要性的协议。政治上的考量促使双方领导人坚持要求对方采取措施遏制此类搅局者。同时,任何一方都不会愿意为有效地打击己方的搅局者而付出应有的代价,尤其是打击那些因强硬要求而受到公众同情的人。

从某种意义上说,解决该问题的方法是显而易见的:谈判双方都必须低调而有效地处理己方的搅局者,面对对方阵营的搅局者时,则要避免煽动性言辞。这种应对方式,相对于更取巧的方式,更需要信任对方落实已达成协议的长久意愿,也要求政府有耐心且审慎,而不是针锋相对地互相报复。

说服无法"承受"理解之人的徒劳

李清楚地记得北爱尔兰的一名反对派民兵领导人,他出狱后准备放弃暴力并开始与另一方进行认真的谈判。但是不知何故,双方放在台面上的提案永远都不够好,对方也没有做出足够可靠的承诺让他表达出

"让我们停止交谈，直接达成共识吧！"。观察这个有超凡魅力的人，他一生都致力于斗争，没有接受过能让他在一个和平的爱尔兰获得美好未来的教育，也没有工作经历，无法逃脱一种令人不安的想法。在目前的情况下，他是一位受人尊敬的领导人，在谈判桌上占有一席之地。但是在达成任何共识后，他能找到一份驾驶酿酒卡车的工作就很幸运了。正如我们在回顾纳尔逊·曼德拉在南非的巨大成就时提到的，"可承受的未来"问题与一大群人有关，但是它也与特定的个人和一小部分人有关，特别是那些对协议拥有否决权并具有搅局能力的人。

当变革的威胁似乎太大时，争执者会为不让步找许多借口。这时我们在第四章中描述过的合理化和减少失调倾向就出现了。谈判双方会用符合自身利益的方式来检视和解决一些分歧点。在物质及心理上可能会遭受过多损失的一方，拒绝考虑甚至不愿去理解对方提出的论点。他们寻找各种方式避免承认自己穷尽一生都在做着徒劳无果的努力，他们代表的一方在人力、财力上的牺牲都是徒劳的。就像那位反对派民兵领导人一样，有能力行使否决权的人也这样做，且常常是出于真诚的信念，他们相信自己是根据原则行事，而且所作所为符合本阵营的最大利益。明智的谈判者知道，要赢过潜在的搅局者，并使他们认识到达成共识的智慧，就必须让他们感受到，协议达成后他们的个人未来生活将是可以接受的。

从49%到51%

当那些卷入一场看似难以解决的冲突的人抱怨说，他们在对方阵营找不到可以商谈的人时，或者说对方的领导者无法妥协并且缺乏常识时，我们（有时）需要忍住，不去做一些有关基本归因错误或朴素实在论的讲解。相反，我们可以给他们讲一个有关前北爱尔兰保皇派战士戴维·厄尔文（David Ervine）的故事，他曾被邀请到斯坦福大学发表演讲。在他引人入胜的演讲结束时，他被问到了一个不可避免的问题：是什么使他从一个依靠枪支和炸弹的好战分子转变为致力于和平解决长期冲突的主流政治家？

厄尔文停顿了一下，然后说这是"51%比49%"的问题。他继续解释说，他的改变不是性格的转变。他之所以改变是因为斗争已经达到了一个临界点，使用暴力手段是徒劳的，其代价也是很高的，这一点在某种程度上变得更加明显，而通过正常的政治手段达成可接受的共识，其前景是更加光明的。然后，他做了一个令人吃惊的补充：当他对自己以前的立场只有51%的把握时，他仍然"100%是轰炸机"；而现在，即使他对通过和平手段实现变革的前景只有51%的把握，他也是100%的政治家和和平活动家。

明智的谈判者知道，让对方从诉诸暴力对抗，且态度坚决、毫不让步，转变为愿意探索非暴力的替代方案，其实并不必然需要戏剧性的改变。它可能只是"从49%到51%"的变化，努力做出小的改变也可以带来很大的不同。似乎软硬不吃的强硬派，有时可以通过某种方式改变看法，对非暴力的替代方案持开放态度。和另一方的商谈进行得顺利与否，关键在于你自己。做些小让步让另一方的生活更能接受，态度再强硬的人也会转变想法；或者如果你制定一些使另一方的生活更艰难的新规定，本来谈判态度和善的人也会生气。

以打破预期来解除僵局

在一次关于中东冲突的谈话中，斯坦福大学校园里发生了一件让人震惊的事。发言人是巴勒斯坦人民解放阵线的创始成员。但是轮到他讲话时，他已经成为倡导谈判和支持两国方案的直言者。他的演讲谈及了为在以色列与巴勒斯坦之间达成可实行的协定，两国在大体上应该做出哪些让步。他的演讲深受听众欢迎，这些听众包括对冲突看法各不相同的学生和教职工。但是，给与会人员留下深刻印象的并不是这一讲话本身，而是他在问答提问时做出的回应。一位同情巴勒斯坦地区境况的老年精神科医生问他，如果不是为了达成特定目标，这位创始成员是否认为，以色列人和美国犹太人花了太多时间，来感伤于纳粹对犹太人的大屠杀，而没有足够的时间来了解和谈论"灾难日"——这个词对巴勒斯坦人来说，包含的是以色列国的建立，以及1948年战争的失败使巴勒斯坦人遭受的失去家园、失去生计最终失去生命的苦难。

演讲者停了下来，从讲台上走下，走到了提问者的身边。然后，他直视提问者的眼睛，说道："你疯了吗？'灾难日'无疑是巴勒斯坦人的悲剧，他们还在承受这一不义行为的痛苦。但这是世界上常见的悲剧，许多其他民族也遭受了这种悲剧。犹太人遭受的大屠杀是独一无二且无可企及的悲剧，是20世纪的标志性事件。"然后，他对提问者摇摇手指，说道："永远不要再用同样的方式谈论这两者了。"

演讲者的这段话对房间里的所有人都产生了深远的影响。人们默默地凝视着演讲者；许多人来回望，看看其他人是否和自己一样也有着同样的感受。尽管他那引人注目的回应并未直接针对当前的僵局，但所有人都清楚，现在至少可以在这个房间里进行新的讨论。在演讲之后的招待会上，所有人最想知道的就是这个答案。

此事件说明了打破预期的行为的力量有多强大，以及在谈判进程停滞不前时，如何利用此类行为来推动谈判。冲突经常陷入僵局，任何一方都不愿意成为第一个做出让步的人。[15]在这种情况下，双方都将对方不愿让步的态度视为居心不良的证据，而且双方都担心，如果他们第一个让步，就会被视为示弱的标志，对方肯定会加以利用。大大小小的改变根深蒂固的

第七章 为什么我们就不能"好好相处"

期望的行为,可以帮助打破不信任的循环,并有助于化解谈判的僵局。㊀

这似乎正是埃及总统安瓦尔·萨达特1977年访问耶路撒冷的结果,他在以色列议会发表了讲话。演讲的内容及其包含的和平信号很重要,尽管值得记住的是,他没有提供任何新的实质性让步。然而,最重要的是他的行动发出了明确的信号——一些事情已经发生了变化,以色列对事态的怀疑可能是没有根据的。如果埃及总统不仅可以来以色列,而且可以在有争议的以色列首都的某个平台上直接与以色列人民对话,那么总统此行也有可能获得其他重要的成果,甚至是长期和平。萨达特的举动改变了氛围,最终促成了戴维营协议和埃以两国和平条约的签订。他了解在持久冲突面前达成共识的障碍有哪些,并且他有足够的智慧,也有足够的勇气去实施一些有力的举措来克服它。

㊀ 许多经验丰富的谈判者都可以讲一些类似的出乎意料的逸事,有些事比在政治场合发生的事更私密。李想到了有一次在第二轨道会议上,一个以色列的参会者提出的要求所造成的影响。他要求所有参会者为自己刚刚过世的爷爷,以及对面阿拉伯谈判者刚刚过世的父亲一起念 Kaddish(Kaddish 是希伯来的葬礼悼词)。

第 八 章

美国的教育难题

　　2010年的一场田径比赛中,克里斯托弗·勒梅特的百米短跑成绩打破了10秒——很快,但对于我们这个时代的世界级短跑选手来说,这并不是一个很惊艳的成绩。实际上,在他之前有71位短跑选手跑进了10秒。尤塞因·博尔特当时创下的世界纪录是9.58秒。事实上,是勒梅特的种族让他的表现引人注目,他的种族也成了数十篇文章和访谈的主题。与其他跑进10秒的70个运动员不同的是,他是白人。实际上,所有顶级田径比赛的观察者都认为,在短跑领域黑人运动员(尤其是西非血统的短跑运动员)的统治地位显而易见。[1]

　　出于显而易见的原因,对任何领域而言,讨论不同种族在能力和表现上的差异都会使人们感到不舒服。但是,长期以来关于运动能力的这种讨论始终都很稀松平常。[2] 短跑(以及篮球和橄榄球中的跑卫)等运动项目中,黑人占统治地位的理由通常在于基因——发达的爆发力肌纤维等人类肌肉组织的各种特征,以及厌氧酶、血浆睾酮,这些生理特征转化为运动场上的优势。但是在 2011 年的一次采访中，勒梅特认为，相比于生理上的优势，其他某些因素也帮助黑人运动员在赛场上占据了统治地位。他列举了有些白人运动员所面临的"心理障碍"，并坚持认为相比于肤色，求胜的欲望和努力训练才是获得好成绩的关键因素。其他的运动员和教练也表达了类似的观点，即白人孩子认为黑人孩子自然地在某些运动中更具天赋，有这种心理状态的白人孩子不愿冒失败和挫折的风险，早早就退出竞争了。

在勒梅特发表打破定式思维言论的几年前，贝勒的田径教练在接受《体育画报》的采访时，直言不讳地说道："很多白人孩子也有发达的爆发力肌，但他们必须摆脱困境。他们中的大多数宁愿沉浸在由电脑构建的幻想世界中。不仅仅是在于基因……更在于你有多想争取胜利。"[3]

每个人都承认，要成为世界一流的运动员，需要过人的天赋、远大的雄心、刻苦的训练、优秀的教练和经常性的鼓励相结合。我们将把基因在各种运动表现中所起的作用这一问题留给遗传学家。但是，刻板印象如何影响着人们对运动员的看法以及运动员们的表现方式，是值得进一步讨论的。之后，我们将转而讨论本章的主要关注点：据我们在美国学校课堂中的观察，刻板印象对学生的课堂表现有什么影响。

球场上纯靠天赋还是靠努力和智力

在 1997 年的一项研究中，学生们收听了一场经过编辑的大学篮球比赛的广播录音，然后他们被要求评估一位特定运动员的运动能力和表现。[4]在收听广播之前，实验人员向他们展示了这位运动员的照片。照片上的人不同，因而有的学生认为这个运动员是白人，有的认为是黑人。比赛结束后学生们的评分，显示了基于刻板印象的期望产生的影响力。当球员被认为是黑人时，他被认为表现出更强的运动能力并且其比赛表现更加优秀；而当他被认为是白人时，他被认为表现得更加努力和更具有"篮球智力"。那么教练、球探和总经理在评估球员的表现，并确定哪些球员是最有前途的球员时，是否也是带着滤镜看人的呢？㊀ 此外，不难想象运动员从教练和球探那里受到的对待，在他们评估自己的能力和极限时，会产生怎样的影响。

承受刻板印象的压力

在泰格·伍兹开启他非凡的职业生涯之前，高尔夫在很大程度上被视为白人专属的比赛。它不需要有发达的爆发力肌、充足的厌氧酶或特别强壮的体格。高尔夫大师似乎需要的并不只是协调的身体和自然的"甜蜜挥杆"，还需要在压力下保持冷静、做出明智决策的能力和数千小时的自律练习。这就是为什么大多数球迷都认同，高尔夫大师巡回赛的头号选手们看上去与 NBA 全明星队有很大不同。

这些关于高尔夫界获得成功的推论，以及关于黑人和白人运动员孰强孰弱的刻板观念，可能与美国职业高尔夫球协会的成员组成有关吗？在回答之前，请思考一项具有启发性的研究结果，在该研究中，许多黑皮肤和白皮肤的普林斯顿大学的学生（没有一个定期打高尔夫球）被交代了一项任务，内容包括练习推杆和决定使用哪一种球杆——用难用的杆得的分高一些，用好用的杆得的分低一些。[5] 在进行这项任务之前，有些学生被告知这是对"天生运动能力"的考验——也就是说，"射击、投掷或击球

㊀ 想想林书豪的例子，他最开始在哈佛大学篮球队打球，后来在 NBA 的职业队里打球。尽管他的成绩很好，且在高中时带领帕洛阿尔托高中（这所学校就在斯坦福大学对面）获得全美高中篮球赛冠军，但林书豪还是没有拿到斯坦福的篮球奖学金。很难相信不是林书豪的亚裔美国人血统让斯坦福决定在其他人身上寻找天赋。

测验的是手眼协调性；其他人被告知这项任务是对"运动智力"或"在运动中进行战略思考的能力"的测试。

告知学生的内容，对学生推杆入洞的进球数，和赢得的积分多少有重大影响。当黑人参与者认为此次任务需要更多利用到天生的运动能力而不是运动智力时，他们的表现更好，对白人参与者来说正相反（尽管不是那么明显）。换句话说，基于刻板印象来推定种族和运动能力优劣的关系，被证明是自我应验的。这可能部分是因为学生努力程度不同，或对于风险-回报组合方式的选择不同所导致的。也有可能是由于注意力的集中程度和对失败的恐惧程度影响了学生的表现。在更广泛的体育领域中消除这些影响是我们留给运动表现专家的任务。但是在另外一个领域，刻板印象对个人表现的影响问题引起了更多人的关注。这个领域就是教育。

课堂上自我实现的期望

众所周知，包括教育工作者在内的许多美国人，期望某些群体在课堂上学得比其他群体更好，这种期望在很大程度上与考试成绩、平均成绩、课堂出勤率和毕业率的统计数据相一致。这些刻板印象不仅会影响对学生表现的期望，而且会影响学生的实际表现，这是伟大的社会学家罗伯特·金·默顿所谓的自我实现预言的例证吗？[6]特别值得注意的是，这些刻板印象及由其产生的期望，会给某些少数族裔，或考虑在STEM（科学、技术、工程、数学）领域工作的女性，制造成功道路上的障碍吗？

有关在课堂中期望所造成的影响的讨论，通常被认为始于罗伯特·罗森塔尔和埃莉诺·雅各布森在20世纪60年代所做的著名研究。[7]在师生互动中自我实现预言的想法并不新鲜。老师对不同种族、族群和社会阶层的孩子经常抱有不同的期望，这是毋庸置疑的，并且人们可以合理地假设这些期望被转化为待遇上的差别。待遇上的差别可能导致学生表现的差别，这个观点是一个明显的推论。

罗森塔尔和雅各布森研究中的两个特征，使整个研究非常发人深省。首先，它探究的是教师的期望值对智商测试成绩的影响，而不是带着偏见进行评估的教师在给学生打分时产生的影响。那个时代的教育者认为智商的表现，很大程度上是由遗传因素和家庭环境共同决定的，而不是由在教室里发生的事情所决定，也不受老师的控制。其次，研究人员没有比较刻板印象组的学生和非刻板印象组的学生的表现。取而代之的是，他们给老师列出了他们认为可能"绽放"的学生名单（占班级人数的20%），说这些学生在接下来的八个月中学习将突飞猛进。老师不知道的是，这些"绽放"的学生是随机选择的，他们的初始考试成绩与未列入名单的学生没有差异。

一年后，当同一群学生重新接受测试时，被标为"成绩会突飞猛进"的七个一年级学生，其智商得分平均提高了27分，而被标为"成绩不会突飞猛进"的学生，其智商得分平均只提高了12分；被标为"成绩会突飞猛进"的十二个二年级学生，其智商得分平均提高了16.5分，而被标为"成绩不会突飞猛进"的学生，其智商得分平均只提高了7分。在这两个年级的学生中，有几乎一半"成绩突飞猛进者"在智商得分上获得了20分甚至更高分的增长，而只有五分之一的"成绩不会突飞猛进者"获得了如此大的提升。此外，数月后，教师对那些被随机选出的"成绩会突飞猛进"的学生进行了评分，认为这些学生更聪明、更有好奇心、更加快乐，并且不过分需要外界的认可。

在这项研究中令人振奋的是，如果教师期望所有的学生在学生生涯的早期都表现出快速的进步，那么每个人的表现都可能得到提升。也就是说，任何人都可以从该研究中，老师对学生们高要求、高关注，和学生们随之提高自信心、努力程度以及智商得分的良性循环中获益。

但是,这项研究不好的启示也是显而易见的:负面的期望,包括那些没在名单里,仅被刻板印象和糟糕的第一印象而定义的学生们,可能会证实相同的自我实现。这可能会引发教师和学生之间的行为、反应和负面归因的恶性循环,从而导致学生学业成绩不佳甚至失败。

随后有研究者试图用数量更多且更多样的样本和更复杂的研究设计,来重复罗森塔尔和雅各布森的研究,却没有成功地产生如此巨大的效应。因此,他们的研究价值和主张的正当性(特别是关于所获得的期望效应的大小)仍被争论不休。[8]但该研究所启发的诸多其他研究,使期望的重要性很少再受到怀疑——相比于教师的期望,学生自己的期望可能更重要。想要在课堂中,为解决特定学生群体学习成绩不佳的问题而做出任何变革,都要将这些期望考虑在内。

思维模式

四十多年来,斯坦福大学心理学家卡罗尔·德韦克(Carol Dweck)一直专注于(那些赞赏她的同事们可能会说是"痴迷于")两个相关的问题:首先,为什么在一群智力和能力评分大致相等的学生中,有些学生的成绩就是比其他学生好,并且每年都在进步?其次,我们该怎么做才能帮助后进生做得更好?德韦克的最初想法很简单。也许,成绩斐然的人会更加努力,并在面对最初的失败时仍会坚持下去,因为他们认为成功取决于自身的努力和毅力,而成绩不佳的人则认为他们努不努力都不会有太大区别,有些孩子天生比其他孩子聪明。

为了检验这个想法,德韦克和她的助手们进行了一系列实验。实验的对象是一群小学生。这些学生是由学校的教职工选出的,对成功和失败都表现出一种"无助"的态度的学生。比如让他们做一些很难的数学题或者他们处理不了的填字游戏，他们很快就放弃了。更糟糕的是，这之后再出一些简单点的题目，他们还是做不出来。但是这些实验带来了希望。实验者教导这些学生将错误归因于努力不足，并要在面对失败和挫败时坚持不懈，他们把实验者的教导记在了心里，后续的表现也有了显著进步。[9]

德韦克继续完善自己的理论，并采用了"思维模式"的说法。[10]在她看来，有着"固定型思维"的学生都认为，能力是固定不变的。因此，当成功很容易取得时，他们才愿意测试一下自己的能力。而当事情变得艰难时，他们会选择回避而不是冒着失败的风险前进。相反，具有"成长型思维"的学生会将能力视为动态的，并且可以通过努力来提高。他们设定了很高的目标，将初期的困难看作是需要克服的挑战而非失败，并主动迎接新挑战以锻炼他们的能力。

当然，从逻辑上讲，人们相信能力的差异是一个很重要的影响因素，同时也不否认努力可以促进成功。但是，许多有固定型思维的人也认为，如果你真的有能力，那你无须费劲也能做好。这些人中还有些人认为，费心费力完成一项任务，甚至是一项非常艰巨的任务，都意味着缺乏能力，因此，他们不愿去做难度大而要求高的事情。

在纽约市一所中学进行的一系列相关研究中，德韦克和她的同事提供了证据，证明思维模式可以预测学生学习成绩的轨迹。具有成长型思维模式的学生在中学阶段的成绩呈上升趋势，而拥有固定型思维模式的学生的成绩轨迹呈平稳趋势。进一步的分析为德韦克假定的干预过程提供了证据。学生越赞同智力具有可塑性的特点，可以通过努力来提高，挫折对他们的打击就越小，他们在数学技能和课程成绩上所获得的收益就越大。

然后，研究人员表明，可以通过对现有教学实践进行一些简单的调整来改变这些思维模式。在一所非裔和拉美裔学生占比97%的学校里，一群七年级学生参加了一个为期八周的计划。该计划在每周一次的 25 分钟的课程中，由受过专门训练的研究助手们，对实验组的七年级学生进行有关学习技能的指导，并讲授有关大脑生理学的一些知识。学生们甚至还观赏了一部电影，电影生动地描绘了随着个体的学习，神经元连接也在不断增长；并被教导进行简单的类比，比如智力就像肌肉一样，可以通过锻炼变得更强。而对照组的学生们仅接受正常的课堂教学。

实验结果正是德韦克和她的同事所希望看到的。两组学生之前的成绩都已呈下降趋势，而经过实验后，接受成长型思维模式干预的学生的成绩逆转而上。实际上，他们的成绩有所提高，而仅接收标准信息的学生的成绩却持续下降。[11]此外，接受成长性思维模式干预的学生受到老师表扬的次数是之前的三倍，他们的课堂表现更好了，主动性更高了，也更知道努力了。

成长型思维模式和目标感的增强干预

有持怀疑态度的人质疑这种干预措施在大规模使用中的实用性。但是在一项研究中，来自东部和西南部十三所中学、家庭经济条件各异的学生们在高中生涯的后期参加了两节四十五分钟的课程（十三所学校中，八所是公立学校，四所是特许学校，一所是私立学校）。[12]三分之一的学生接受了成长型思维干预，其中包括观看一段关于学习和努力练习后大脑发生变化的生动视频。这些信息通过写作练习得到了强化，学生们被要求用自己的话来传达所学知识。另有三分之一的学生接受了"目标感"的增强干预，学生们被要求思考，他们所接受的教育，如何能帮助他们实现有意义的"超越自我"的目标（例如使世界变得更美好、为他人树立榜样或让家人感到自豪）。剩下的第三组，即对照组，阅读的是有关大脑不同部位及其执行的不同功能的材料，但没有关于通过学习大脑会如何产生变化的材料。

实验后，接受了思维模式和"目标感"干预的学生的整体成绩都明显地有所提高，尤其是那些成绩处在下滑边缘的学生，同时干预也降低了他们因成绩下滑而感受到的挫败感。500多名学生参与了本次实验，他们的共同点是，在上学期至少有一门核心课程的成绩是不及格，或只拿到了2.0或者更低的绩点，这两个指标对高中毕业之前辍学的情况预测性较强。对于这些学生而言，这两次四十五分钟的干预课程，将课程不及格率从48%降到了40%。而对照组学生的不及格率却没有下降。这种效应看似不大，但相比对照组的学生们，它让学生们少了八十三门不及格的课程。

如果在学生的整个教育过程中始终如一地提供这一信息，那么他们的收获将有多大？这是一个值得探讨的问题。理想情况下，有智慧的教育者不仅要通过在学生成功和失败时提供的反馈来传达这些信息，而且要通过学生小时候在写作、阅读和拼写练习中接触的材料以及长大一点后所读的传记来传达这些信息。接触到一些任务，认识到在任务进行的初期，困惑和困难会随着不断的努力和增长的经验而减少，这是培养成长型思维模式的秘诀中的另一个部分。正如我们稍后讨论的那样，大一点的学生也会安下心来，认识到最初的疑虑和恐惧是正常的，成功和归属感会随着他们一年年的成长而到来。

现有研究传达出来的信息，父母和教育者应该谨记于心。有智慧的父母不会告诉孩子他有多聪明或多有成就，而是会称赞辛勤工作和愿意应对挑战的品质。当孩子遇到困难时，家长告诉孩子，通过实践和积累经验，任务将变得更加容易，并传达出这样的信息：一路克服障碍的感觉会很好，甚至是一种乐趣。他们鼓励孩子们阅读书籍或观看视频，这些书籍和视频并非关于有着超能力的超级英雄，而是各个年龄层的普通人在成功前遭受磨难和失意，但最终却得偿所愿和收获幸福的故事。如此一来，他们将帮助孩子不仅能在学校取得成功，还能应对生活带来的其他挑战。

课堂上的刻板印象威胁

20世纪80年代，克劳德·M.斯蒂尔（Claude M. Steele）思考的问题，与他的斯坦福大学同事卡罗尔·德韦克长期纠结的问题密切相关：为什么非裔的孩子以及许多其他种族的孩子在运动场、艺术和音乐上表现出色，而在课堂上经常表现不佳？为什么这么多人在高中毕业之前就辍学了？为什么很少有人能在这个对学历要求越来越高的时代，取得大学文凭呢？此外，为什么女孩在学校里至少和男孩一样出色，但拒绝去攻读数理化类专业呢？为什么最开始选择数学、计算机科学和工程专业，有上进心和才华的年轻女性，比男同学更容易放弃这些追求并改变专业呢？

斯蒂尔的工作使他引入了"刻板印象威胁"的概念，即人们担心自己的行为将印证他人对自己所属群体的负面刻板印象。[13] 他认为，这种威胁在内化并产生自我怀疑的过程中，以及在引发本章一直在探讨的恶性循环和自我实现预言时尤其有害。

三个相关联的问题和刻板印象威胁有关，这三个问题也是克里斯托弗·勒梅特等白人短跑运动员所面临的。第一个问题是否定认同（disidentification）。认为自己可能在某一领域中失败的人可能会保护自己，他们不会把自己的自尊与认同投入到这一领域，而会到别处寻求满足和认可。第二个问题是自我设障。经常发生的情况是，在面对挑战时感到焦虑或缺乏信心的学生，通过为自己的失败找到好的借口，来消除失败的屈辱感。[14] 不努力学习和贬低学术追求是最常见的两种自我设障策略。

但第三个问题最引起斯蒂尔的注意：刻板印象威胁引起的焦虑和注意

力涣散会使学生在考试时表现更差。为了证明这种现象的存在，并表明可以克服这种现象，斯蒂尔和他的学生采用了一种巧妙的技巧，即普林斯顿黑人和白人学生打高尔夫的研究所使用的技巧（实际上是高尔夫研究借用了斯蒂尔的主意）。在斯蒂尔的研究中，黑人和白人大学生被要求回答从研究生入学考试里摘取的口语试题。[15] 有些人被告知这些问题是对其智力和能力的考验，而另一些人被告知这一测试和他们的智力及能力毫无关系。相反，他们被告知，这些问题测验的是他们解决问题的能力，但其效果仍未经证实。

对白人学生来说，对问题的不同描述，并未造成太多结果上的差异。当这些问题被描述为衡量他们认为重要的东西时，他们的表现要比当问题被描述为衡量他们认为不那么重要的东西时稍好一点。相比之下，对于黑人学生来说，那些被告知测试并非诊断他们智力的人，能获得较好的成绩，大概是因为这使他们不必担心基于刻板印象的期望，能够全力以赴并注意手头的任务。

现在，数十项研究证明了减少刻板印象威胁对接受标准智力测验的黑人、西班牙裔和社会经济地位较低的儿童的影响，以及对接受数学或推理能力测验的女性的影响。[16] 在某些情况下，实验操纵仅仅是更改对测试所衡量的内容的描述，但也有其他方法得到了运用。例如，研究人员表明，相比于周围都是男性的情况，女性在有其他女性在场的情况下，在数学测验中获得较差成绩的可能性较小。[17] 然而，教育工作者面对的真正挑战是测试这项研究是否可以用来帮助学生们。是否可以用来帮助经常感到学习困难的学生，以帮助他们取得更好的成绩，并防止他们在遇到学习困难时轻言放弃？

将测试定性为与能力无关，是一种在实验室研究中揭示刻板印象威胁影响的明智之举。但在学生完全了解测试所衡量的内容，且知道许多人怀疑他们取得成功的能力的情况下，这并非可行的技巧。上高等数学或科学课程的女性也不会注意不到自己的弱势地位。与旨在促进成长型思维模式的干预措施一样，问题是应对刻板印象威胁的努力是否可以提高平时和期末的成绩。

这世上从不缺少怀疑者。有些人声称天生的能力和文化价值上的差异是无法克服的。其他人则坚持认为，只有进行大规模的社会变革，才能弥合弱势群体与成功间的鸿沟，这种鸿沟包括了经济和其他方面的障碍。相关的教育家和政治家们更加乐观，他们认为，广泛（而昂贵）的教育干预措施能够提供专家指导并充分激励学生（和教师）努力，使他们可以克服这些不利条件。

但是一部分社会心理学家和教育家对此更为乐观。实际上，他们已经积累了大量证据，表明适度的心理干预可以减少这些成绩差距所代表的"难题"。

这些研究人员的目的并不是要表明较好的教学质量、经验丰富且具有奉献精神的教师和学生的成功无关。研究人员非常清楚这些因素的重要性。然而，他们想表明的是，即使他们不依赖精心挑选的教职员工和学生，也不依赖豪华的教学设施，他们设计的干预措施也可以带来一些改变。

尽管这些干预措施在细节上有所不同，但所有这些干预措施都是根据刻板印象威胁的理论和研究开发的。同时，这些干预措施的制定结合了本书前五章中介绍的普遍的洞见。这些干预措施中融入了有关社会情境的强大影响（与低估了这种影响时所造成的错误归因）以及对情境做出的主观解释的作用的经验教训。它们还反映了对于行动会影响思想和感觉，以及哪些滤镜可以决定或扭曲决策和判断的洞见。我们认为你会同意，对于那些想要有智慧地参与有关当代教育的讨论的人来说，这些成功案例是必读

195

的，读完这些文字后，你可以知道要采取哪些措施，来帮助学生们充分发挥自己的潜能。

是魔法吗？不，只是心理干预

有两类成功的案例值得注意。第一类是"知识就是力量项目"学校的成功，这些学校通过结合严格的大学预科课程、有效的领导、敬业的老师、积极的父母以及可观的外部财务支持，引人瞩目地提升了少数族裔和低收入学生的高中毕业率（95%）和大学入学率（89%）。

这些资源密集型项目以及其他类似项目，证实了情境的力量和约束力，个人对努力的解读对于塑造行为的重要性，以及行为承诺的价值，这些是我们整本书反复提到的。但是请注意以下几点：事实证明，完成四年制大学学业的"知识就是力量项目"学生的百分比低得令人失望（只有33%），尽管这个数字仍然是那些背景相似但没有此类课程的高中学生的四倍高。[18]

另一类成功案例用到的是相对适度且成本效益高的干预措施，这种干预措施已被证明，可以为社会和经济背景处于不利地位的学生，提供可观的教育回报。两种类型的成功案例，都向那些谴责"创可贴解决方案"，并坚信除非解决贫困、健康、营养、社会种族主义与其他"根源性"问题，否则无法提高弱势学生群体的学业成绩的左翼人士发出挑战。当然，这两种类型的干预措施也对那些右翼人士发起了挑战，他们将普遍存在于特定弱势学生群体的学业失败问题归因于遗传学、育儿不良和其他有害文化因素的组合，并认为这些组合因素不能通过"在问题上投入金钱"（更不用说自由派社会科学家设计的任何干预措施）来解决。

我们接下来描述的干预措施，并没有教给学生通用的学习技巧或者特定的学习内容。然而，所有人都不仅取得了学业成绩的短期进步，而且是持续改善。在许多情况下，社会科学家们的干预覆盖了足够多的学生，以期能引起校方和政界人士的认真关注。干预动作虽然看起来微小，但结果令人惊讶，看起来像是魔法一样。但是，若能更深刻地理解这背后的心理学原理（也是我们在本书中一直讨论的），就能清楚地认识到，我们所描述的干预根本就不是魔法。干预的影响比人们想象的要大，因为干预比看起来要大——干预改变了学生对日常经历的理解，从而改变了他们对这些经历的反应。如此一来，这些干预将原本可能是恶性向下循环的情况转变为良性向上的循环。

自我肯定的积极影响

克劳德·斯蒂尔和他的伙伴不仅记录了刻板印象威胁的负面影响，还展示了帮助学生应对这种威胁可使情况好转。他们探索过的最有前景的方法之一是"自我肯定"，在与威胁本身无关的维度上，增强学生的自我价值感。他们引导学生触碰对他们个人来说很重要的价值感来源（如友谊和家庭，或宗教，或改变世界），确认有哪些价值来源，并写下自己在其中扮演了怎样的角色。[19]

在一项新的研究中，杰弗里·科恩和他的同事们在东北郊区一所中学的三个教室里，测试了自我肯定干预的有效性。[20]这些班级里的学生在一年时间里撰写了一系列文章，确认了他们认为最重要的个人价值感来源（通常是家庭的重要性，但有时也有特定的个人兴趣，如音乐）。这种干预提高了（面临刻板印象威胁的）黑人学生的成绩，但没有提高白人学生（没有面临刻板印象威胁）的成绩，其结果是黑人学生与白人学生之间的差距减少了40%。更令人印象深刻的是，在中学学习的两年时间里，他们之间总绩点间的差距减少了30%，必须留级或重修的黑人学生的人数从

9%下降到了 3%。

在科恩及其同事的这项开创性研究之后,现在许多针对不同类型面临刻板印象威胁的群体的研究,也取得了相似的正向结果。从理论上讲,这些干预是通过不断带来良性循环而获得成功的。从这些干预中受益的学生会有更强的自我价值感,对尝试和失败的影响也不再那么恐惧。这些改变使他们在面对最初的困难时更愿意坚持下去,更愿意提出问题和寻求帮助。包括那些不知道干预的老师在内,老师们注意到学生的努力和投入得到了强化,第一次看到学生们变得更有动力。然后,当增加的努力开始产生积极的效果时,他们认为学生变得更有能力,更值得进一步关注和指导。这反过来又促成了进一步的提高,学生们变得更愿意接受更大的挑战,并在不容易取得成功的情况下坚持下去。[21] 其中一些干预措施的结果确实令人印象深刻。在一组成绩较差的七年级和八年级非裔美国学生中,自我肯定练习使不得不留级或重修的学生比例从 18% 下降到 5%。[22]

用明智的反馈解决"导师困境"

建设性的反馈意见(包括对不足之处的关注和相应的改进建议),可以成为帮助学生发展技能的有力工具。但是,当学生怀疑自己应对新的学业挑战的能力,担心给予这些反馈的人如何看待他们时,这样的反馈可能会削弱他们的动力和自信。那么,当面对不见效果的努力时,关心学生而富有同情心的导师应该怎么做呢?

在很多情况下,尤其是在反馈对象来自不同种族或社会经济群体时,常规的答案是保留批评,提供温和的赞扬(例如称赞学生对主题的选择、学习兴趣,或是在任务某些相对不重要的方面的勤奋)。但是这样做,导师没有给学生促使他们做得更好的、有针对性的反馈,也没有给学生进步所需要的具体指导。导师避免了被指责有偏见的风险,但学生要么是在一种错觉下努力,认为不见成果的努力是完全可以接受的,或者更糟糕的是,认为导师怀疑他是否有能力做得更好。

研究表明,更有效地解决这一困境的办法是提供一种特定类型的精准反馈。理想情况下,导师应该诚实评判学生的作业(包括发现缺点和提出改进建议),并明确表明导师正在以高标准评判作业,并保证导师完全相信学生能够达到这些严格的标准。

在一个系列研究的第一项研究中,七年级学生在收到反馈后,接受修改和重新提交论文的邀请的比例从7%上升至71%。[23]在第二个研究中,要求所有学生重新提交,那些得到精准反馈的学生提交的论文质量更好。这些发现在非裔美国学生中比白人学生中更为明显。这种精准反馈的效果,在那些曾表示自己和自己的种族经常受到不公正对待的学生身上,尤为明显。事实上,接下来的两年里,在这个高度弱势的学生群体身上经常发生的信任度下降并没有发生。

研究人员进一步指出,这种归因训练的效力,可以通过同伴强化核心信息而增强。在纽约市一所低收入阶层学生为主的高中进行的第三项研究中,干预措施包括呈现一些学生的感言,这些感言说批判性反馈反映了他们对学生的高标准以及对学生达到这些标准的信心。结果是,在下一个评分期中,非裔美国学生的成绩有了显著的提高(同样白人学生没有)。最重要的是,这种提高随着时间的推移而持续。这种训练改变了学生对学校的看法,并促使他们更努力地学习,从而形成了一个良性循环。更多的努力提高了他们的成绩,带给他们其他的成功与认可,从而进一步增强了他们学习的动力。

些许归属感的价值

许多大学新生,尤其是那些面临刻板印象威胁的或来自贫困阶层的学生，一进入校园就会体验到一种文化冲击和归属感的缺乏。即使对于有学业成就，并完全有能力达到大学学术要求的学生也是如此。一个考入普林斯顿大学（后来进入一家芝加哥知名律师事务所，然后去了哈佛法学院进修）的才华横溢的非裔美国女性写道："我在普林斯顿大学的经历，让我比以往任何时候都更加意识到我的'黑人'身份……无论我的一些白人教授和同学们对我多么自由与开放，我有时候还是会觉得自己就像校园里的游客，好像我真的不属于那里。"[24] 那个学生就是米歇尔·奥巴马。

一位同样才华横溢、被普林斯顿大学录取的西班牙裔女性形容自己的感觉"就像一个访客来到了异乡……我从普林斯顿大学法学院毕业后，以及后来从事各种职业时，并没有感觉自己完全是这个世界的一部分"。这个学生就是索尼娅·索托马约尔。后来，作为美国最高法院的大法官，她在一桩平权诉讼案中持异议意见，她认为"种族很重要，轻蔑、嘲笑和沉默的判决，强化了一种'我不属于这里'的扭曲思想"。[25]

这种多年的无归属感和对自己能力不够的担心，以及对不具备成功所需条件的恐惧（特别是当这些恐惧在一些初期学业困难中得到强化时），会导致自我怀疑和疏离的恶性循环。为了化解这方面的刻板印象威胁，斯坦福大学的心理学家格里高利·沃尔顿和杰弗里·科恩让非裔美国人与白人学生读了一项调查，调查显示，任何种族的校园新生觉得自己没有归属感都是很常见的，这种感觉会随着时间的流逝而缓解。学生们还写了一篇文章，并做了一次演讲（表面上是为下一届的学生准备的），讲述了他们入学后对归属感与早期学业困难的担忧是如何随时间缓解的。

在这项研究的三年观察期里，被沃尔顿和科恩称为"秘密行动"的干预措施，使少数族裔学生能够更好地应对逆境、失望和压力。[26] 它还防止了在其他情况下，可能会很常见的成绩的逐学期下滑。结果，非裔美国学生

和白人学生之间毕业成绩的差距相比通常情况减少了一半。㊀

这项启发性研究的作者，再次指出了良性循环的巨大力量。他们认为，这种干预改变了学生们对负面事件的理解方式，这些负面事件是他们大学生活中会遇到的正常现象。干预可以使他们免受其负面影响。它还能激发学生行为上的改变：在图书馆待的时间更长，参加的俱乐部更多，学习的压力更小，从而获得绩点的长期提高。考虑这种连锁效应已经成为干预研究中越来越重要的主题。教育和其他领域里有智慧的实践者们知道，重要的是，不仅要打消那些对自己的成功能力存有怀疑的人的疑虑，而且要为此提供一些令人信服的基础。

值得注意的是，归属感干预同样没有为非少数族裔学生提供任何持续的好处，结果是少数族裔学生和非少数族裔学生之间的成绩差距缩小了一半。看来，白人学生，以及那些来自其他族裔、没有面临刻板印象威胁的学生，倾向于认为自己属于这个集体，并且能够获得成功。他们进一步倾向于假设他们所经历的任何最初的困难都会过去，而且他们最终会变得像他们所看到的高年级学生（大多数与他们有相同的背景）一样自信和成功。

科恩和沃尔顿的发现意味着，他们的干预所带来的好处，在很大程度上，仅限于那些背景尚未为他们提供这种令人安心的假设的学生。对这些学生来说，这个令人安心的信息——他们所经历的任何疑虑和困难都可能是暂时的，如果他们坚持下去也可以成功——需要在大学生涯早期就明确地传达给他们。

㊀ 这项研究中的干预措施（以及我们这里描述的其他干预措施）被调查者称为"秘密行动"，因为该干预措施并未作为提高他们成绩或影响他们是否留校的措施而让学生知情。如果知道干预措施是为解决问题而设计的，这会向学生传达一个信息：即他们需要或被认为需要额外关注，这是一种可以自我实现的污名。研究人员认为，这一过程的秘密性是其成功的原因之一。

第二部分 智慧的应用

未来之路

这些开创性的"智慧干预"努力传达的乐观信息，现在已被大量后续研究的结果所强化。研究人员一次又一次地发现实验目标群体的学业成绩有所提升，使这些群体学生在学校教育中处于劣势的成绩差距也有所减小。[27] 例如，从特许高中以高分毕业的非裔美国学生，如果在上大学前上一个简短预科课程，让他们对下一阶段的学业有"归属感"，那么能成功完成大学一年级学业的学生比例会从32%上升到43%。[28] 这样的增长应该给我们留下多么深刻的印象呢？想想看：这与为达到这一目标的学生提供3500美元奖学金的项目，所实现的增幅大致相同。

证据表明，明智的干预措施还可以减少在STEM领域攻读学位的女性所面临的刻板印象威胁的负面影响。在一项重要研究中，加拿大一所大学连续三届工程系的新生接受了简短的"社会归属感"干预或类似的简短"肯定训练"干预。在我们之前描述的研究中，归属感干预包括高年级学生对他们的早期痛苦经历的描述，以及早期自我怀疑是普遍、短暂的安慰性话语。它还要求工科新生用自己的话撰写一篇文章，证明他们所听到的信息。自我肯定干预，就像之前的研究一样，要求学生在写作中肯定个人某些重要的价值。参与这项研究的学生也在接受干预后，完成了12天的日记，并在同一年的晚些时候完成了关于他们的社会生活、个人适应和幸福感的问卷调查。

在接下来的一年里，这些干预措施带来了更高的绩点，对于那些选择男性占主导地位的专业的女性来说尤其如此。事实上，在科学和工程领域经常出现的性别差异（在没有接受干预的小组中存在）被完全消除了。对学生日记和问卷回答的分析，进一步说明，干预条件下的女性，在面对负面经历时更有韧性，对自己和所选择的研究领域有更积极的态度。接受社会归属感干预的女性也与工科男生建立了更多的友谊。[29]

当这些心理干预在不同学校、不同群体、不同情况下大量使用时,其结果的有效性有待进一步研究,但我们有理由保持乐观。不仅成功干预的报告越来越多,现在也有越来越多的证据表明,它们减少了刻板印象威胁,促进了适应性思维模式的发展。最终,学生们变得更加自信,认为自己拥有成功所需要的东西,那些不可避免的挫折和失望都是短暂的,努力和坚持终究会结出果实。信心的增强反过来又使学生更愿意与追求类似目标的同龄人交往,并与能够帮助他们实现这些目标的老师和导师接触。

对于年龄小一些的学生来说,提升学习成绩的良性循环连锁链,尚未被充分探究。但我们的确知道,我们所描述的这类干预不仅会影响学生的成绩,还会影响其他人对他们的评价,尤其是他们是否会在年底升到高一年级,而不是被留级或被纳入差生班。我们也知道,对自己能力的信念以及提高能力的可能性,会影响学生在困难面前坚持不懈、接受新挑战的意愿。因此,不难想象在这个连锁链的其他环节中,这些年轻的学生和他们的老师彼此回应,从而把双向失败和挫折的恶性循环转变为双向成功和满意的良性循环。[30]

需要再次提及的是,我们所描述的心理干预并非为替代熟练的教师、辅助管理人员或充足的资源而设计,事实上,它们的功能是让学生充分利用有效教育的这些重要组成部分。对一些学生来说,即使在最好的情况下,这些干预措施也不足以引发这样的良性循环。对于许多其他人来说,长期收益是微不足道的。但是对于某些人来说,它们将改变生活。

这一领域最活跃的两位研究人员提出了一个比喻:一个细微但明智的干预,类似于机翼形状的微小改变,可以为飞机提供更大的拉升力。它并没有消除对强大引擎的需求,但它确实让起飞更轻松、更安全,让旅程变得更好。[31]

第二部分　智慧的应用

有智慧的人对这些研究有着细致入微的理解，可以在关于提高学生和学校的水平，以及他们以后对社会的贡献的所有辩论中，做出富有成效的贡献。我们总结的证据，也为任何想要帮助他们关心的人迎接新的艰巨挑战的人，提供了更多的经验教训。不只是干预，而是要明智地干预。这意味着要提供切合实际的反馈，而不是空洞的赞美；这意味着要将学业目标与个人价值和对个人有真正意义的远大抱负联系起来，并打消存在的疑虑；这也意味着在打消疑虑的同时要传达出"能力不是一成不变的"的暗示。这不是有或没有的问题。能力会随着努力而增长，而失败是增长过程的一部分。坚持不懈，相信持续的努力会有所回报，愿意在需要的时候寻求帮助，这些都是成功的关键。

当自己面临新的艰巨挑战和自我怀疑时，有智慧的人也会把这些信息牢记于心。他们会记住自己的能力是可塑的，例如，即使是在婴儿潮一代出生的老人，学习新的信息技术也像是学游泳或者学打字（我们大多数人很快就能学会），而不是像在做智力测验。他们会从能分享蹒跚学步般学新技术的故事的朋友和同事那里寻求安慰，但他们也会问别人一些小技巧来让学习变得更轻松，而且当遇到困难时，他们也不怕问问题。有智慧的人知道，寻求帮助并不代表暴露自身的局限性；相反，它展示了你对反馈持有的开放态度以及对可以实现成功的信心。

第九章

更难解决的世界性问题

　　几十年来，节能倡导者一直敦促美国人关掉电灯，冬天关掉恒温器，夏天关掉空调，拔下闲置电器的插头，少开车、多走路或骑自行车，安装太阳能电池板，尽一切可能减少能耗。好消息是，一些非常简单、廉价的心理方面的倡议，可以促进个人行为的这些细微（并且能省钱的）改变。坏消息是，我们星球面临的真正挑战——避免气候变化所导致的严重后果，不让我们的子孙后代在一个气候更暖、风暴更多的地球上生活——要艰巨得多。

　　让我们先讨论一下好消息，然后再考虑是什么让全球挑战变得如此艰巨。先要提醒你的是：没有简单的万能心理处方。但是，对人类心理学一些特征的理解，可以帮助你理解需要克服的障碍。这种理解会反过来让你在任何相关话题的讨论中更有见地，在候选人陈述自己的立场时，成为一个更明智的选民。

第二部分　智慧的应用

好消息：一张邮票的钱就可以减少能耗

于 1984 年出版的经典著作《影响力》（*Influence*）的作者罗伯特·西奥迪尼，在他的职业生涯中一直致力于研究从心理上改变人们行为的方法。在亚利桑那州立大学担任首席研究员期间，西奥迪尼就曾指出，比起跟着衣衫褴褛的人过马路，人们会更愿意跟着衣冠楚楚的人过马路，人们也认为快空了的罐子装的饼干的味道比快满了的罐子装的饼干的味道更好。他还指出，人们是否愿意把垃圾扔进垃圾箱里，而不是扔在地上，取决于他们看到垃圾箱的周围已散落了多少垃圾。利用同样的社会影响原理，他还展示了让酒店客人重复使用毛巾，而不是每天更换的方法，那就是让他们知道大多数其他客人（或者最好是大多数以前住在这个房间的客人）都这么做。[1]

从亚利桑那州立大学退休后，西奥迪尼开始认真地面对有关节能的挑战。他成了 OPOWER 公司的首席科学家（该公司为公用事业公司提供促使其客户减少能耗的建议）。西奥迪尼确信他在学术研究中发现的影响力原则，对这项工作会有所帮助，于是他投入了工作。他的目标是设计出比大众媒体教育活动以及传统经济理论家所倡导的小额金钱激励或罚款更有效的技巧。他的技巧是只需要给能源使用者一个小小的"助推"，让他们采取自己已经认可的行动。这些技巧对电力公司很有吸引力，因为它们节省了公司升级电厂的成本。

其中一项技巧与西奥迪尼让酒店客人重复使用毛巾的"社会证明"原理相同。他的团队在圣迭戈郊区挨家挨户地把节能信息贴在门把手上，其中应用了四种不同的信息。第一个是呼吁房主为"保护环境"节约能源；第二个是为"子孙后代"节约能源；第三个是为房主"省钱"；第四个则运用了西奥迪尼的社会证明原则——"你的大多数邻居每天都在节能"（这是真的，大多数居民至少采取了一些类似的小行动）。月底读电表时，只有一个信息产生了影响：正如西奥迪尼所预料的那样，只有在得知他们的邻居也在努力减少能耗的家庭，其能耗才会显著减少。[2]

西奥迪尼和他的 OPOWER 团队进一步证明，有关邻居家能耗的更精确信息能够产生更大的影响。他们每月给居民发一封信，其中包含两条信息：邻居的平均能耗情况，以及自己家的能耗情况比平均能耗情况好或差的程度。结果，那些发现自己在节能方面（以及节省电费方面）做得不如邻居的住户，很快就开始更加节约。

但是存在一个问题：那些发现自己在节能方面比邻居做得更好的住户就会变得更浪费。为了解决这个问题，西奥迪尼在给这些客户的信息中添加了一些东西：即在指示能耗量的数字旁边加了个笑脸（表示他们"做得好，你的行为符合我们社区的共同价值观"）。结果，像之前一样，能源浪费者更努力地想与他们的邻居相配；但现在，能源节约者对代表他们成功的笑脸感到满意，并做到继续节能。整个社区的能耗得以下降。[3] 让人们知道他们与邻居相比所处的位置并祝贺那些表现很好的人，这种做法节约下来的能源并不太多。但能源公司几乎不会抱怨这种方法的成本（等于二等邮票的价格）或成本效益。

更大的问题

针对个人能源用户，提供关于身边人的规范的信息，无疑是一种值得采用的策略。正如哈佛大学社会心理学家约书亚·格林所说："让人们做某事的最好方法，就是说他们的邻居已经在这么做了。"[4] 本书前四章中讨论的其他影响技巧，也已被证明对节能社区和节能社会有用，特别是那些将良好意愿与行动联系起来的通道，以及引导个人做出有益行为的"默认选

第二部分 智慧的应用

项",即要选择退出而不是选择进入。

但是气候科学家很快指出,像这样针对个人行为改变的干预措施无法帮助我们解决所面临的全球气候挑战。他们表示,世界上90%以上的国家最近都经历了有史以来最热的十年,而全球有记录以来最热的十年中有九年是在2000年以后。如果你想用更大的数字来说明它是如何影响我们的,可以选择这个:从2001年到2010年,与全球高温相关的因素导致的死亡人数为13.6万,是之前十年的20倍多。[5] 日益严峻的气候变化引起的农业灾难、全球范围的粮食短缺以及其他影响文明稳定的因素,给未来蒙上了一层阴影。

由于未能解决气候变化的原因,我们需要付出巨大的未来成本——这是一种双重打击,我们既要为减少温室气体排放付出代价,也要为减轻它对我们的财产、食品和健康造成的不可避免的损害付出代价。如果你不相信气候变化危机不但真实存在,并且越来越迫在眉睫,那么你很可能会利用我们在本书前面讨论的否认与合理化的强大能力。如果你关注过媒体对全球变暖的报道,你也能意识到,在促使政府和行业采取必要行动来减少我们所面临的代价和损失方面,我们进展甚微。

许多评论人士说,启动应对气候变化所需的那种类型与规模的重大项目如此困难的原因并不神秘。他们说,答案就是简单的经济学和美国国内与国际政治的现实情况的结合。先不说全球层面,在国家层面,温室气体监管需要联合行动,而这种联合行动会遭到根深蒂固且资金充足的利益集团的强烈抵制。

企业渴望短期利润,而不是经济的长期可持续性发展(更不用说地球的生态系统和生活方式的可持续性),是这个问题特有的难点。事实上,美国公司几乎是被要求采取一种目光短浅的做法,让它们在面对长期才有回报的财务投资(即使是谨慎的)时变得气馁。如公司要转向更高效的可再生能源，将直接严重打击股东价值，而我们的税收体系对于投资者关注长期问题几乎没有任何激励措施。

与此密切相关的是金钱在政治中的作用。埃克森美孚等化石燃料公司和"美国繁荣"（Americans for Prosperity）等保守派组织，向反对限制碳排放的政治候选人和倡导组织提供巨额捐款。他们还资助媒体网络和"专家"，传播对减少煤炭、石油和天然气开采的必要性的怀疑，并在使用更环保、更可持续的能源的成本和收益方面误导人们。被收买的权威人士积极鼓励人们继续采用他们倾向的那种否认和合理化，包括工会在内的各种利益集团也是如此，如果我们使用替代能源，他们的成员将会失去工作。

专家们并未就全球变暖（或至少人类活动在造成全球变暖中的作用）达成一致这一说法很有迷惑性，而推广这一说法的努力也非常成功。[6] 尽管科学界对人类行为造成气候变化的看法几乎一致，但2012年的一项调查显示，当被问到"科学家们相信全球变暖是人类活动造成的吗"，说"不"的美国人（43%）和说"是"的美国人（45%）几乎一样多，还有12%的人说他们不知道。正确的答案当然是：很少有知识渊博的科学家（除了那些观点被花钱收买了的）对其有任何怀疑。[7]

提倡采取行动以应对全球变暖的人士可以说，气候挑战也提供了机遇。开发清洁能源技术的个人和公司将获得丰厚的利润，特别是如果他们能成为这个行业的早期领导者。随着社会中的主要能源供应从不可再生能源转向可再生能源，现在人们从未想到的新产品和服务会成为我们生活的一部分，新的就业机会会被创造出来。但变革的倡导者很难与既得利益集团竞争，因为这些既得利益集团可以利用其强大的政治和经济影响力预先阻止必要的立法和监管改革。

一个特殊的问题是，大多数环保政策与实践带来的新工作的潜在从业者并不知道他们会得到这些工作。无论是潜在的员工，还是投资者、企业家或其他将从应对气候变化的行为中受益的人（包括普通人），都不是一个有组织的团体，更不用说拥有游说国会或发起公共宣传运动的那些资源了。还有，让燃油税纳税人（和选民）支持政府补贴发展替代能源的计划要比让他们反对这些计划困难得多。我们已经为之前未能早日采取行动而付出的代价，以及我们今天的不作为将要付出的代价，对于普通人而言却根本很难发现。

这些政治和经济因素的重要性是不可否认的。它们有助于解释为什么应对气候变化问题与获取桥梁、水坝或国家铁路和公路系统的建设所需的资源是不同的。但美国和其他国家已经成功应对了之前的挑战，即在没有明显的可立即获得回报的情况下，让追求利益的公司和企业家有意愿对重要资源进行具有一定远见的投资。

早期社会建造金字塔和大教堂是为了让其延续几个世纪甚至几千年。20世纪上半叶，美国成功地创办了国家公园，提供全民教育，建立了让全世界羡慕的高等教育和科学研究机构。近几十年来，美国成功将人类送上月球，并在医学和公共卫生领域取得了惊人的进步。那么，为什么现在我们发觉，要摆脱集体的滞后，立刻行动以应对气候变化、资源枯竭以及生物多样性丧失等相关问题的挑战如此困难？

要回答这个至关重要的问题，必须考虑人类动机和决策的一些特征。从进化心理学和行为经济学的视角来审视气候变化挑战，也很重要。

时间框架、受益人与终点问题

应对气候变化的挑战，要求人们现在就做出个人牺牲，以尽量减少他人未来可能遭受的伤害，这很难行得通。我们的物种进化成为小群体生物，专注于自己的生存与短期需求，以及我们后代和近亲的需求。我们天生就不会过多担心我们曾孙的福祉，更不用说担心住在遥远地区的人的后代了。你可能愿意抵制一些不健康的零食,并抽出时间锻炼身体,以让自己更健康、更长久地陪在孩子身边。但是,你在多大程度上愿意为增加你的子孙后代过上更好生活的概率,而加强锻炼、保持健康饮食,或者把更多的可支配收入存起来呢?如果我们要应对气候变化的挑战,就必须做出这样的牺牲,这种牺牲需要我们保护永远不会认识的那几代人的利益。

此外,需要对我们的生活方式进行永久性的变革,而不是短暂的改变。洪灾、经济危机、战争时期那些成功的动员和合作呼吁表明,人们愿意牺牲一段时间以取得胜利,来让自己能够恢复正常生活。一种不那么自由、不那么奢侈、在某些方面也不那么愉快的新常态前景,不太可能培养出对未来的战役充满热情的新兵。

搭便车问题

即使是那些愿意成为好公民、愿意为对抗全球变暖而付出代价的人,也不愿意自己成为付出代价的"圣人",而其他人(搭便车者)成为不费力就能享受利益的"无耻之徒"。未能控制能耗和二氧化碳排放的个人和国家,不仅将继续从"照常行事"中获得往日的大部分好处,同时还将从其他人和其他国家减少温室气体排放的努力中获益。

所有人们不做任何贡献,却能从他人的努力和牺牲中获益的情况,都会出现这个问题,但气候变化还有一个别的问题。在许多"公地困境"中,自私的人可能会获得暂时的优势,但合作的群体比不合作的群体结果却会更好。㊀ 交更高的税以资助打造更宜居社区的公司,在年底的资产负

㊀ "公地困境"这个术语来自公共放牧区域(称为"公地")的困境,这是说,每个有权使用公地的牧民都有动机去尽可能频繁地放牧,即使这会减少其他牧民的动物的饲料量。每增加一个动物,个体就会获得更多收益,但动物的饲养资源减少的成本将由所有人共同承担。在这种情况下,资源很快就会枯竭,没有一个人会受益,而全体的约束本应使每个人都至少获得一些利益。[8]

债表中与吝啬的竞争对手相比,可能处于不利地位,但位于更宜居社区的公司,可能会更容易吸引技术人才,而且这些技术人才会在公司待更长时间(并发现他们的房子升值更快)。在对抗气候变化的斗争中,合作各方则不会获得这样的集体利益,因为太阳、风和水并不会区别对待合作的人与不合作的人。减少能耗或采用环保技术的好人不会比不做任何改变的坏人面对更少的环境恶化。

合作团体(特别是合作国家)确实能从中受益的行动,是那些努力适应气候变化和减轻损害的行动。建造更高的海堤,安装(越来越常见的)强力风暴预警系统,将会带来巨大的回报。许多气候科学家担心,关于这些措施的讨论很容易成为在减少能耗上不作为的借口,并成为工程师、发明家、企业家和其他人对降低未来损失能力的过度自信的来源。

在本章稍后,我们考虑有哪些可以乐观的理由时,我们会解释为什么增加对减少损害问题的关注也可以是非常可取的。现在,我们想说,回顾一下第四章关于行为至上的关键见解,可能会让你在下一次讨论预防气候变化还是减轻气候影响的问题时,成为最有智慧的人。

沧海一粟的问题

减少碳排放行动易受抵制的一个很大原因是,人们都太清楚他们自己以及他们社区的努力并不会对结果有实质影响,即使我们整个国家的努力也无法完成这项工作。"为什么我要少开车,多走路或骑自行车,在夏天调高空调温度,在冬天调低空调温度?"普通人可能会问。"这会很不方便,而且会让人汗流浃背。除非政府和行业改变他们的做法,否则减少一点二氧化碳对地球不会有任何影响。""除此之外,"这个人可能会加强合理化,"大多数人并没有减少驾驶,也没有在家里忍受不舒服的温度。而且我敢说印度绝不会采取任何措施来控制能耗。如果他们不愿为我和邻居们做同样的事，而我却要为他们做出牺牲，那真是太傻了。"

嘈杂信号问题

气候变化虽然已经对日常生活造成了毁灭性影响（如洪水和饥荒、海平面上升和海岸线消失、粮食生产危机、动物栖息地消失等），却没有留下一致的足迹。这些后果在日常生活中并不容易被注意到，比如全球平均气温在二三十年里逐渐升高了 1～2 华氏度。严冬刺骨的寒风和冰冷的温度，以及日复一日、周复一周的天气变化，都掩盖了气候逐渐变暖的事实，并为否认气候变化的人提供了依据，或者至少是生动的谈资。相反，那些在生活方式上做出了必要改变的人会看不到明显的进展，更不用说"进展"不是直接向好的方向移动，只是减缓了恶化速度。

除非你刚巧是一位滑雪者，发现积雪已不再是以前的样子，或者是一个农民，发现农作物收成不如以前，否则全球变暖的想法可能是你心中最遥远的事。只有当新闻记者让大家关注"百年一遇"的风暴，这些风暴似乎每十年才发生一次，或者一个令人震惊的统计数字，比如我们之前提到的与高温有关的死亡人数增加了 20 倍，或者一只北极熊被困在一小块分离的冰上，气候变化现象才会足够突出到我们大多数人都觉得有必要采取行动的程度。

否认和合理化的诱惑

或许，在动员各方努力应对气候变化的过程中，最难克服的也最明显的问题是，人们倾向于否认和合理化，也就是心理学家所说的"减少失调"。当谈到我们的失败和弱点、过失与疏忽，或威胁我们幸福、安全和自尊的恶习，它们的主人就是我们人类自己。我们在第四章中讨论了这些过程的一些大小案例。气候变化问题为否认与合理化提供了极其诱人的条件。

　　事实上，在应对气候变化问题上，对不作为的合理化和正当理由之间的界限非常微妙。科学模型并未得到完全验证或达到精确——在采取行动之前，这是个谨慎的理由，还是仅仅是合理化？在购买保险之前，我们并不知道自己发生车祸或遭遇洪水的概率，或者在没有留给家人财务保证的情况下死去的概率。气候变化威胁的什么方面给了我们不采取行动的合理理由，并让我们避免思考这个威胁而只是空抱乐观的希望？

　　正如我们之前提到的，仅凭我们自己，或者整个社区的努力，气候变化几乎不会受到任何影响。但这是你不做自己分内之事的正当理由吗？你会因为个人的投票不能决定选举结果而拒绝投票吗？你会原谅那些以此为借口的公民吗？当你为安装太阳能电池板或驾驶更节能的汽车买单时，那些不努力节能的人所生活的环境并不会比你的更糟，这是真的，这可能让你感到烦恼。这是你不进行这些环保投资的理由吗？你的某些邻居在暴风雪过后没有清扫人行道，会促使你也推卸责任，还是会让你无视那些推卸责任的人而继续履行自己的社会责任呢？

　　你应该明白我的意思。那么，为什么有那么多人在面对其他问题时抵制了否认和合理化的诱惑，却在气候变化问题上屈从于这种诱惑呢？在某种程度上，这是因为气候问题十分艰巨和困难，引发的后果很严重，要采取的措施成本高昂，其有效性也不确定，对许多人来说，否认和合理化比任何积极的措施都更能提供心理安慰。

　　在气候变化问题上，否认和合理化的诱惑尤其强大，因为人们共同参与其中。人们并不是独立地对不作为进行合理化，他们也不能独立评估证据的可信度、统计数据的可靠性，或者找到发出气候变化警报者和反对者各自方法论的缺陷。但是，群体所拥有的强大动机和近乎无限的资源鼓励他们采取舒适的合理化方法。

当然，那些关心气候变化的人也参与了集体行动，并掌握了大量资源。但这场竞赛并不公平。对问题的紧迫性和不作为的危险发出的警告声可能更多，其可信度也更明显，但否认者只告诉人们他们愿意相信的，而不是他们不愿相信的。

否认者也越来越多地（有时是明示，有时是暗示）告诉人们，这个问题更多是关于政治身份，而不是事实的对错。气候变化问题在世界其他国家和地方是关于潜在政策的成本收益的问题，但在美国已经变成了一个令人不安的问题，一个你选择站在左边还是右边的问题，以及辩论的哪方更能代表你更宽泛的价值观的问题。因此，对"他们"一方的任何让步都被视为对"我们"一方的背叛。

我们毫不掩饰自己的个人信念，即否认气候变化的人是错误的，而主张采取行动的人是正确的。我们也认识到，人类可能会扭曲判断，破坏合理的决策，对此我们也无法幸免。但我们仍然相信，任何一位以开放的心态看待气候变化问题的智者，都将摆脱认知偏差，思考我们接下来讨论的问题。

所以我们该做些什么

如今的情形很让人绝望吗？我们的子孙后代是否注定要面对生活方式的灾难性变化？有乐观的理由吗？也许有。科学家和工程师们有可能在最后一刻创造奇迹，净化大气中的二氧化碳、甲烷和其他加剧气候变化的温室气体，或者至少减缓气候恶化的速度。更有可能的是，利润的诱惑（如果没有更无私的动机）将促使私营企业开发更好的电动汽车电池，加快向清洁能源过渡（及降低清洁能源成本），并创造我们现在甚至无法想象的新型"绿色"能源产品。

　　探究这些概率和可能性不是我们要做的事。我们知道，专家可以提出一连串警告，其中最主要的一条是，为了解决一个问题，我们要做的很多事情可能会造成或加剧其他问题。例如，大规模净化大气中的温室气体其本身几乎肯定会消耗大量能源。任何创新项目规模的扩大都需要一定程度的国际合作，而这在当前的政治和经济环境下似乎是不可能的。

　　然而，历史至少为谨慎乐观提供了一些基础。尽管社会在应对挑战方面的反应缓慢，但悲观的专家们却通常低估了人类一旦认真开始工作，就能取得快速进步的能力。需求孕育了发明，增加了政府和公众对创新的资助意愿，成功地解决 X 问题通常会为解决 Y 和 Z 问题提供新的可能性。此外，对特定问题的解决方案通常会为社会带来明显而直接的价值。

　　通过增加电动汽车、风能和太阳能装置的数量，全球变暖的速度将从每十年 0.2 摄氏度降低到 0.1 摄氏度，这可能不会激发公众的兴趣。但它可能会带来更干净的湖泊和河流、更少的雾霾天气，以及为新一代工作者提供新的就业机会。计划启动时未预料到的红利，也可能具有社会和经济价值。想想太空计划，想想我们从登月中获得的发现和发明所带来的红利吧。仅在医学领域，现在用于重症监护病人和装有心脏起搏器的心脏病人的远程监测设备，是美国国家航空航天局最先开发的遥测系统的衍生产品。如今，救护车上的一些便携式医疗设备也是最初由美国国家航空航天局开发用于太空的。

　　正如我们在本章开头指出的，心理学家和行为经济学家的发现也可以帮助我们应对气候变化。心理上的框架选择（例如，默认个人和社区自愿参加国家补贴的节能减排项目，而不是默认不参加）可以提高参与率。㊀我们从第四章描述的研究中可以看出，行为的改变，特别是当它在轻轻的助推和适度的激励下完成时，可以引起态度和价值观的改变，反过来又能提高接受（甚至要求）政策和优先事项改变的意愿。与遏制能源消耗的严厉措施相比，旨在减轻预期环境变化影响的举措（如修建海堤）可能更容易得到支持。这样的项目既不会威胁到强大的既得利益集团，企业家也将从中受益。此外，建造新的海堤提醒人们，他们的社会已经认识到应对气候变化带来的其他挑战的必要性。

一些环保人士担心，强调减轻影响会分散人们的注意力，可能导致人们轻视气候变化带来的真正威胁。我们认为他们的担心放错了地方。公众对降低气候变化潜在后果出现的可能性的措施、减小这些后果带来的损失的措施的支持，可能是成功的第一步，这会鼓励他们支持其他措施，阻止否认和合理化。正如我们在第二章中提到的，小的行动表明并强化了按照个人价值观行事的意愿，这可以为今后更困难、更重要的举措铺平道路。这些行为进而又会影响人们对邻居的期望和要求。

这就引出了我们最需要的东西，也是社会心理学的核心。实行环境友好政策的关键是社会规范和优先事项的重大变化。我们的社会乃至整个世界，需要一个重大的转变，改变人们对好和善良标准，改变他们认为值得为之牺牲的东西的标准，改变他们认为值得用税款补贴的东西的标准。对站不住脚（而不仅仅是令人遗憾）的标准，以及对不可容忍（而不仅仅是错误）的标准，也需要改变。没有必要说服每个人，让他们都成为更明智的环境政策的热切倡导者。创设一种社会环境，让那些希望推迟可能带来负担的改变的人，也能容忍这些改变，因为这些改变被视为规范性的事

㊀ 此类计划可能包括要求政府规定或补贴能源使用表的安装，以明确每户在给定时间或在给定时间段内的消耗量，并告知居民其使用情况与邻居或社区的标准使用情况的对比。自动调节恒温器的设备也很有帮助，它能根据家里是否有人这一信息自动调节温度。

情，是好公民会做的事情，这就足够了。

如果所有利益方都能承担起自己的责任，而不是把代价和牺牲留给他人，那么社会、国家和民族的未来会更好。从某种意义上说，如果我们都将气候变化问题看作类似于社区型游戏而不是华尔街游戏（如第三章所述），并且每个人都认为社会中的其他人会履行义务，而不是追求个人利益，那么所有人都会受益。你可能在想：这听起来不错，但是我们如何实现这种观念和规范上的改变呢？没有灵丹妙药。如果有灵丹妙药，那么这个问题就不会是我们在本章标题中提到的"更难解决的问题"。但我们至少可以提供一些建议。

改变规范以克服障碍

很明显，有一些策略有助于实现必要的规范转变。例如，表彰在应对气候变化中发挥领导作用的个人、行业、社区和国家。一个相关但不那么明显的策略是，采用引人注目而令人难忘的方式，给最严重的违法者和拖后腿者加上罪名。每个大城市的"耻辱墙"，甚至是互联网上的虚拟耻辱墙，都可以作为这种做法的开端。在这些墙上为子孙后代刻下最知名、最具影响力的气候变化否认者的不合理、不可信的言论。这一举措将使政治家和其他公众人物，特别是那些公开言论与其私人信仰不一致的人，不敢发表可能损害他们几代人声誉的言论。

幼儿园以及中小学的教育工作者在此可以发挥重要作用（当然，大学的也可以）。在我们年纪还小的时候，在形成价值观、经济利益和根深蒂固的习惯（让我们感受到有合理化的必要）之前，我们面对不受自己欢迎的信息时，否认和合理化的可能性较小。考虑到我们前面提到的根深蒂固的经济和利益相关方的力量，规范的改变一开始将是一个艰难的过程。但这种规范上的变化一旦发生，球便开始滚动起来，势头就会随之形成，显著的变化就会很快发生。

例如，20世纪下半叶，西欧列强之间持续了几个世纪的战争突然结束，现在看来是无法想象的。在两位作者的有生之年，美国已经从一个非裔美国女演员在电视情景剧中扮演一个正常的、不是刻板印象中的角色^㊀（医生办公室的护士）就被视为很大进步的国家，发展为一个两次选出非裔美国人担任总统的国家。

全球范围内生育行为规范的改变是另一个乐观的例子。1970年，没有一个欧洲国家的总生育率低于1.7。到2000年，超过25个欧洲国家的生育率低于1.7。发展中国家的生育率也出现了类似的下降，印度从20世纪50年代接近6.0的生育率下降到今天接近2.6的水平，巴西从1960年的6.3下降到仅仅40年后的2.3。[9]

在美国，有关吸烟的社会规范发生的惊人变化尤其有启发性，不仅因为规范本身的变化速度，也因为伴随着这些变化，人们对吸烟和吸烟者的联想也发生了很大改变。在短短几十年的时间里，吸烟从一件让人联想到成熟、炫酷、老练甚至性感的行为，变成了一种至少在中产阶级、年轻人和受过良好教育的人中，被视为肮脏、软弱和缺乏判断力的行为。

像烟草业这样明显的"邪恶"敌人（它很好地扮演了恶棍的角色）的存在，无疑使制定限制性措施、对烟民征收惩罚性税款以及禁止电视台播出香烟广告变得更加容易。学校对健康风险的教育也发挥了作用。然而，似乎真正的驱动力源自年轻一代对年长一代的影响，而不是反过来，就像在改变种族主义的态度和行为时一样。

类似的代际过程，可能使人们对不明智的能源使用、恣意的二氧化碳

㊀ 这部情景剧由黛汉恩·卡罗尔主演，于1968年9月到1971年3月播出，共86集。

排放以及其他破坏环境的行为的观念发生剧烈改变。也就是说，如果你想在关于气候变化的讨论中成为房间里最有智慧的人，那么最好听听房间里最年轻的人的意见。

行为和观念转变的良性循环

我们在这一章和前一章讨论的两个问题非常不同，但它们有一个重要的共同点：两种情况下的恶性循环都需要被打破，并用良性循环取代。在上一章中，我们描述了这对于教育有何作用——融入感或自我肯定可以改变一个学生的期望，这使得学习似乎变成一份更令人振奋的事业，进而导致成绩的提高以及学生（和老师）期望的进一步改变。

就气候变化而言，这意味着经济压力和强大产业的影响所导致的惯性、合理化和绝望的恶性循环需要被打破。在教育方面需要进行努力，以使公众，特别是年轻人，在面对科学事实的时候很难去否认。同时，向公众注入一种有关产生变革的能力的个人和集体效能感也很重要。除了对抗反对者的否认之外，阻止人们对不作为的合理化，驳斥采取的措施不可能足以真正改变现状的观点，也将变得越来越重要。最重要的是，如果我们要应对气候变化的挑战，就必须改变责任只由社区（无论是个人社区、企业社区还是全球社会）中信念坚定的成员来承担的想法。

当用良性循环取代恶性循环时，我们应该牢记本书前面章节所提供的经验教训。像第二、三、四章中讨论的那些助推的方法（例如情境压力和约束的变化、精心挑选的默认选项、明显可见的社区规范信号、积极与消极联想的启动）比严厉的策略更有可能产生效果。这些心理层面的措施，以及它们带来的认知规范的改变，能让少数人积极行动，并让多数人愿意在日常生活中做些合理的改变——出于良好公民的责任感。对朴素实在论（第一章），以及扭曲我们判断和决策的偏见（第五章）的理解，可以让我们对那些看不到气候变化的人更加宽容，并激励我们努力做出更复杂的心理层面上的改变。

最终可能需要的是创造一种社会运动，类似于过去曾改变世界的社会运动，例如将君主制转变为民主制或结束奴隶制的运动，以及现在全世界正在加强的女权运动。创造这样一场运动并没有固定的公式，但历史和研究都告诉我们，一旦达到一个临界点，变化会是迅速和决定性的。[10] 同时，我们希望，这一章至少能使你在未来不可避免的社会辩论中，成为一个更有见地、更有说服力的参与者。简而言之，希望我们给了你一个开始，让你加入有智慧的环保主义者行列。

结　语

1994年5月10日，纳尔逊·曼德拉成为南非总统，他的新政府面临着无数挑战。在监狱里，他和许多非洲人国民大会的同事花费了相当多的时间，思考如何治理后种族隔离时代的南非。但是，世界上所有的计划都不能代替实际管理政府的经验。他们面临着诸多考验，包括如何处理刚获得解放的多数黑人的怨恨和愿望，以及被废黜的白人少数群体的恐惧和潜在的暴力行为。

事实上，曼德拉和他的新政府面临的最大威胁是阿非利卡[一]人的反革命。选举前夕，白人极端分子在公共场所引爆了几枚炸弹，造成21人死亡，多人受伤。有人说武装部队要发动政变，各种各样的白人抵抗党派已经形成。其中阿非利卡人抵抗运动最为突出，还有布尔共和军、博尔突击队、白人抵抗运动、白狼和死亡骑士团等组织。这些组织的成员在曼德拉

[一] 阿非利卡人是南非和纳比米亚的白人种族之一，南非白人主要为阿非利卡人。——译者注

获释时都高举着横幅，横幅上写着"曼德拉滚回监狱"和"绞死曼德拉"的标语。

曼德拉运用他所有的智慧来阻止灾难性内战的威胁。他用来缓和国内紧张和分裂的众多策略之一，听起来就像是好莱坞的东西。事实上，就是好莱坞的东西：这就是电影《成事在人》（Invictus，比大多数好莱坞影片都更忠于现实）中描述的策略。

为了缓解白人少数群体的恐惧，曼德拉决定支持国家橄榄球队"跳羚队"。[1] 跳羚队在阿非利卡人中很受欢迎，但对大多数黑人来说，跳羚队会让他们想起压迫的种族隔离制度，就像被换掉的旧南非国旗一样能引起共鸣。正如一位非洲人国民大会的成员所说："我是非洲人国民大会的忠实成员，是非种族主义哲学的信徒，也是曼德拉的仰慕者……但我讨厌跳羚队，讨厌这个人们引以为豪的跳羚队。对于我来说，它仍然是种族隔离有力的、令人讨厌的象征。"

尽管如此，曼德拉仍然坚持自我，他争取到让南非在下一年主办橄榄球世界杯。为了为这项赛事争取支持，一位聪明的公关人士为南非世界杯想出了一个口号："同一个球队，同一个国家。"但随着世界杯的开始，在很多人眼里，这个口号很空洞。相反，观众似乎更像是来自两个国家——一个迫切希望跳羚队获胜，另一个甚至为对手加油。

但是，随着跳羚队持续获胜，先击败澳大利亚，后击败罗马尼亚、加拿大，然后在半决赛中险胜法国，情况慢慢发生了变化。当跳羚队的球员（其中只有一个不是白人）在公众面前出现时，他们不仅受到阿非利卡人以及其他南非白人的热烈欢呼，也受到黑人的热烈欢呼。然后跳羚队进入了决赛，与被普遍认为是有史以来最好的橄榄球队之一（毕竟是好莱坞选中的故事）的新西兰全黑队对峙。

在决赛那天，两支球队聚集在约翰内斯堡的埃利斯公园体育场，面对

结　语

场内 65 000 名兴奋的球迷。比赛开始前五分钟，65 000 名观众激动人心地演唱着祖鲁语民歌 *Shosholoza*，伴随着歌声，曼德拉走进了体育场。他穿着跳羚队的球衣——那正是许多南非人痛恨的种族隔离的象征。人们（绝大多数是阿非利卡人）变得疯狂起来。台上发出震耳欲聋的声音："纳尔逊！纳尔逊！"南非全国人民，无论是在体育馆，还是在家里或酒吧里观看电视或收听广播，都因为一个共同的目标团结在了一起。正如跳羚队经理莫恩·杜·普莱西斯所描述的那样："这些白人，阿非利卡人，代表一个人，一个国家，他们一遍又一遍地高喊着'纳尔逊！纳尔逊！纳尔逊！'，这是一个……神奇的时刻，一个诞生奇迹的时刻。就在那一刻，我意识到这个国家确实有机会发展起来。这个人在向我们展示他完全可以原谅别人，现在他们——南非白人、南非橄榄球白人，在回应他的时候，也表现出想给予回馈。"

在这个好莱坞剧本的最后，跳羚队继续赢得了这场惊心动魄、斗志昂扬的比赛。这是世界杯历史上，第一次决赛进入加时赛，一个新的民主、统一的国家赢得了奖杯。

曼德拉对待跳羚队的立场，反映了我们在本书前半部分所指出的所有五个智慧要素。

第一，也是最重要的一点是，曼德拉能够以广阔的视野看待他面临的挑战，避免了隧道视野。那种隧道视野本来很容易影响几乎所有民主南非的领导人的行动。历经数十年残酷的种族隔离和 27 年的监狱磨难后，就算曼德拉专注于纠正经济和政治失衡，而不关注少数白人群体的愿望和恐惧，以及这些愿望和恐惧会如何影响国家未来的成功，也不会让人感到惊讶。在政治革命的余波中，世界一次又一次地见证了新领导人专注于自己宗派的利益，而牺牲了国家更广大的利益，比如伊拉克的努里·马利基、埃及的穆罕默德·穆尔西，以及其他更多的例子。然而，曼德拉却仍然能够保持宽广的视野。

第二，曼德拉对待跳羚队的方式也反映了他对行为至上原则有着深刻的理解。他没有花费大量时间去劝诱非洲人国民大会的同伴支持跳羚队。他也没有努力说服南非黑人必须接受橄榄球运动。相反，他利用自己的信誉：他在世界杯上为跳羚队欢呼，其他人也随之纷纷效仿。他知道，人们可能开始时毫无热情，甚至充满怨恨，但当跳羚队在新的南非国旗下比赛时，他们对比赛的关注会变成另一种景象。虽然跳羚队起初可能会被南非黑人视为"他们"的队伍，但它会逐渐被视为"我们"的队伍，尤其是当这支队伍开始代表"我们"获胜时。这就是曼德拉所说的"体育有改变世界的力量"。它有一种鼓舞人心的力量，一种团结人们的力量，这是其他东西所不具有的。

第三，从"他们"的队伍到"我们"的队伍，这种如愿发生的转变，也说明了曼德拉的直觉：任何行动的意义不在于其客观后果，而在于如何解释和理解行动及其后果。对南非人民来说，曼德拉对跳羚队的立场是一个强有力的象征，也表明了新南非的意义所在。这象征的是不会有报复行为，是一个统一的国家向前迈进。他的眼里不只有南非黑人，那些完全有权利要求纠正过去不公正待遇的南非黑人，他的行为也影响了阿非利卡人。通过让他们与心爱的跳羚队保持联系，并创造一个可以让他们像在往常的比赛日一样行动的环境，曼德拉造就了一种感觉，让他们不用担心自己在新南非的未来。

第四，就曼德拉对待跳羚队的方式而言，情境主义的观点常常与上面已提到的建构主义思想和行为至上原则交织在一起。曼德拉没有争辩或恳求，或者努力说服。但是他的声望很高，以至于在他接纳了球队之后，很难有人去抱怨球队。他的行为为拒绝和异议制造了强大的障碍。然后，在他继续有所行动后，人们开始觉得，他的行动并不与同胞的愿望相背离，而是在带领他们走向光明的未来。反过来，这又使"朝着那样的未来迈出更多的步伐"变得更加容易。当国旗升起时，在体育场里看着成千上万的人站着欢呼，或坐在收音机或电视机旁听到邻居们欢呼，是一种难以抗拒的强大力量。这股力量强大到足以让跳羚队当时的队长弗朗索瓦·皮耶纳尔在被问及拥有 63 000 名球迷的支持是什么感觉时，做出这样的回应："我们今天得到的不是 63 000 名南非人的支持，而是 4200 万南非人的支持。"

第五，或许也是最重要的一点，曼德拉的行动反映出他有能力摆脱朴素实在论的局限。曼德拉能够从非洲人国民大会以及占全国多数的黑人的角度来看待新南非所面临的形势（这些黑人完全有理由讨厌跳羚队所代表的一切），他也能看到新南非在白人少数群体眼中的样子，不仅包括以前的精英，还包括享受周末休假、烧烤以及国家橄榄球队的普通的阿非利卡人。

他所采取的大大小小的行动，让阿非利卡人对他们即将进入的新世界有了一种令人心安的愿景。通过创造一种环境，让他们能像往常一样去体育场，观看电视比赛，在下周工作时谈论比赛，他为南非白人提供了一个美好的未来景象，就个人生活质量而言，是可承受的甚至是很正常的（即使国家的运作不同了）。换句话说，曼德拉的举动反映出他明智地解读了其他人（与他非常不同的其他人）对周围事件做出的反应。

无论我们做什么，读什么书，或学什么课程，我们中很少有人能像纳尔逊·曼德拉一样有智慧和勇敢。此外，曼德拉还运用了更多的智慧，其中许多都是比我们在本书中提到的五种智慧更来之不易的智慧。

但是心理学可以教给我们很多关于智慧的知识。这里讨论的五种智慧代表了心理学所能教授的许多内容。如果能将它们铭记于心，并应用到日常生活中，我们相信，你能成为更有智慧、更高效的父母、员工或老板，富有同情心的朋友或值得信赖的顾问。也许最重要的是，你能成为可以处理不可避免的冲突、找出可能的和解方式的全球公民。

致　　谢

　　托马斯感谢凯伦·戴希夫·吉洛维奇，在有她的房间里，她总是最有智慧的那个人。他也衷心感谢与凯伦、伊拉娜和丽贝卡·戴希夫·吉洛维奇一起度过的生活，这给了他极大的智慧和幸福。

　　李感谢与他结婚50年的妻子朱迪，以及他们的孩子乔什、蒂姆、贝卡和凯蒂。不管是美好的还是艰难的时代，他们的爱与耐心使他过上优越生活的期许成为可能，并让他的生活变得更加丰富多彩。他还想感谢萨拉·斯平克斯（朱迪的妹妹），她在本书的早期创作阶段提供了非常有价值的反馈。

　　我们要共同感谢狄克·尼斯贝特一直以来的情谊，感谢他为我们树立榜样，让我们看到充满热情的思考如何丰富了我们的工作与生活。如果没有狄克的启发，我们可能写不出这本书，我们谨把这本书献给狄克。我们对马克·莱珀的感激之情也无以言表，他一直是最有智慧，同时也是最善良、最慷慨的心理学家。

致　谢

　　我们还要感谢布罗克曼公司的卡廷卡·马特森，感谢她让我们联系到自由出版社，感谢艾米丽·格拉夫，她娴熟而坚定地帮助我们完成了这本书的出版。我们要感谢加里·贝尔斯基、杰西·雷诺兹和蒂姆·罗斯对几章草稿的批评。我们也要感谢拜伦·布兰德，他是李在北爱尔兰和中东解决现实世界冲突和建立关系方面的好朋友和长期伙伴，他的见解和努力在第七章提到的智慧中发挥了很大作用。我们同样感谢杰弗里·科恩和格里高利·沃尔顿的慷慨与耐心，他们为第八章做出了巨大贡献。我们也很感谢丽贝卡·戴希夫·吉洛维奇所做的努力，她对还在草稿阶段的本书，提出了新的见解和宝贵意见。

　　最后，我们感谢多年来与以下朋友和同事合作或交谈所获得的见解：泰德·阿尔珀、埃利奥特·阿伦森、肯尼斯·J.阿罗、达里尔和桑迪·贝姆、保罗·布雷斯特、艾伦·卡尔文、劳拉·卡斯滕森、赫伯·克拉克、尼尔·多彻蒂、戴维·邓宁、卡罗尔·德韦克、珍妮弗·埃伯哈特、保罗·埃里希、梅利莎·弗格森、鲍勃·弗兰克、戴尔·格里芬、艾尔·哈斯特尔夫、大卫·霍洛威、丹尼尔·卡尼曼、达谢·凯尔特纳、瓦尔达·利伯曼、索尼娅·柳博米尔斯基、阿维夏依·玛格里特、黑泽尔·马库斯、鲍勃·曼努金、贝努瓦·莫宁、大卫·皮萨罗、布伦娜·鲍威尔、艾米丽·普罗宁、唐·雷德米尔、丹尼斯·里根、克劳德·M.斯蒂尔、理查德·塞勒、埃瓦尔特·托马斯、珍妮·蔡、阿莫斯·特沃斯基、鲍勃·瓦隆、安德鲁·沃德、艾伦·韦纳、大卫·温纳、薇薇安·扎亚斯和菲利普·津巴多。

注　释

前　言

1. Smith, J. E. (2012). *Eisenhower in War and Peace.* New York: Random House.

第一部分

第一章

1. Samuel, A. G. (1991). A further examination of attentional effect in the phonemic restoration illusion, *Quarterly Journal of Experimental Psychology, 43,* 679–99. Warren, R. (1970). Perceptual restoration of missing speech sounds. *Science, 167,* 392–93. Warren, R. (1984). Perceptual restoration of obliterated sounds. *Psychological Bulletin, 96,* 371–83.
2. Kahan, D.M., Hoffman, D.A., Braman, D., Evans, D., & Rachlinski, J.J. (2012). They saw a protest: Cognitive illiberalism and the speech-conduct distinction. *Stanford Law Review, 64,* 851–906.
3. Hastorf, A. H., & Cantril, H. (1954). They saw a game: A case study. *Journal of Abnormal and Social Psychology, 49(1),* 129–34.

注　释

4. Brown, D. (2010, January 12). A tearful deconstruction of the Mark McGwire interview. Yahoo! Sports. Retrieved from http://sports.yahoo.com/mlb/blog/big_league_stew/post/A-tearful-deconstruction-of-the-Mark-McGwire-int?urn=mlb,213019.
5. Ross, L., Greene, D., & House, P. (1977). The false consensus effect: An egocentric bias in social perception and attribution processes. *Journal of Experimental Social Psychology, 13*, 279–301.
6. Ross, Greene, & House. (1977).
7. Alicke, M. D. (1993). Egocentric standards of conduct evaluation. *Basic and Applied Social Psychology, 14*, 171–92.
8. Granberg, D., & Brent, E. (1983). When prophecy bends: The preference-expectation link in U.S. presidential elections, 1952–80. *Journal of Personality and Social Psychology, 45*, 477–91.
9. Perceptions of nonvoters' leanings: Koudenburg, N., Postmes, T., & Gordijn, E. H. (2011). If they were to vote, they would vote for us. *Psychological Science, 22*, 1506–10.
10. Object of judgment: Asch, S. E. (1948). The doctrine of suggestion, prestige and imitation in social psychology. *Psychological Review, 55*, 250–76.
11. Construal and the false consensus effect: Gilovich, T. (1990). Differential construal and the false consensus effect. *Journal of Personality and Social Psychology, 59*, 623–34.
12. Cited in Danner, M. (2015, February 8). No exit. *New York Times Book Review*, p. 1.
13. "I do not know a single person…" Stone, G. R. (2001). From: Equal Protection? The Supreme Court's Decision in *Bush v. Gore*. A version of this article was delivered at the Federal Bar Association in Chicago on May 23, 2001. Copyright 2001. The University of Chicago.
14. Balkin, J. M. (2001). Bush v. Gore and the boundary between law and politics. *Yale Law Journal, 110*, 1407.
15. Scalia quote. Scalia: "Get over it." (2012). *The Daily Beast*. Retrieved from http://www.thedailybeast.com/cheats/2012/07/18/scalia-get-over-it.html.
16. Pronin, E., Lin, D. Y., & Ross, L. (2002). The bias blind spot: Perceptions of bias in self versus others. *Personality and Social Psychology Bulletin, 28*, 369–81.
17. Pronin, E., Gilovich, T., & Ross, L. (2004). Objectivity in the Eye of the Beholder: Divergent Perceptions of Bias in Self versus Others. *Psychological Review, 111*, 781–99.
18. *The Founders' Constitution*, Vol. 4, Art. 7, Document 3. Retrieved from http://press-pubs.uchicago.edu/founders/documents/a7s3.html. Farrand, M. (Ed.). (1937). *The records of the Federal Convention of 1787* (Rev. ed.). New Haven, CT: Yale University Press.
19. Berlin, I. (1981). Notes on prejudice. http://www.nybooks.com/articles/archives/2001/oct/18/notes-on-prejudice/.
20. Ehrlinger, J., Gilovich, T., & Ross, L. (2005). Peering into the bias blindspot: People's assessments of bias in themselves and others. *Personality and Social Psychology Bulletin, 31*, 680–92.
21. People think I'm biased no matter who's in the World Series (2011, October 18). Groller's Corner. Retrieved from http://blogs.mcall.com/groller/2011/10/buck-on-world-series-criticism-people-think-im-biased-no-matter-whos-in-the-world-series.html.

22. Burns, A. (2012). Joe Buck knows that people think he is biased for the Cardinals, doesn't care. Retrieved from http: //withleather. uproxx. com/ 2012/ 10/ joe-buck-knows-that-people-think-he-is-biased-for-the-cardinals-doesnt-care#ixzz2Fe4fDNbE.
23. Vallone, R. P., Ross, L., & Lepper, M. R. (1985). The hostile media phenomenon: Biased perception and perceptions of media bias in coverage of the "Beirut Massacre." *Journal of Personality and Social Psychology, 49,* 577–85.
24. Shaw, G. B. (1948). *Man and superman.* New York: Dodd, Mead.
25. Lorge, I., Fox, D., Davitz, J., & Brenner, M. (1958). A survey of studies contrasting the quality of group performance and individual performance, 1920–1957. *Psychological Bulletin, 55*(6), 337–72.
26. Liberman, V., Minson, J. A., Bryan, C. J., & Ross, L. (2011). Naïve realism and capturing the "wisdom of dyads." *Journal of Experimental Social Psychology, 48,* 507–12. Minson, J., Liberman, V., & Ross, L. (2011). Two to tango: The effect of collaborative experience and disagreement on dyadic judgment. *Personality and Social Psychology Bulletin, 37,* 1325–38. Jacobson, J., Dobbs-Marsh, J., Liberman, V., & Minson, J. A. (2011). Predicting civil jury verdicts: How attorneys use (and mis-use) a second opinion. *Journal of Empirical Legal Studies, 8,* 99–119. See also Soll, J. B., & Larrick, R. P. (2009). Strategies for revising judgment. *Journal of Experimental Psychology: Learning, Memory and Cognition, 35,* 780–805. Yaniv, I. (2004). The benefit of additional opinions. *Current Directions in Psychological Science, 13*(2), 75–78.

第二章

1. Freedman, J. L., & Fraser, S. C. (1966). Compliance without pressure: The foot-in-the-door technique. *Journal of Personality and Social Psychology, 4,* 196–202.
2. Darley, J. M., & Batson, C. D. (1973). From Jerusalem to Jericho: A study of situational and dispositional variables in helping behavior. *Journal of Personality and Social Psychology, 27,* 100–119.
3. Cartwright, D. (1949). Some principles of mass persuasion: Selected findings of research on the sale of United States War Bonds. *Human Relations, 2,* 253–67.
4. Johnson, E. J., & Goldstein, D. Do defaults save lives? *Science, 302,* 1338–1339.
5. Beshears, J., Choi, J. J., Laibson, D., & Madrian, B. (2008). The importance of default options for retirement saving outcomes: Evidence from the USA. In S. J. Kay & T. Sinha (eds.), *Lessons from Pension Reform in the Americas* (pp. 59–87). New York: Oxford University Press.
6. Marrow, A. F. (1969). *The Practical Theorist: The Life and Work of Kurt Lewin.* New York: Basic Books.
7. Artavanis, N., Morse, A., & Tsoutsoura, M. (2012). *Tax evasion across industries: Soft credit evidence from Greece.* Unpublished manuscript. Lagarde quote: Greeks observe preelection ritual of tax dodging. (2012, June 6). *Los Angeles Times.*

注　释

8. U.S. Department of Treasury. (2009). *Update on reducing the federal tax gap and improving voluntary compliance*. Washington, DC: Author. Retrieved from http://www.irs.gov/pub/newsroom/tax_gap_report_-final_version.pdf.
9. Shu, L., Mazar, N., Gino, F., Ariely, D., & Bazerman, M. (2012). Signing at the beginning makes ethics salient and decreases dishonest self-reports in comparison to signing at the end. *Proceedings of the National Academy of Sciences, 109*(38), 15197–200.
10. Centers for Disease Control. (2010). *National obesity trends*. Retrieved from Shalikashvili, J. M. (2010, April 30). The new national security threat: Obesity. *Washington Post*, p. A19. http://www.washingtonpost.com/wp-dyn/content/article/2010/04/29/AR2010042903-669.html.
11. Dieting on a budget. Consumer Reports; Nibbles: Survey shows 41 percent of Americans are dieting. Calorielab, retrieved 2012-08-3. http://calorielab.com/news/2007/05/08/nibbles-survey-shows-41-percent-of-americans-are-dieting/.
12. Wansink, B. (2006). *Mindless eating: Why we eat more than we think*. New York: Bantam.
13. Van Ittersum, K., & Wansink, B. (2012). Plate size and color suggestibility: The Delboeuf illusion's bias on serving and eating behavior. *Journal of Consumer Research, 39*, 215–28.
14. Milgram, S. (1974). *Obedience to authority*. New York: Harper.
15. Ross, L., Amabile, T. M., & Steinmetz, J. L. (1977). Social roles, social control, and biases in social-perception processes. *Journal of Personality and Social Psychology, 35*, 485–94.
16. Cimpian, A., & Salomon, E. (2014 in press). The inherence heuristic: An intuitive means of making sense of the world, and a potential precursor to psychological essentialism. *Behavioral and Brain Sciences, 37*, 461–527.
17. Gilbert, D. T. (1991). How mental systems believe. *American Psychologist, 46*, 107–19. Gilbert, D. T. (2006). *Stumbling on happiness*. New York: Knopf.
18. Stephens, N. M., Hamedani, M. G., Markus, H. R., Bergsieker, H. B., & Eloul, L. (2009). Why did they "choose" to stay? Perspectives of Hurricane Katrina observers and survivors. *Psychological Science, 20*, 878–86. Shapiro, I., & Sherman, A. (2005). *Essential facts about the victims of Hurricane Katrina*. Washington, DC: Center for Budget and Policy Priorities.
19. Mullainathan, S., & Shafir, E. (2013). *Scarcity: Why having too little means so much*. New York: Times Books.
20. Jefferson. Finkelman, P. (2012, November 30). The monster of Monticello. *New York Times*.
21. Mischel, W. (1968). *Personality and Assessment*. New York: Wiley. Mischel, W. (2004). Toward an integrative science of the person. *Annual Review of Psychology, 55*, 1–22. Mischel, W. (2014). *The Marshmellow Test*. New York: Little-Brown.

第三章

1. http://www.ssa.gov/history/.
2. Perkins, F. (1946). *The Roosevelt I Knew*. New York: Viking Press.
3. Liberman, V., Samuels, S. M., & Ross, L. (2002). The name of the game: Predictive power of reputations vs. situational labels in determining prisoner's dilemma game moves. *Persona-

lity and Social Psychology Bulletin, 30, 1175–85. See also Kay, A. C., & Ross, L. (2003). The perceptual push: The interplay of implicit cues and explicit situational construal in the prisoner's dilemma. Journal of Experimental Social Psychology, 39, 634–643.
4. Davidai, S., Gilovich, T., & Ross, L. D. (2012). The meaning of defaults for potential organ donors. Proceedings of the National Academy of Sciences, 109(38), 15201–205.
5. Glater, J. D., & Finder, A. (2006, December 12). In tuition game, popularity rises with price. New York Times.
6. Balcetis, E., & Dunning, D. (2006). See what you want to see: The impact of motivational states on visual perception. Journal of Personality and Social Psychology, 91, 612–25.
7. Alicke, M. D., Klotz, M. L., Breitenbecher, D. L., Yurak, T. J., & Vredenburg, D. S. (1995). Personal contact, individuation, and the better-than-average effect. Journal of Personality and Social Psychology, 68(5), 804–25. Brown, J. D. (1986). Evaluations of self and others: Selfenhancement biases in social judgments. Social Cognition, 4(4), 353–76. Dunning, D., Meyerowitz, J. A., & Holzberg, A. D. (1989). Ambiguity and self-evaluation: The role of idiosyncratic trait definitions in self-serving assessments of ability. Journal of Personality and Social Psychology, 57(6), 1082–90. Svenson, O. (1981). Are we all less risky and more skillful thanour fellow drivers? Acta Psychologica, 47(2), 143–48. Suls, J., Lemos, K., & H. L. Stewart (2002). Self-esteem, construal, and comparisons with the self, friends and peers. Journal of Personality and Social Psychology, 82(2), 252–61.
8. Svenson, O. (1981). Are we all less risky and more skillful than our fellow drivers? Acta Psychologica, 47(2), 143–48.
9. Brown, J. D. (2011). Understanding the betterthan-average effect: Motives (still) matter. Personality and Social Psychology Bulletin, 38, 209–219. Beauregard, K. S., & Dunning, D. (2001). Defining self worth: Trait self-esteem moderates the use of self-serving trait definitions in social judgment. Motivation and Emotion, 25, 135–62.
10. Schelling, T. C. (1978). Micromotives and macrobehavior. New York: Norton, pp. 64–65.
11. Dunning, D., Meyerowitz, J. A., & Holzberg, A. D. (1989). Ambiguity and self-evaluation: The role of idiosyncratic trait definitions in self-serving assessments of ability. Journal of Personality and Social Psychology, 57(6), 1082–90.
12. Trope, Y., & Liberman, N. (2003). Temporal construal. Psychological Review 110, 403–21. Trope, Y., & Liberman, N. (2010). Construallevel theory of psychological distance. Psychological Review, 117, 440–63.
13. Levin, I. P., & Gaeth, G. J. (1988). Framing of attribute information before and after consuming the product. Journal of Consumer Research, 15, 374–78.
14. Linville, P. W., Fischer, G. W., & Fischhoff, B. (1993). AIDS risk perceptions and decision biases. In J. B. Pryor & G. D. Reeder (eds.), The social psychology of HIV infection (pp. 5–38). Mahwah, NJ: Erlbaum.
15. Chow, R. M., & Galak, J. (2012). The effect of income inequality frames on support for redistributive tax policies. Psychological Science, 23, 1467–69. See also Lowery, B. S., Chow, R. M., & Crosby, J. R. (2009). Taking from those that have more and giving to those that

have less: How inequity frames affect corrections for inequity. *Journal of Experimental Social Psychology, 45,* 375–78.
16. Tverksy, A., & Kahneman, D. (1986). Rational choice and the framing of decisions. *Journal of Business, 59,* 251–78.
17. Fetherstonhaugh, D., & Ross, L. (1999). Framing effects and income flow preferences in decisions about social security. In H. J. Aaron (ed.), *Behavioral dimensions of retirement economics* (pp. 187–209). Washington DC: Brookings Institution Press and Russell Sage Foundation.
18. McNeil, B. J., Pauker, S. G., Sox, H. C., & Tversky, A. (1982). On the elicitation of preferences for alternative therapies. *New England Journal of Medicine,* 306, 1259–62.
19. Wertenbroch, K., Soman, D., & Chattopadhyay, A. (2007). On the perceived value of money: The reference dependence of currency numerosity effects. *Journal of Consumer Research, 34,* 1–10.
20. Yamagishi, K. (1997). When a 12.86% mortality is more dangerous than 24.14%: Implications for risk communication. *Applied Cognitive Psychology, 11,* 495–506.
21. Green, E. (2014, July 23). Why do Americans stink at math? *New York Times Magazine.* Retrieved from http://www.nytimes.com/2014/07/27/magazine/why-do-americans-stink-at-math.html?_r=0.
22. Shafir, E. (1993). Choosing versus rejecting: Why some options are both better and worse than others. *Memory and Cognition, 21,* 546–56.

第四章

1. Niedenthal, P. M., Barsalou, L., Winkielman, P., Krauth-Gruber, S., & Ric, F. (2005). Embodiment in attitudes, social perception, and emotion. *Personality and Social Psychology Review,* 9, 184–211. Winkielman, P., Niedenthal, P., & Oberman, L. (2008). The embodied emotional mind. In G. R. Semin & E. R. Smith (eds.) *Embodied grounding: Social, cognitive, affective, and neuroscientific approaches* (pp. 263–88). New York: Cambridge University Press.
2. James, W. (1890). *Principles of Psychology* (Vol. 2). New York: Holt.
3. Schachter, S., & Singer, J. E. (1962). Cognitive, social and psychological determinants of emotion. *Psychological Review, 69,* 379–99.
4. Strack, F., Martin, L. L., & Stepper, S. (1988). Inhibiting and facilitating conditions of the human smile: A nonobtrusive test of the facial feedback hypothesis. *Journal of Personality and Social Psychology, 54,* 768–77.
5. Zillmann, D. (1983). Transfer of excitation in emotional behavior. In J. T. Cacioppo & R. E. Petty (eds.), *Social psychophysiology: A sourcebook.* New York: Guilford Press.
6. Dutton, D. G., & Aron, A. P. (1974). Some evidence for heightened sexual attraction under conditions of high anxiety. *Journal of Personality and Social Psychology, 30,* 510–17.
7. Wells, G. L., & Petty, R. E. (1980). The effects of overt head movements on persuasion: Compatibility and incompatibility of responses. *Basic and Applied Social Psychology, 1,*

219–30.
8. Cacioppo, J. T., Priester, J. R., & Berntson, G. G. (1993). Rudimentary determinants of attitudes. II: Arm flexion and extension have differential effects on attitudes. *Journal of Personality and Social Psychology, 65*, 5–17.
9. Chandler, J., & Schwarz, N. (2009). How extending your middle finger affects your perception of others: Learned movements influence concept accessibility. *Journal of Experimental Social Psychology, 45*, 123–28.
10. Risen, J. L., & Critcher, C. R. (2011). Visceral fit: While in a visceral state, associated states of the world seem more likely. *Journal of Personality and Social Psychology, 100*, 777–93.
11. Li, Y., Johnson, E., & Zaval, L. (2011). Local warming: Daily temperature changes influences belief in global warming. *Psychological Science, 22*, 454–59.
12. Carney, D. R., Cuddy, A. J. C., & Yap, A. J. (2010). Power posing: Brief nonverbal displays affect neuroendocrine levels and risk tolerance. *Psychological Science, 21*, 1363–68.
13. Glasman, L. R., & Albarracin, D. (2006). Forming attitudes that predict future behavior: A meta-analysis of the attitude-behavior relation. *Psychological Bulletin, 132*, 778–822. Lapiere, R. T. (1934). Attitudes versus actions. *Social Forces, 13*, 230–37. Wicker, A. W. (1969). Attitudes versus actions: The relationship of verbal and overt behavioral responses to attitude objects. *Journal of Social Issues, 25*, 41–78.
14. Bem. (1972). Self-perception theory. In L. Berkowitz (ed.), *Advances in experimental social psychology* (Vol. 6, pp. 1–62). New York: Academic Press.
15. Niemi, G., Katz, R. S., & Newman, D. (1980). Reconstructing past partisanship: The failure of party identification recall questions. *American Journal of Political Science, 24*, 633–51.
16. Goethals, G. R., & Reckman, R. F. (1973). The perception of consistency in attitudes. *Journal of Experimental Social Psychology, 9*, 491–501.
17. Festinger, L. (1957). *The theory of cognitive dissonance.* Stanford, CA: Stanford University Press.
18. Brehm, J. (1956). Post-decision changes in the desirability of alternatives. *Journal of Abnormal and Social Psychology, 52*, 384–89. Sharot, T., Velasquez, C. M., & Dolen, R. J. (2010). Do decisions shape preference? Evidence from blind choice. *Psychological Science, 21*, 1231–35.
19. Knox, R. E., & Inkster, J. A. (1968). Postdecision dissonance at post-time. *Journal of Personality and Social Psychology, 8*, 319–23.
20. Regan, D. T., & Kilduff, M. (1988). Optimism about elections: Dissonance reduction at the ballot box. *Political Psychology, 9*, 101–7.
21. Gilbert, D. T., & Ebert, J. E. J. (2002). Decisions and revisions: The affective forecasting of changeable outcomes. *Journal of Personality and Social Psychology, 82*, 503–14.
22. Festinger, L., & Carlsmith, J. M. (1959). Cognitive consequences of forced compliance. *Journal of Abnormal and Social Psychology, 47*, 382–89.
23. Eibach, R. P., & Mock, S. E. (2011). Idealizing parenthood to rationalize parental investments. *Psychological Science, 22*, 203–8.

注 释

24. Norton, M. I, Mochon, D., & Ariely, D. (2012). The IKEA effect: When labor leads to love. *Journal of Consumer Psychology, 22,* 453–60.
25. Doob, A. N., Carlsmith, J. M., Freedman, J. L., Landauer, T. K., & Tom, S., Jr. (1969). The effect of initial selling price on subsequent sales. *Journal of Personality and Social Psychology, 11,* 345–50.
26. Shiv, B., Carmon, Z., & Ariely, D. (2005). Placebo effects of marketing actions: Consumers may get what they pay for. *Journal of Marketing Research, 42,* 383–93.
27. Plassmann, H., O'Doherty, Shiv, B., & Rangel, A. (2008). Marketing actions can modulate neural representations of experienced pleasantness. *Proceedings of the National Academy of Sciences, 105,* 1050–54.
28. Tractate Sanhedrin 105 B.
29. Greene, D., Sternberg, B., & Lepper, M.R. (1976). Overjustification in a token economy. *Journal of Personality and Social Psychology, 34,* 1219–34.
30. Lepper, M. R., Greene, D., & Nisbett, R. E. (1973). Undermining children's intrinsic interest with extrinsic reward: A test of the overjustification hypothesis. *Journal of Personality and Social Psychology, 28,* 129–37.
31. Bryan, C. J., Walton, G. M., Rogers, T., & Dweck, C. S. (2011). Motivating voter turnout by invoking the self. *Proceedings of the National Academy of Sciences, 108,* 12653–56.
32. Bateson, M., Nettle, D., & Roberts, G. (2006). Cues of being watched enhance cooperation in a real-world setting. *Biology Letters, 2,* 412–14.
33. Ernest-Jones, M., Nettle, D., & Bateson, M. (2011). Effects of eye images on everyday cooperative behavior: A field experiment. *Evolution and Human Behavior, 32,* 172–78.
34. Arendt, H. (1963). *Eichmann in Jerusalem: A report on the banality of evil.* New York: Viking Press.
35. See Cesarani, D. (2006). *Becoming Eichmann: Rethinking the life, crimes and trial of a "desk murderer."* Cambridge, MA: Da Capo Press. Goldhagen, D. J. (1996). *Hitler's willing executioners: Ordinary Germans and the Holocaust.* New York: Knopf.
36. Browning, C. R. (1992). *Ordinary men: Reserve Police Battalion 101 and the final solution in Poland.* New York: Aaron Asher. Lifton, R. J. (1986). *The Nazi doctors: Medical killing and the psychology of genocide.* New York: Basic Books.
37. Stein, A. (1991). *Quiet heroes: True stories of the rescue of the Jews by Christians in Nazi-occupied Holland.* New York: New York University Press.

第五章

1. Chandrasekaran, R. (2007). *Imperial life in the Emerald City.* New York: Vintage Books.
2. Chandrasekaran. (2007).
3. Miller, G. A. (1956). The magical number seven, plus or minus two: Some limits on our capacity for processing information. *Psychological Review, 63,* 81–97.
4. 这种对常见判断错误进行概念化的方式，我们是从加利福尼亚大学的经济学家马修·拉宾（现任教于哈佛大学）那里了解到的。

5. Tversky, A., & Kahneman, D. (1983). Extensional versus intuitive reasoning: The conjunction fallacy in probability judgment. *Psychological Review, 90,* 293–315.
6. Gould, S. J. (1988). *The streak of streaks.* New York: McGraw-Hill.
7. Klayman, J., & Ha, Y. W. (1987). Confirmation, disconfirmation, and information in hypothesis testing. *Psychological Review, 94,* 211–22.
8. Crocker, J. (1982). Biased questions in judgment of covariation studies. *Personality and Social Psychology Bulletin, 8,* 214–20.
9. Lilienfeld, S. (2007). Presentation given at the Harriet Elliott Lecture Series, University of North Carolina, Greensboro, NC.
10. Tversky, A. (1977). Features of similarity. *Psychological Review, 84,* 327–52.
11. Shafir, E. (1993). Choosing versus rejecting: Why some options are both better and worse than others. *Memory and Cognition, 21,* 546–56.
12. Enzyme deficiency test: Ditto, P. H., & Lopez, D. F. (1992). Motivated skepticism: Use of differential decision criteria for preferred and nonpreferred conclusions. *Journal of Personality and Social Psychology, 63,* 568–84.
13. Bacon, F. (1899). *Advancement of learning and the novum organum* (rev. ed.). New York: Colonial Press. (Original work published 1620).
14. Lord, C., Ross, L., & Lepper, M. R. (1979). Biased assimilation and attitude polarization: The effects of prior theories on subsequently considered evidence. *Journal of Personality and Social Psychology, 37,* 2098–2109.
15. Milkman, K. L., Chugh, D., & Bazerman, M. H. (2009). How can decision making be improved? *Perspectives on Psychological Science, 4,* 379–85.
16. Finkelstein, S. (2003). *Why smart executives fail.* New York: Portfolio.
17. Zaleski, P. (2006, March). The saints of John Paul II. *First Things.* Retrieved from http://www.firstthings.com/article/2007/01/the-saints-of-john-paul-ii-46.
18. Klein, G. (2009). *Streetlights and shadows: Searching for the keys to adaptive decision making.* Cambridge, MA: MIT Press.
19. Dawes, R. M. (1988). *Rational choice in an uncertain world.* San Diego: Harcourt.
20. Kenny, D. A., & DePaulo, B. M. (1993). Do people know how others view them? An empirical and theoretical account. *Psychological Bulletin, 114,* 145–61. The quote can be found on p. 159 of Kenny, D. A. (1994). *Interpersonal perception: A social relations analysis.* New York: Guilford Press.
21. Anderson, C., Srivastava, S., Beer, J., Spataro, S. E., & Chatman, J. A. (2006). Knowing your place: Self-perceptions of status in social groups. *Journal of Personality and Social Psychology, 91,* 1094–110.
22. Gilovich, T. (1991). *How we know what isn't so.* New York: Free Press. Shermer, M. (1997). *Why people believe weird things.* New York: Holt.
23. Risen, J. L., & Gilovich, T. (2007). Another look at why people are reluctant to exchange lottery tickets. *Journal of Personality and Social Psychology, 93,* 12–22. Risen, J. L., & Gilovich, T. (2008). Why people are reluctant to tempt fate. *Journal of Personality and Social Psychology, 95,* 293–307. Tykocinski, O. E. (2008). Insurance, risk, and magical thinking.

Personality and Social Psychology Bulletin, 34, 1346–56. Van Wolferen, J., Inbar, Y., & Zeelenberg, M. (2013). Magical thinking in predictions of negative events: Evidence for tempting fate but not for a protection effect. *Judgment and Decision Making, 8*, 44–53.

24. Gilovich, T. (1991). *How we know what isn't so.* New York: Free Press.
25. Katz, D., & Allport, F. H. (1931). *Student attitudes.* Syracuse, NY: Craftsman. Kuran, T. (1995). *Private truths, public lies: The social consequences of preference falsification.* Cambridge, MA: Harvard University Press. Miller, D. T. (2006). *Social psychology: An invitation.* Belmont, CA: Thomson.
26. Prentice, D. A., & Miller, D. T (1993). Pluralistic ignorance and alcohol use on campus: Some consequences of misperceiving the social norm. *Journal of Personality and Social Psychology, 64*, 243–256. Perkins, H. W., & Berkowitz, A. D. (1986). Perceiving the community norms of alcohol use among students: Some research implications for campus alcohol education programming. *Journal of Addictions, 21*, 15–31.
27. LaBrie, J. W., Hummen, J. F., Neighbors, C., & Pedersen, E. R. (2008). Live interactive group-specific normative feedback reduces misperceptions and drinking in college students: A randomized cluster trial. *Psychology of Addictive Behaviors, 22*, 141–48.
28. Maslach, C. (1982). *Burnout: The cost of caring.* Englewood, Cliffs, NJ: Prentice Hall, p. 11–12. Quoted in Miller, D. T. (2006). *Social psychology: An invitation.* Belmont, CA: Thomson.
29. Janis, I. L. (1972). *Victims of groupthink.* Boston: Houghton Mifflin. Janis, I. L. (1982). *Groupthink: Psychological studies of policy decisions and fiascos* (2nd ed.). Boston: Houghton Mifflin.
30. http://www.cybercollege.com/ia.htm (July 29, 2013).
31. Stasser, G. (1999). The uncertain role of unshared information in collective choice. In L. L. Thompson, J. M. Levine, & D. M. Messick (eds.), *Shared cognition in organizations: The management of knowledge* (pp. 46–69). Mahwah, NJ: Erlbaum. Stasser, G., & Titus, W. (1985). Polling of unshared information in group decision making: Biased information sampling during discussion. *Journal of Personality and Social Psychology, 48*, 1467–18.
32. Thompson, L. L. (2000). *Making the team: A guide for managers.* Upper Saddle River, NJ: Prentice-Hall.

第二部分

第六章

1. Zupan, M. (2006). *Gimp: When life deals you a crappy hand, you can fold—or you can play.* New York: HarperCollins.
2. Hall, K. M., Knudson, S. T., Wright, J., Charlifue, S. W., Graves, D. E., & Warner, P. (1999). Follow-up study of individuals with high tetraplegia (C1–C4) 14 to 24 years postinjury.

Archives of Physical Medicine and Rehabilitation, 80, 1507–13.
3. Gerhart, K. A., Koziel-McLain, J., Lowenstein, S. R., & Whiteneck, G. G. (1994). Quality of life following spinal cord injury: Knowledge and attitudes of emergency care providers. *Annals of Emergency Medicine, 23,* 807–12.
4. Kahneman, D., Krueger, A. B., Schkade, D. A., Schwarz, N., & Stone, A. A. (2004). A survey method for characterizing daily life experience: The day reconstruction method. *Science, 306,* 1776–1780. Killingsworth, M. A., & Gilbert, D. T. (2010). A wandering mind is an unhappy mind. *Science, 330,* 932.
5. Eibach, R. P., & Mock, S. E. (2011). Idealizing parenthood to rationalize parental investments. *Psychological Science, 22,* 203–08. Jones, R. K., & Brayfield, A. (1997). Life's greatest joy? European attitudes toward the centrality of children. *Social Forces, 75,* 1239–70.
6. Schkade, D., & Kahneman, D. (1998). Does living in California make people happy? A focusing illusion in judgments of life satisfaction. *Psychological Science, 9,* 340–46.
7. Aknin, L. B., Norton, M. I., & Dunn, E. W. (2009). From wealth to well-being? Money matters, but less than people think. *Journal of Positive Psychology, 4,* 523–27. Cone, J., & Gilovich, T. (2010). Understanding money's limits: People's beliefs about the income–happiness correlation. *Journal of Positive Psychology, 5,* 294–301; Stevenson, B., & Wolfers, J. (2008). *Economic growth and subjective well-being: Reassessing the Easterlin paradox* (No. w14282). Cambridge, MA: National Bureau of Economic Research.
8. Brickman, P., Coates, D., & Janoff-Bulman, R. (1978). Lottery winners and accident victims—is happiness relative? *Journal of Personality and Social Psychology, 36,* 917–27. Gardner, J., & Oswald, A. J. (2007). Money and mental well-being: A longitudinal study of medium-sized lottery wins. *Journal of Health Economics, 26,* 49–60.
9. Mencken, H. L. (n.d.). BrainyQuote.com. Retrieved from http://www.brainyquote.com/quotes/quotes/h/hlmencke161801.html.
10. Diener, E., & Seligman, M. E. P. (2004). Beyond money: Toward an economy of well-being. *Psychological Science in the Public Interest, 5,* 1–31. Dunn, E. W., Biesanz, J. C., Human, L. J., & Finn, S. (2007). Misunderstanding the affective consequences of everyday social interactions: The hidden benefits of putting one's best face forward. *Journal of Personality and Social Psychology, 92,* 990–1005. Fowler, J. H., & Christakis, N. A. (2008). Dynamic spread of happiness in a large social network: Longitudinal analysis over 20 years in the Framingham Heart Study. *British Medical Journal, 337,* 1–9. Mogilner, C. (2010). The pursuit of happiness time, money, and social connection. *Psychological Science, 21,* 1348–54. House, J. S., Landis, K. R., & Umberson, D. (1988). Social relationships and health. *Science, 241*(4865), 540–45.
11. Aknin, L. B., Barrington-Leigh, C. P., Dunn, E. W., et al. (2013). Prosocial spending and well-being: Cross-cultural evidence for a psychological universal. *Journal of Personality and Social Psychology, 104,* 635–52. Dunn, E. W., Aknin, L. B., & Norton, M. I. (2009). Spending money on others promotes happiness. *Science, 319,* 1687–88. Lyubomirsky, S., Sheldon, K. M., & Schkade, D. (2005). Pursuing happiness: The architecture of sustainable change. *Review of General Psychology, 9,* 111–31. Myers, D. G., & Diener, E. (1995). Who is happy? *Psychological Science, 6,* 10–19.

注　释

12. Lyubomirsky, S., & Ross, L. (1999). Changes in attractiveness of elected, rejected, and precluded alternatives: A comparison of happy and unhappy individuals. *Journal of Personality and Social Psychology, 76*, 988–1007.
13. Lyubomirsky, S., & Ross, L. (1997). Hedonic consequences of social comparison. A contrast of happy and unhappy people. *Journal of Personality and Social Psychology, 73*, 1141–57.
14. Liberman, V., Boehm, J. K., Lyubomirsky, S., & Ross, L. (2009). Happiness and memory: Affective significance of endowment and contrast. *Emotion, 9*, 666–80.
15. Ed Diener's *Happiness: Unlocking the Mysteries of Psychological Wealth*, Dan Gilbert's *Stumbling on Happiness*, Jon Haidt's *The Happiness Hypothesis*, Sonja Lyubormirsky's *The How of Happiness*, and David Myers's *The Pursuit of Happiness* all have much to offer. So too do more journalistic accounts, such as Eric Weiner's *The Geography of Bliss* and Charles Montgomery's *Happy City*.
16. Fredrickson, B. L., & Kahneman, D. (1993). Duration neglect in retrospective evaluations of affective episodes. *Journal of Personality and Social Psychology, 65*, 45–55. Kahneman, D., Fredrickson, D. L., Schreiber, C. A., & Redelemeier, D. A. (1993). When more pain is preferred to less: Adding a better end. *Psychological Science, 4*, 401–05.
17. Redelmeier, D. A., & Kahneman, D. (1996). Patients' memories of painful medical treatments: Real-time and retrospective evaluations of two minimally invasive procedures. *Pain, 66*, 3–8.
18. Gilovich, T., & Kumar, A. (2015). We'll always have Paris: The hedonic payoff from experiential and material investments. In M. P. Zanna & J. M. Olson (eds.), *Advances in experimental social psychology* (Vol. 51, pp. 147–87). Orlando, FL: Academic Press. Van Boven, L., & Gilovich, T. (2003). To do or to have: That is the question. *Journal of Personality and Social Psychology, 85*, 1193–1202.
19. Carter, T. J., & Gilovich, T. (2010). The relative relativity of experiential and material purchases. *Journal of Personality and Social Psychology, 98*, 146–59. Mitchell, T. R., Thompson, L., Peterson, E., & Cronk, R. (1997). Temporal adjustments in the evaluation of events: The "rosy view." *Journal of Experimental Social Psychology, 33*, 421–88. Nicolao, L. Irwin, J. R., & Goodman, J. K. (2009). Happiness for sale: Do experiential purchases make consumers happier than material purchases? *Journal of Consumer Research, 36(2)*, 188–98. Sutton, R. I. (1992). Feelings about a Disneyland visit: Photographs and reconstruction of bygone emotions. *Journal of Management Inquiry, 1*, 278–87.
20. Carter & Gilovich. (2010). Rosenzweig, E., & Gilovich, T. (2012). Buyer's remorse or missed opportunity? Differential regrets for material and experiential purchases. *Journal of Personality and Social Psychology, 102*, 215–23.
21. Carter & Gilovich. (2010).
22. Brickman, P., & Campbell, D. (1971). Hedonic relativism and planning the good society. In M. H. Appley (ed.), *Adaptation-level Theory: A Symposium* (pp. 287–302). New York: Academic Press.
23. Easterlin, R. A. (1974). Does economic growth improve the human lot? Some empirical evidence. *Nations and Households in Economic Growth, 89*, 89–125. Easterlin, R. A., McVey,

L. A., Switek, M., Sawangfa, O., & Zweig, J. S. (2010). The happiness–income paradox revisited. *Proceedings of the National Academy of Sciences, 107*(52), 22463–68.
24. Kumar, A., & Gilovich, T. (in press). Some "thing" to talk about? Differential story utility from experiential and material purchases. *Personality and Social Psychology Bulletin*. Van Boven, L., Campbell, M. C., & Gilovich, T. (2010). The social costs of materialism: On people's assessments of materialistic and experiential consumers. *Personality and Social Psychology Bulletin, 36*, 551–63.
25. Carter, T., & Gilovich, T. (2012). I am what I do, not what I have: The differential centrality of experiential and material purchases to the self. *Journal of Personality and Social Psychology, 102*, 1304–17.
26. Gilovich, T., & Medvec, V. H. (1995). The experience of regret: What, when, and why. *Psychological Review, 102*, 379–395. Gilovich, T., Medvec, V. H., & Kahneman, D. (1998). Varieties of regret: A debate and partial resolution. *Psychological Review, 105*, 602–5. Gilovich, T., Wang, R. F., Regan, D., & Nishina, S. (2003). Regrets of action and inaction across cultures. *Journal of Cross-Cultural Psychology, 34*, 61–71.
27. Henry James. (n.d.). BrainyQuote.com. Retrieved June 21, 2015, from BrainyQuote.com website: http://www.brainyquote.com/quotes/quotes/h/henryjames109178.html. Read more at http://www.brainyquote.com/citation/quotes/quotes/h/henryjames109178.html #DBlWgWk4PxOZQ65w.99.
28. Lykken, D. T. The heritability of happiness. *Harvard Mental Health Letter* (no date). Downloadable from www.psych.umn.edu/psylabs/happiness/hapindex.htm.
29. Csikszentmihalyi, M. (1990). *Flow: The psychology of optimal experience.* New York: Harper.
30. Frey, B. S., Benesch, C., & Stutzer, A. (2007). Does watching TV make us happy? *Journal of Economic Psychology, 28*, 283–313.
31. Jackson, S. A., & Marsh, H. W. (1986). Athletic or antisocial? The female sport experience. *Journal of Sport Psychology, 8*, 198–211. Waldron, J. J. (2009). Development of life skills and involvement in the Girls on Track program. *Women in Sport and Physical Activity Journal, 18*, 60–74. Yiğiter, K. (2013). Improving the university students' locus of control and self-esteem by participating in team sports program. *European Journal of Scientific Research, 107*, 64–70.
32. Edelman, S. (2013). *The happiness of pursuit.* New York: Basic Books.
33. "Things won are done." *Troilus and Cressida*, Act I, Scene iii.
34. Tsai, J. L. (2007). Ideal affect: Cultural causes and behavioral consequences. *Perspectives on Psychological Science, 2*, 242–59. Tsai, J. L., Knutson, B., & Fung, H. H. (2006). Cultural variation in affect valuation. *Journal of Personality and Social Psychology, 90*, 288–307.
35. Argyle, M. (1999). Causes and correlates of happiness. In D. Kahneman, E. Diener, & N. Schwarz (eds.), *Well-being: The foundations of hedonic psychology* (pp. 353–373). New York Russell Sage Foundation. Clark, A. E., & Oswald, A. J. (2006). *The curved relationship between subjective well-being and age* (Paris: PSE Working Paper 2006–29). Easterlin, R. A. (2006). Life cycle happiness and its sources: Intersections of psychology, economics and demography. *Journal of Economic Psychology, 27*, 463–82.

36. Mogilner, C., Kamvar, S. D., & Aaker, J. (2011). The shifting meaning of happiness. *Social Psychological and Personality Science, 2*, 395–402.
37. Dunn, E. W., Aknin, L. B., & Norton, M. I. (2009). Spending money on others promotes happiness. *Science, 319*, 1687–88. Aknin, L. B., Barrington-Leigh, C. P., Dunn, E. W., Helliwell, J. F., Burns, J., Biswas-Diener, R., ... Norton, MI. (2013). Prosocial spending and well-being: Cross-cultural evidence for a psychological universal. *Journal of Personality and Social Psychology, 104*, 635–52.
38. Tentmaker: John Wooden quotes. http://www.tentmaker.org/Quotes/john_r_wooden_quotes.html.
39. Norton, M. I., & Ariely, D. (2011). Building a better America—one wealth quintile at a time. *Perspectives on Psychological Science, 6*, 9–12.
40. Frank, R. H., Levine, A. S., & Dijk, O. (2014). Expenditure cascades. *Review of Behavioral Economics, 1*, 55–73.
41. St-Louis, E., Manaugh, K., van Lierop, D., & El-Geneidy, A. (2013). The happy commuter: A comparison of commuter satisfaction across modes. *Transportation Research Part F: Traffic Psychology and Behavior, 26*, 160–70.
42. Daly, M., Wilson, M., & Vasdev, S. (2001). Income inequality and homicide rates in Canada and the United States. *Canadian Journal of Criminology, 43*, 219–36.
43. Frank, R. H. (1999). *Luxury fever.* New York: Free Press. Frank, R. H., & Cook, P. J. (1995). *The winner-take-all society: Why the few at the top get so much more than the rest of us.* New York: Free Press.

第七章

1. Homans, G. (1961). *Social behaviour: Its elementary forms.* London: Routledge and Kegan Paul. Fisher, R., Ury, W., & Patton, B. (1991). *Getting to yes: Negotiating agreement without giving in* (2d ed.). Boston: Houghton Mifflin.
2. Mnookin, R., & Ross, L. (1995). Strategic, psychological, and institutional barriers: An introduction. In K. Arrow, R. Mnookin, L. Ross, A. Tversky, & R. Wilson (eds.), *Barriers to conflict resolution.* New York: Norton.
3. Jones, E. E., & Nisbett, R. E. (1972). The actor and the observer: Divergent perceptions of the causes of the behavior. In E. E. Jones, D. E. Kanouse, H. H. Kelley, R. E. Nisbett, S. Valins, & B. Weiner (eds.), *Attribution: Perceiving the causes of behavior* (pp. 79-94). Morristown, NJ: General Learning Press.
4. Cited in Sanders, H. S. (1999). *A public peace process: Sustained dialogue to transform racial and ethnic conflicts.* New York: St. Martin's Press.
5. Arrow, K., Mnookin, R., Ross, L., Tversky, A., &. Wilson, R. (1995), *Barriers to conflict resolution.* New York: Norton.
6. (2012, December 22). As charter nears passage, Egyptians face new fights. *New York Times,* http://www.nytimes.com/2012/12/23/world/middleeast/egyptian-vote-on-

constitution-sets-up-new-stage-of-factions-struggle.html.
7. Ross, L. (1995). The reactive devaluation barrier to dispute resolution. In K. Arrow, R. Mnookin, L. Ross, A. Tversky, & R.Wilson (eds.), *Barriers to conflict resolution*. New York: Norton.
8. Maoz, I., Ward. A., Katz, M., & Ross, L. (2002). Reactive devaluation of an "Israeli" vs. a "Palestinian" peace proposal. *Journal of Conflict Resolution, 46*, 515–46.
9. Tversky, A., & Kahneman, D. (1995). Conflict resolution: A cognitive perspective. In K. Arrow, R. Mnookin, L. Ross, A. Tversky, & R. Wilson (eds.), *Barriers to conflict resolution* (pp. 44–61). New York: Norton.
10. Ward, A., Disston, L. G., Brenner, L., & Ross, L. (2008, July). Acknowledging the other side in negotiation. *Negotiation Journal, 24*, 269–85.
11. Lind, E. A., & Tyler, T. (1988). *The social psychology of procedural justice*. New York: Springer. Lind, E. A., Kanfer, R., & Earley, P. C. (1990). Voice, control, and procedural justice: Instrumental and noninstrumental concerns in fairness judgment. *Journal of Personality and Social Psychology, 59*, 952–59.
12. Liberman, V. Andersen, N., & Ross, L. (2010). Achieving difficult agreements: Effects of positive versus neutral expectations on negotiation processes and outcomes. *Journal of Experimental and Social Psychology, 46*, 494–504.
13. Ross, L. (2012). Perspectives on disagreement and dispute resolution: Lessons from the lab and the real world. In E. Shafir (ed.), *The behavioral foundations of public policy*. Princeton, NJ: Princeton University and Russell Sage Foundation Press.
14. Mandela, N. (1995). *Long walk to freedom*. Boston, MA: Little, Brown & Company. Sampson, A. (1999). *Mandela: The authorized biography*. London: HarperCollins.
15. Lewin, K. (1947). Group decisions and social change. In T. M. Newcomb & E. L. Hartley (eds.), *Readings in social psychology*. New York: Holt.

第八章

1. Our account of Christophe Lemaitre, including our quotes, comes from Demirel, E. (2012, August 9). Lemaitre: Why it matters the fastest white man on earth is, well, white. *Bleacher Report*.
2. Johnson, B. (2000). *Why black athletes dominate sports and why we're afraid to talk about it*. New York: Perseus.
3. (2004, December 6). *Sports Illustrated*.
4. Stone, J., Peny, Z. W., & Darley, J. M. (1997). "White men can't jump": Evidence for the perceptual confirmation of racial stereotypes following a basketball game. *Basic and Applied Social Psychology, 19*, 291–306.
5. Stone, J., Lynch, C. I., Sjomeling, M., & Darley, J. M. (1999). Stereotype threat effects on black and white athletic performance. *Journal of Personality and Social Psychology, 77*(6), 1213–27.
6. Merton, R. K. (1948). The self-fulfilling prophecy. *Antioch Review, 8*, 193–210.

注　释

7. Rosenthal, R., & Jacobson, L. (1966). Teachers' expectancies: Determinants of pupils' IQ gains. *Psychological Reports, 19*, 115–18. Rosenthal, R., & Jacobson, L. (1968). *Pygmalion in the classroom: Teacher expectations and student intellectual development.* New York: Holt.
8. Harris, M. J., & Rosenthal, R. (1985). Mediation of interpersonal expectancy effects: 31 meta-analyses. *Psychological Bulletin, 97*, 363–86. Jussim, L., Robustelli, S., & Cain, T. (2009). Teacher expectations and self-fulfilling prophecies. In A. Wigfield & K. Wentzel (eds.), *Handbook of motivation at school* (pp. 349–80). Mahwah, NJ: Erlbaum. Rosenthal, R. (1987). "Pygmalion" effects: Existence, magnitude, and social importance. *Educational Researcher, 16*(9), 37–41. Snow, R. E. (1995). Pygmalion and intelligence? *Current Directions in Psychological Science, 4*, 169–71.
9. Dweck, C. S., & Repucci, N. D. (1973). Learned helplessness and reinforcement responsibility in children. *Journal of Personality and Social Psychology, 25*, 109–16.
10. Dweck, C. S. (2006). *Mindset: The new psychology of success.* New York: Ballantine Books.
11. Blackwell, L., Trzesniewski, K., & Dweck, C. S. (2007). Implicit theories of intelligence predict achievement across an adolescent transition: A longitudinal study and intervention. *Child Development, 78*, 246–63.
12. Paunesku, D., Walton, G. M., Smith, E. N., Romero, C. L., Yeager, D. S., & Dweck, C. S. (in press). Mindset interventions are a scalable treatment for academic underachievement, *Psychological Science.*
13. Steele, C. M. (1995). A threat in the air: How stereotypes shape intellectual identity and performance. *American Psychologist, 52*, 613–29.
14. Jones, E. E., & Berglas, S. (1978). Control of attributions about the self through self-handicapping strategies: The appeal of alcohol and the role of underachievement. *Personality and Social Psychology Bulletin, 4*, 200–06. Deppe, R. K., & Harackiewicz, J. M. (1996). Self-handicapping and intrinsic motivation: Buffering intrinsic motivation from the threat of failure. *Journal of Personality and Social Psychology, 70*, 868–76.
15. Steele, C. M., & Aronson, J. (1995). Stereotype threat and the intellectual test performance of African Americans. *Journal of Personality and Social Psychology, 69*, 797–811.
16. Steele, C. M., Spencer, S. J., & Aronson, J. (2002). Contending with group image: The psychology of stereotype and social identity threat. In M. P. Zanna (ed.), *Advances in experimental social psychology* (Vol. 34, pp. 379–440). San Diego, CA: Academic Press. Schmader, T., Johns, M., & Forbes, C. (2008). An integrated process model of stereotype threat effects on performance. *Psychological Review, 115*, 336–56.
17. Spencer, S. J., Steele, C. M., & Quinn, D. M. (1999). Stereotype threat and women's math performance. *Journal of Experimental Social Psychology, 35*, 4–28. Maass, A., D'Ettole, C., & Cadinu, M. (2008). Checkmate? The role of gender stereotypes in the ultimate intellectual sport. *European Journal of Social Psychology, 38*, 231–45. Inzlicht, M., & Ben-Zeev, T. (2000). A threatening intellectual environment: Why females are susceptible to experiencing problem-solving deficits in the presence of males. *Psychological Science, 11*, 365–71.

18. *PP Public Charter Schools, Knowledge Is Power Program*. KIPP: Knowledge Is Power Program. Retrieved from http://www.kipp.org/results/college-completion-report.
19. Cohen, G. L., & Sherman, D. K. (2014). The psychology of change: Self-affirmation and social psychological interventions. *Annual Review of Psychology, 65*, 331–71.
20. Cohen, G. L., Garcia, J., Apfel, N., & Master, A. (2006). Reducing the racial achievement gap: A social psychological intervention. *Science, 313*, 1307–10.
21. Cohen, G. L., & Sherman, D. K. (2014). The psychology of change: Self-affirmation and social psychological interventions. *Annual Review of Psychology, 65*, 331–7.
22. Cohen, G. L., Garcia, J., Purdie-Vaugns, V., Apfel, N., & Brzustoski, P. (2009). Recursive processes in self-affirmation: Intervening to close the minority achievement gap. *Science, 324*, 400–403.
23. Yeager, D. S., Purdie-Vaughns, V., Garcia, J., Apfel, N., Brzustoski, P., Master, A., ... Cohen, G. L. (2014). Breaking the cycle of mistrust: Wise interventions to provide critical feedback across the racial divide. *Journal of Experimental Psychology: General, 143*, 804–24. See also an earlier study showing similar effects of wise feedback on minority students at Stanford University by Cohen, G. L., Steele, C. M., & Ross, L. (1999). The mentor's dilemma: Providing critical feedback across the racial divide. *Personality and Social Psychology Bulletin, 25*, 1302–18.
24. Michelle Obama. (n.d.). BrainyQuote.com. Retrieved April 14, 2015, from BrainyQuote.com Web site: http://www.brainyquote.com/quotes/quotes/m/michelleob452284.html.
25. Warner, J. (2009). The outsiders are in. *New York Times*, May 28, 2009. http://opinionator.blogs.nytimes.com/2009/05/28/sotomayor/?_r=0.
26. Yeager, D. S., & Walton, G. M. (2011). Social psychological interventions in education: They're not magic. *Review of Educational Research, 81*, 267–301.
27. Cohen, G. L., & Sherman, D. K. (2014). The psychology of change: Self-affirmation and social psychological intervention. *Annual Review of Psychology, 65*, 333–371. Garcia J., & Cohen G. L. (2012). A social psychological approach to educational intervention. In E. Shafir (ed.), *Behavioral Foundations of Policy* (pp. 329–350). Princeton, NJ: Princeton University Press.
28. Walton, G. M., & Cohen, G. L. (2007). A question of belonging: Race, social fit, and achievement. *Journal of Personality and Social Psychology, 92*, 82–96.
29. Walton, G. M., Logel, C., Peach, J. M., Spencer, S. J., & Zanna, M. P. (in press). Two brief interventions to mitigate a "chilly climate" transform women's experience, relationships, and achievement in engineering. *Journal of Educational Psychology*.
30. Yeager, D. S., & Walton, G. M. (2011). Social-psychological interventions in education: They're not magic. *Review of Educational Research, 81*, 267–301.
31. Yeager & Walton. (2011).

第九章

1. Goldstein, N. J., Cialdini, R. B., & Griskevicius, V. (2008). A room with a viewpoint: Using

social norms to motivate environmental conservation in hotels. *Journal of Consumer Research, 35*, 472–82.
2. Cialdini, R., & Schultz, W. (2004). *Understanding and motivating energy conservation via social norms.* Project report prepared for the William and Flora Hewlett Foundation.
3. Schultz, P. W., Nolan, J., Cialdini, R., Goldstein, N., & Griskevicius, V. (2007). The constructive, destructive, and reconstructive power of social norms. *Psychological Science, 18*, 429–34.
4. Greene, J. (2013). *Moral tribes: Emotion, Reason, and the Gap Between Us and Them.* New York: Penguin.
5. United Nations World Meterological Organization (2013). The global climate 2001–2010: A decade of extremes. WMO-No. 1119. Retrieved from http://www.wmo.int/pages/index_en.html. Morales, A.(2013, July 13).UN charts "unprecedented" global warming since 2000. *Bloomberg News.* Retrieved from http://www.bloomberg.com/news/2013-07-03/un-charts-unprecedented-global-warming-since-2000.html.
6. Brulle, R. J. (2013). Institutionalizing inaction: Foundation funding and the creation of U. S. climate change counter-movement organizations. Under review for publication in *Climatic Change.*
7. Pew Research Center October 2012 poll cited in Brulle. (2013).
8. Axelrod, R.(1984). *The evolution of cooperation.* New York: Basic Books. Hardin, G. (1968). The tragedy of the commons. *Science, 162*, 1243–48.
9. Frejka, T., & Tomas, S. (2008). Fertility in Europe: Diverse, delayed and below replacement. *Demographic Research, 19*, 15–46. Jones, G. (2007). Delayed marriage and very low fertility in Pacific Asia. *Population and Development Review, 33*, 453–78. La Ferrara, E., Chong, A., & Duryea, S. (2008). *Soap operas and fertility* (Research Department Publications 4573). Brazil Inter-American Development Bank. Office of the Registrar General and Census Commissioner. (2011). *Census 2011* (India), Ministry of Home Affairs I. Rele, J. R. (1987). Fertility levels and trends in India. *Population and Development Review, 19*, 513–30.
10. Gladwell, M. (2000). *The Tipping Point: How Little Things Can Make a Big Difference.* New York: Little, Brown.

结　语

1. 我们对曼德拉和跳羚队的描述，很大程度上参考了 Carlin, J. (2008). *Playing the Enemy: Nelson Mandela and the Game That Made a Nation.* New York: Penguin.